城市轨道交通"慧"系列管理教材

管理能力提升

主　编　魏文斌　金　铭
参　编　王　可　叶建慧　李　珂　任孝峰
　　　　刘　东　刘　泓　何　丹　沈文豪
　　　　张阿沛　张香宁　苗　威　郑　斌
　　　　姚　远　徐圣毅

苏州大学出版社
Soochow University Press

图书在版编目(CIP)数据

管理能力提升 / 魏文斌,金铭主编. --苏州:苏州大学出版社,2023.4
城市轨道交通"慧"系列管理教材
ISBN 978-7-5672-4340-8

Ⅰ.①管… Ⅱ.①魏… ②金… Ⅲ.①管理学-高等学校-教材 Ⅳ.①C93

中国国家版本馆 CIP 数据核字(2023)第 057038 号

书　　名：管理能力提升
主　　编：魏文斌　金　铭
责任编辑：曹晓晴
装帧设计：刘　俊
出版发行：苏州大学出版社(Soochow University Press)
社　　址：苏州市十梓街1号　邮编:215006
印　　装：苏州工业园区美柯乐制版印务有限责任公司
网　　址：http://www.sudapress.com
邮　　箱：sdcbs@suda.edu.cn
邮购热线：0512-67480030
销售热线：0512-67481020
开　　本：787 mm×1 092 mm　1/16　印张:16.25　字数:346千
版　　次：2023年4月第1版
印　　次：2023年4月第1次印刷
书　　号：ISBN 978-7-5672-4340-8
定　　价：48.00元

凡购本社图书发现印装错误，请与本社联系调换。服务热线:0512-67481020

城市轨道交通"慧"系列管理教材编委会

主　任　金　铭

副主任　史培新

编　委　陆文学　王占生　钱曙杰　楼　颖　蔡　荣
　　　　　朱　宁　范巍巍　庄群虎　王社江　江晓峰
　　　　　潘　杰　戈小恒　陈　升　虞　伟　刘农光
　　　　　蒋　丽　李　勇　张叶锋　王　永　王庆亮
　　　　　查红星　胡幼刚　韩建明　冯燕华　鲍　丰
　　　　　孙田柱　凌　扬　周　礼　毛自立　矫甘宁
　　　　　凌松涛　周　赟　姚海玲　谭琼亮　高伟江
　　　　　戴佩良　魏文斌　姚　远　李　珂　叶建慧

序

习近平总书记指出："城市轨道交通是现代大城市交通的发展方向。发展轨道交通是解决大城市病的有效途径，也是建设绿色城市、智能城市的有效途径。"习近平总书记的重要讲话指明了城市轨道交通的发展方向，是发展城市轨道交通的根本遵循。

当前，城市轨道交通正在迈入智能化的新时代。对此，要求人才培养工作重视高素质人才、专业化人才的培养和广大员工信息化知识的普及教育。如何切实保障城市轨道交通安全运行？如何提升城市轨道交通的服务质量和客户满意度？如何助推交通强国建设？这是摆在我们面前的重要任务。

苏州是我国首个开通轨道交通的地级市，多年来，苏州市轨道交通集团有限公司坚持以习近平新时代中国特色社会主义思想为指导，牢记"为苏州加速，让城市精彩"的使命，深入践行"建城市就是建地铁"的发展理念，坚持深化改革和推动高质量发展两手抓，在长三角一体化发展、四网融合、区域协调发展等"国之大者"中认真谋划布局苏州轨道交通事业，助推"区域融合"，建立沪苏锡便捷式、多通道轨道联系。截至2023年，6条线路开通运营，运营里程突破250千米；在建8条线路如期进行，建设总里程达210千米。"十四五"时期是苏州轨道交通发展的关键期，面对长三角一体化发展、面对人民群众的期盼，苏州轨道交通事业面临各种挑战和机遇，对人才队伍的专业技能和整体素质也提出了更高要求。

苏州轨道交通处于建设高峰期，对人才的需求更加迫切。苏州市轨道交通集团有限公司一直高度重视人才培养和高素质人才队伍建设，特别推出了城市轨道交通"慧"系列管理教材和"英"系列技能教材。

"慧"系列管理教材包括管理基础、管理能力、管理方法、创新能力、企业文化等方面的内容,涵盖了从管理基础的学习到创新能力的培养,从企业文化的塑造到管理方法的运用,为城市轨道交通行业的管理人员全面、系统地学习管理知识和提升管理能力提供了途径。

"英"系列技能教材包括行车值班员、行车调度员、电客车司机、安全实践案例分析、消防安全等方面的内容,为城市轨道交通行业的从业人员技能培训和安全意识提升提供了途径,为城市轨道交通行业的安全和服务质量提供了重要的保障。

这两个系列教材,顺应轨道交通事业发展要求,契合轨道交通专业人才特点,聚焦管理基础和技能提升,融合管理资源和业务资源,兼具苏州城市和轨道专业特色,具有很好的实践指导性,对于促进企业管理水平提升、培养高素质管理人才和高水平技能人才将会起到实实在在的推动作用。

这两个系列教材可供轨道交通相关企业培训使用,也可作为院校相关专业教学用书。

这两个系列教材凝聚了编写组人员的心血,是苏州轨道交通优秀实践经验的凝练和总结。希望能够物尽其用,充分发挥好基础性、支撑性作用,促进城市轨道交通技能人才培养,推动"轨道上的苏州"建设,助力"强富美高"新苏州现代化建设,谱写更加美好的新篇章。

中国城市轨道交通协会常务副会长

前 言

企业是社会经济的基本细胞和社会财富的创造主体，企业的科学管理和高效运营是一项极其复杂的系统工程。企业管理学是一门系统研究企业管理的基本规律、基本原理和基本方法的科学，普及管理知识对于提高企业整体管理水平有着十分重要的实际意义。

当前，我国城市轨道交通行业已进入由高速发展向高质量发展的转型阶段，但整体上仍存在重线路、轻网络，重建设、轻管理，重运营、轻经营等问题，与提供高质量的轨道交通服务、保持城市轨道交通行业持续健康发展、提升人民群众的获得感和幸福感尚有一定距离，因此，编写适用于城市轨道交通企业管理的教材，有助于培养高素质管理人员，进一步提升企业管理水平。

本教材为城市轨道交通"慧"系列管理教材之一，根据管理工作实际所需的管理能力来编排内容，共设置十个项目：自我管理与学习能力、商业计划与决策艺术、组织与人事能力、沟通能力、时间管理能力、领导力、团队建设与管理、控制能力、项目管理能力和危机管理能力。除学习内容外，每个项目还设置"学习目标与要求""引导案例""案例分析""项目训练""自测题""延伸阅读"等栏目，并穿插"小知识""小故事""小贴士""小资料"等，深入浅出，重点明确，案例典型、新颖，力求做到知行合一、学有所用。

本教材由苏州市轨道交通集团有限公司和文子品牌研究院组织编写，在编写过程中查阅和参考了国内外有关企业管理、城市轨道交通管理等方面的文献资料和部分网络资源，已在参考文献及书中注明相应资料的出处，在此向各位作者表示感谢。

本教材的编写和出版得到了苏州市轨道交通集团有限公司、苏州大学轨道交通学院、苏州大学出版社、苏州市品牌研究会等单位领导及编辑的支持,在此一并表示感谢。

由于编者水平有限,疏漏之处在所难免,敬请使用本教材的读者批评指正!

编 者

2023 年 1 月

目　录

项目一　自我管理与学习能力　/1
引导案例：中国隧道与地下工程的脊梁——王梦恕　/1
任务一　认知自我管理　/4
任务二　管理者　/8
任务三　学习能力　/15
案例分析："尚峰劳模工作室"学习型组织建设实践　/19
项目训练　/22
自测题　/23

项目二　商业计划与决策艺术　/24
引导案例：苏州轨道交通星海广场站"站前町"商业　/24
任务一　认知商业计划　/25
任务二　商业计划的制订　/30
任务三　决策的艺术　/36
案例分析：香港九龙站TOD实践概要　/41
项目训练　/43
自测题　/44

项目三　组织与人事能力　/45
引导案例：苏州轨道交通NCC应急指挥中心运作模式　/45
任务一　组织结构设计　/47

任务二 职权配置与规范设计	/53
任务三 组织变革与发展	/56
任务四 员工招聘、培训与考核	/61
案例分析：苏州轨道交通智能客服系统设计	/67
项目训练	/70
自测题	/70

项目四 沟通能力 /74

引导案例：小米公司的管理沟通 /74
任务一 沟通与沟通过程 /76
任务二 沟通的类型 /81
任务三 有效沟通 /88
任务四 冲突及其管理 /92
案例分析：苏州轨道交通指挥部征地动迁组的沟通机制 /97
项目训练 /98
自测题 /99

项目五 时间管理能力 /100

引导案例：苏州轨道交通项目进度管理 /100
任务一 认知时间管理 /102
任务二 时间管理的程序及方法 /105
任务三 提高时间利用率 /110
案例分析：京东物流的速度提升 /117
项目训练 /118
自测题 /119

项目六 领导力 /120

引导案例：马斯克的领导力法则 /120
任务一 领导与领导力 /122

任务二　有影响力的领导方式　　/ 128
　　任务三　领导力开发　　/ 132
　　案例分析：董明珠的女性领导力　　/ 139
　　项目训练　　/ 140
　　自测题　　/ 141

项目七　团队建设与管理　　/ 143
　引导案例：无锡地铁检修班组精细化管理　　/ 143
　任务一　认知团队　　/ 145
　任务二　团队建设　　/ 153
　任务三　团队管理　　/ 158
　案例分析：苏州轨道交通"五型"班组星级建设　　/ 165
　项目训练　　/ 167
　自测题　　/ 169

项目八　控制能力　　/ 170
　　引导案例：苏州轨道交通运营能耗分析及节能管理措施　　/ 170
　　任务一　认知控制　　/ 172
　　任务二　控制过程　　/ 178
　　任务三　构建管理信息系统　　/ 184
　　案例分析：苏州轨道交通公车控制实践　　/ 191
　　项目训练　　/ 192
　　自测题　　/ 193

项目九　项目管理能力　　/ 194
　引导案例：苏州轨道交通动车调试安全管理项目　　/ 194
　任务一　认知项目管理　　/ 195
　任务二　项目管理体系　　/ 205
　任务三　项目管理过程　　/ 209

案例分析：苏州轨道交通开发并成功应用 BIM 设计协同管理平台　　/ 218
项目训练　　/ 220
自测题　　/ 220

● **项目十　危机管理能力**　　/ 222
引导案例：西安地铁事件与网络舆情危机治理　　/ 222
任务一　认知危机　　/ 224
任务二　危机管理的内涵与模型　　/ 228
任务三　危机管理的基本程序　　/ 232
案例分析：成都地铁突发事件危机管理　　/ 238
项目训练　　/ 241
自测题　　/ 242

● **参考文献**　　/ 243

项目一　自我管理与学习能力

【学习目标与要求】

1. 了解自我认知与自我管理的内涵
2. 理解管理者的角色和技能
3. 掌握学习能力的层次及组织学习的类型

中国隧道与地下工程的脊梁——王梦恕

　　中国工程院院士王梦恕，1938 年出生于河南省温县安乐寨村，他的童年充斥着战火，全家吃在火车上、睡在火车上，虽家境贫寒，但父母对于子女的教育仍倾尽全力。王梦恕在蔡家坡铁路中学遇到了自己的第一位恩师许老师，并第一次听到詹天佑的名字。做像詹天佑一样的科学家，成为王梦恕终生为之奋斗的理想和攀登的高峰。

　　1952 年 9 月，王梦恕正式进入天津铁路工程学校大型建筑科，攻读桥梁专业。毕业后，王梦恕出色地完成了锦州大桥复测和山海关区间近 15 km 铁路改线的设计任务。第二年，在单位的推荐下，王梦恕参加了全国高考，最终以优异的成绩考上了当时赫赫有名的唐山铁道学院（现西南交通大学），迈出了在他一生中起着决定性作用的一步。大学期间，王梦恕掌握了当时中外专家不同的学术理论和科学思想，积累了大量的学术资料，增长了知识，开阔了视野。

　　1959 年，王梦恕前往成昆铁路线考察实习，由于当时施工技术极其落后，考察的第三天，发生了隧道掌子面大面积塌方事故，这场事故是王梦恕一生中最为惨痛的记忆，让一直以来倾心桥梁专业的王梦恕毅然做出选择，攻读隧道专业，投身于隧道事业，立志在他这一代实现中国隧道建设"零死亡"的目标。

　　"重大工程建设要给子孙后代留下遗产，不要留下遗憾和灾难"是王梦恕坚守一生

管理能力提升

的信念。

1965年，我国第一条地下铁道工程——北京地铁1号线开始建设，王梦恕主动申请到北京地下铁道工程局工作。27岁的王梦恕出色地完成了多项设计任务和试验，确立了大量可操作工艺和施工程序的示范标准，他还力排众议，有效解决了一个技术上的重大问题，为地下铁道工程的全面开工打下了基础。

1980年年底，衡广复线大瑶山隧道开工。大瑶山隧道全长14.3 km，长度在当时为国内第一、亚洲第三、世界第十，难度在国内史无前例。王梦恕带领24人的攻关小组，先在大瑶山隧道以北的雷公尖隧道进行了180 m的新奥法施工，开展了超前地质预报、监控量测、控制爆破、喷锚支护、机械应用等全工序试验。雷公尖隧道的试验成功，为大瑶山隧道全线安全、优质、快速施工提供了宝贵的实践经验。大瑶山隧道全面开工后，王梦恕组织了多个科研小分队，分头推广新工艺、新工法。对于一些关键部位，王梦恕坐镇指挥，精心部署，保证了各项技术措施落到实处，从而使原计划8年建成的大瑶山隧道提前到6年半建成。

大瑶山隧道的成功建设，为中国的隧道建设揭开了崭新的一页。它向世界证明：中国人有能力自力更生建造世界一流隧道，也一举结束了我国不能修建10 km以上长大隧道的历史。1992年，"大瑶山长大山岭铁路隧道修建新技术"获得国家科学技术进步奖特等奖；1993年，王梦恕获得"詹天佑铁道科学技术奖"。

引进并大胆运用新奥法施工是王梦恕对我国隧道发展的一大贡献，而随后他主持创造的浅埋暗挖法开辟了我国地铁建设的暗挖时代。

我国的地铁建设始于20世纪60年代的首都北京。北京第一条地铁线起于北京站，终至苹果园站。第二条地铁线是缺一边的环线，始自复兴门，终至建国门。由于历史原因，"直线"与"环线"中间没有折返线，如同"肠梗阻"，不能环行运营。

1986年，北京地铁复兴门折返线工程开工。工地在长安街复兴门立交桥正东方、长安街国宾大道之下，地面上车水马龙，地下则管线密布。偶然的机会，王梦恕看到了正在采用明挖法施工的复兴门折返线，"开膛破肚"般的施工让整个地面交通被迫转移。深感这一施工技术落后的王梦恕，将自己在大瑶山隧道、军都山隧道施工中成功探索应用的浅埋暗挖法推荐给北京地铁公司。原本需要8 000万元拆迁费、3 500万元工程费的明挖法，被仅需1 610万元建设费的浅埋暗挖法取代。车水马龙的复兴门长安街上，依旧人流、车流如织。静悄悄的一年多过去，复兴门折返线建成通车。从此，地铁暗挖施工成为主要工法，中国跻身世界地铁施工技术先进行列。

对于王梦恕来说，建设施工一线一直是他魂牵梦萦的地方。他的一生，始终奔走在工地现场，为隧道施工出谋划策、破解难题。

大瑞铁路高黎贡山隧道是我国最长的铁路隧道，该工程创造了6项全国之最，难度极大，风险极高，一度因涌水、突泥和变形问题而停工。得知情况后，王梦恕组织了

10余名院士、专家奔赴西南边陲把脉会诊，最终提出了科学的施工方案，成功解决了问题。

在崇礼铁路、兰渝铁路、佛莞铁路狮子洋隧道等一大批高风险、高难度隧道的施工中，王梦恕的身影也常常与现场的难题相伴。

20世纪90年代是我国隧道及地下工程事业的快速发展期，专业人才奇缺。为此，王梦恕亲自创办了我国第一个以隧道及地下工程为科研主体的试验研究中心。王梦恕说希望能在自己有生之年为国家培养100名博士。在1998年到2017年的19年时间里，王梦恕累计培养出了95名博士、博士后，其中很多人在国家重点工程建设中挑起了大梁，成为中国隧道建设的中坚力量。

为了使学生成为具有全球视野的科学家，王梦恕将自己在全国乃至一些国际会议上了解到的重大工程技术难题和施工方案带回来，让学生从全国各地赶到北京听他讲述。他要让学生始终站在世界科学技术发展的前沿，具有广阔的学术视野。

授课中，王梦恕认真研究总结普朗特、铁木辛柯、冯·卡门等力学大师的丰富经历和成功经验，善于把复杂的理论问题与隧道及地下工程的实践紧密地结合起来，把深奥的结构原理、力学原理和隧道及地下工程理论阐述得清晰明了。

纵观王梦恕的经历，有很多"开创"和"首次"：首次在国内引进并实践了新奥法隧道施工技术，一举结束了我国不能修建10 km以上长大隧道的历史；首创了城市地铁浅埋暗挖修建方法，为我国地铁大规模快速发展奠定了坚实的理论基础；倡导修建了厦门翔安海底隧道等诸多水下工程，开创了我国海底隧道修建的先河；研究开发了复杂地质隧道修建技术，是我国高速铁路、重载铁路建设的先行者；为我国盾构研究及国产化做出了重要贡献，推动了我国地铁盾构技术与长大山岭隧道TBM（隧道掘进机）技术的发展。

50余载筚路蓝缕，半个多世纪的忘我坚守，王梦恕从一名具有丰富理论知识的技术人员逐渐成长为我国隧道领域的著名科学家，5次国家科学技术进步奖是他对中国隧道发展所做出的卓越贡献的写照。他将毕生心血奉献给了他所挚爱的隧道及地下工程事业，一生无悔。

[资料来源：中铁隧道局集团有限公司. 中国隧道与地下工程的脊梁：纪念王梦恕院士辞世一周年[J]. 隧道建设（中英文），2019，39（9）：1385-1391. 有改动]

案例思考：

结合案例材料，谈谈自我管理和学习能力的重要性。

任务一 认知自我管理

一、自我与自我认知

（一）自我

自我就是个体对自己存在的觉察。觉察是一种心理经验，是一种主观意识，心理学中所讲的自我一般就是指自我意识。在我们的经验中，觉察到自己的一切而区别于周围其他的人和物，就是自我意识。自我是在人的成长过程中形成的。婴儿出生时没有自我意识，不能将自己与周围的人和物区分开来，自我是随着父母、老师和领导的教导、训练及与外界打交道而逐步形成的。每一个人都要用一辈子的时间去认识和了解自己，但到最后仍然不能百分之百地认识自己。每一个人只有认识和了解了自己，才能知道什么样的事情适合自己，才能知道自己要用什么样的方式和方法去面对自己。

（二）自我认知

自我认知是对自己全部身心状态的认识、控制和评价。具体来说，自我认知就是对自己及自己与周围环境之间的关系的认识，包括对自己存在的认识及对自己身体、心理、社会特征等方面的认识。自我认识是主观自我对客观自我的认识，是自己对自己身心特征的认识，自我评价是在这个基础上对自己做出的某种判断。正确的自我评价对个体的心理活动及其行为表现有较大影响。如果个体对自身的估计与社会上其他人对自己的客观评价过于悬殊，就会使个体与其周围的人之间的关系失去平衡，甚至产生矛盾，长此以往，将会导致个体形成稳定的心理特征（如自满或自卑），不利于个体心理上的健康成长。

人们总是觉得自己很了解自己，但是这种自我认知往往与周围的人（包括朋友、同事、家人等）对自己的看法不同。下面的"对自我和他人的认知"测评可以帮助我们评估自我认知的情况。请根据自己的情况，针对表1-1中的每个问题，在"从不""很少""有时""经常"四个答案中做出相应的选择。

表 1-1 对自我和他人的认知

考虑自我				
（1）你感到被误解吗？	从不	很少	有时	经常
（2）你是否发现有些事自己已经说过，但别人并没有听到？	从不	很少	有时	经常
（3）你是否认为没有人了解"真实的你"？	从不	很少	有时	经常
（4）你确实知道别人怎么看你吗？	从不	很少	有时	经常
（5）别人对你的看法与你对自己的看法一致吗？	从不	很少	有时	经常
考虑他人				
（6）他人的反应让你吃惊吗？	从不	很少	有时	经常
（7）他人在介绍自己的时候，你是否并不太在意？	从不	很少	有时	经常
（8）有关工作的进展情况，你是最后一个知道的吗？	从不	很少	有时	经常
（9）你能预见他人会有怎样的反应吗？	从不	很少	有时	经常
（10）你能正确理解他人的情感吗？	从不	很少	有时	经常

资料来源：王秀丽. 通用管理能力实务 [M]. 广州：华南理工大学出版社，2015：10-11. 有改动.

1. 考虑自我

如果问题（1）（2）（3）选择了"经常"，问题（4）（5）选择了"从不"或"很少"，说明你需要提高自我认知水平。

如果问题（1）（2）（3）选择了"从不"或"很少"，问题（4）（5）选择了"经常"，说明你的自我认知水平较高。

如果在某些问题上选择了"有时"或"很少"，说明你在这些方面还有进一步提高的空间。

2. 考虑他人

如果问题（6）（7）（8）选择了"经常"，问题（9）（10）选择了"从不"或"很少"，说明你需要提高对他人的认知水平。

如果问题（6）（7）（8）选择了"从不"或"很少"，问题（9）（10）选择了"经常"，说明你对他人的认知水平较高。

如果在某些问题上选择了"有时"或"很少"，说明你在这些方面还有进一步提高的空间。

五大典型的个性特征

心理学家就人格维度如何衡量和分类有着许多不同的理论，不过，他们多数都认同五大基本个性特征的框架，因为它诠释了我们个性和行为的诸多方面。对这一框架的研究始于 1949 年，从那时起，它就在被不断地扩展。一项研究发现，五大基本个性特征适用于 50 多种不同文化背景的人。在这一框架被广为探究的过程中，自然产生了有价值的证据，证明它是人们自我认知的有用方式。

1. 外向型/内向型

你在社交场合是否觉得充满活力？你是否经常需要安静的时间整理思路，重振精神？这两种类型说不上哪一种"更好"——关键是如何轻松找到你感觉舒服的方式。

2. 随和

你是无私、有亲和力的，还是正好相反——愤世嫉俗的？随和的人在需要合作的环境中往往会发挥更大的作用，而不大随和的人在有竞争的环境中会更加自如。

3. 责任心

你是有条理、关注细节的，还是喜欢直达目标？这一点对于一些人来说比其他品质更重要。当然，如果你想要成功，你就需要具备某种程度的责任心，即使你所做的并非你的强项，责任心也应该是你秉承的品质。

4. 神经质

"神经质"的人是指容易不安的人，而"神经敏感度低"的人则意味着这个人更具适应能力。想一想你能释然地承受多大的压力，要记得，你可以提升自我的抗压能力和有效管理压力的能力。

5. 开放性

一个人越开放，越愿意尝试探险，越容易接受新思想，而且能找到创造性的解决办法。而不开放的人是更传统的人，他们认为抽象思维更具挑战性。

[资料来源：英国 DK 出版社. 自我管理之书［M］. 魏思遥，译. 北京：电子工业出版社，2019：18－19. 有改动]

二、自我管理

（一）自我管理的定义

中国传统文化非常注重个体的自我管理，儒家的"修身""慎独"、道家的"无为而治""清虚自守"等思想，都表明古人认为个体对自身思想和行为的管理是从事一切社会活动的前提，个体只有先管理好自己，才能管理好他人、团队、组织和社会。

自我管理最早出现在心理学研究领域，是指个体主动调整自己的心理活动和行为，控制不当的冲动，克服不利的情境，积极寻求发展，取得良好适应的心理品质。显然，这种心理品质的好坏，亦即自我管理水平的高低，是影响个体社会适应效果和活动绩效及心理健康状况的重要因素。

在管理学界，"现代管理学之父"彼得·F. 德鲁克（Peter F. Drucker）在 1966 年出版的《卓有成效的管理者》一书是最早对自我管理系统进行研究的论著。德鲁克在该书中主要从卓有成效是可以学会的、掌握自己的时间、我能贡献什么、如何发挥人的长处、要事优先、决策的要素、有效的决策等方面论述了卓有成效的管理者的自我管理。在1999年出版的《21世纪的管理挑战》一书中，德鲁克专门设置了一章来论述有关自我管理的问题。他指出，随着知识社会的到来，越来越多的劳动者和知识工作者将需要自我管理，自我管理是21世纪的管理挑战之一。德鲁克强调坚持以人为焦点、注重员工自我价值实现的"柔性组织理论"及基于信息化扁平组织结构的"以信息为基础的组织理论"。

1974年，迈克尔·J. 马奥尼（Michael J. Mahoney）和卡尔·E. 托雷森（Carl E. Thoresen）在出版的《自我控制：个体的力量》（Self-control：Power to the Person）一书中提出了"自我控制（self-control）"概念，它在后续研究中被广泛引用，并且许多研究者将"自我控制"与"自我管理"通用。他们认为，自我控制是指个体在缺少外部约束时所表现出的一种对自我进行控制的能力。在这种情况下，个体会从各种行为选项中选择那些本来具有较低概率的行为。自我控制的内涵包括两个或多个反应选择、不同反应选择具有不同的结果、通过追求外部长期结果来维持自我控制行为等。

在目标调节或目标管理的范式下，自我管理研究者认为，为自己建立合适的目标（长期目标或短期目标）是进行有效的自我管理的重要的第一步。社会认知学习研究者和教育心理研究者还对"自主性学习"中的目标调节过程进行了大量研究。他们把目标调节过程中的自我监控过程进一步细化，提出了三个子过程：自我观察、自我评价和自我反应。

概括而言，自我管理是指个体主动调控与管理自己的心理活动和行为的过程。同时，自我管理又表现为一种能力，它是个体对自己生理、心理、行为等各个方面进行自我认识、自我感受、自我完善的一种能力。

（二）自我管理的特征

1. 目的性

自我管理的目的是实现个体的全面发展及人生的意义和价值。善于管理自己的人所做的每一件事都是达到特定目的的一个环节。例如，个体的自我完善可成为自我管理的一个目的，同时自我完善又是一个过程，而认清自己是实现自我完善的重要前提。

2. 主体性

从管理的主体来看，自己是自我认识的主体，是自己的管理者，是开发自己的"厂长"和"经理"。

3. 客体性

从管理的客体或对象来看，自我管理以自己为认识和管理对象，也就是以自己所拥有的内在资源，如思想观念（人生观、价值观、道德观、动机等）、时间、情绪、行为、身体、信息等为认识和管理对象。它是集中体现自我管理本质的一个最基本的特征。

4. 技能性

技能性主要涉及自我管理的技术与能力的培养。自我管理就是以自身素质，尤其是自我认知（意识、想象、思维、创造力等）、自我情绪和情感控制、自我调适、自我激励等学识和心理品质去管理自己。

5. 主动责任性

主动责任性又称能动性，是指个体自主地、独立地、自觉地从事和管理自己的实践活动，而不是在外界的各种压力和要求下被动地从事实践活动或需要外界来管理自己的实践活动。当然，人的这种能动性也需要有一些外部因素来起促进作用。

6. 自我反馈和调节性

在自我管理过程中，个体不断地获取有关自身实践活动及各项自我管理要素变化情况的信息，审视和检查自身实践和管理活动的过程与效果。个体对自身实践活动的监控和反馈结果及所得到的信息会直接影响其对下一步实践活动及行为的调节。因此，自我调节性是指个体根据反馈信息和预期目的，对自己下一步实践活动采取修正、调整、变革等措施。自我调节性也是个体自我管理水平高低的重要指标。

7. 迁移性

迁移性是指个体从一个领域获得的知识和技能可能适用于另一个领域。由于个体对不同的实践活动进行自我控制和调节的实质是相同的，因此任何一种实践活动中的自我控制和调节都具有广泛迁移的可能性，既可应用于不同的实践情境，也可应用于多种多样的实践活动。由于自我管理具有循环反馈性，它随时可以根据实践情境的变化进行相应调整，从而表现出广泛的迁移性。

（三）自我管理的内容

自我管理作为一种管理行为的过程，涉及管理过程、管理方法、管理内容等。人的自我管理能力可以通过自主学习、自我监督和自我完善来培养。根据德鲁克的自我管理思想，企业管理中的自我管理主要涵盖个人责任意识的培养、个人主体意识及价值观的建立、个人时间管理、个人知识管理及潜能开发、人际关系管理、个人职业规划及管理等方面的内容。

任务二 管理者

一、管理者的层次

任何组织都是由人组成的，根据组织中的不同工作岗位和工作性质，可以将组织成员简单地划分为操作者和管理者两类。操作者是组织中直接从事某项工作,不承担监督他人工作职责的人,他们的任务就是做好组织分派的具体操作性事务,如车间里的车工、电工,酒店里的厨师、服务员,等等。管理者是组织中按照组织的目的指挥别人工作的人,是从事管理活动的主体,如工厂厂长、公司经理、车间主任、班组长等。管理者虽然有时也会做一些具体的事务性工作,但其主要职责是指挥下属工作。例如,企业销售经理,除了监督和激励下属完成销售任务外,自身也可能负责一部分具体的销售业务。管理者区别于操作者的一个显著特点就是管理者有下属向其汇报工作。具有强烈的管理意愿和责任感、具备一定的管理技能是成为合格管理者的前提条件。

从组织层次的角度分析组织内的各种管理者,就是从上到下垂直分析组织内的各种管理者。根据在组织中承担的责任和拥有的权力的不同,可以把管理者分为高层管理者、中层管理者和基层管理者。

(一) 高层管理者

高层管理者处于组织管理中的最高位置,负责制定组织的总目标、总战略、大政方针,负责评价整个组织的绩效,负责组织与外界的沟通联系,等等。高层管理者很少从事具体的事务性工作,而是把精力放在组织全局性或战略性的工作上。在企业中,高层管理者主要包括董事、总经理、副总经理等。

(二) 中层管理者

中层管理者位于基层管理者和高层管理者之间,其主要职责是贯彻高层管理者制订的计划和决策,同时负责监督和协调基层管理者的工作。中层管理者在组织中起着承上启下的作用,承担着上下信息沟通、政令通行等重要责任。在企业中,中层管理者主要包括人事、财务、生产、销售等部门的经理,分公司经理,等等。

(三) 基层管理者

基层管理者是组织中层级最低的管理者,其主要职责是给下属作业人员分派具体的工作任务,监督下属作业人员的工作,协调下属作业人员的活动,保证上级下达的各项计划和指令顺利完成。基层管理者通常是作业现场的监督、管理人员。在企业中,基层管理者主要包括车间主任、大堂经理、部门下属科室的负责人等。需要说明的是,有些企业的车间主任是中层管理者。

二、管理者的角色

"角色"这一概念来自行为科学,是指某一特定职务应有的一整套行为。按照管理职能(过程)论,管理者的管理活动是有序的、连续的。著名管理学家亨利·明茨伯格(Henry Mintzberg)在观察总经理工作的基础上,提出了一个管理者究竟在做什么的分类纲要。明茨伯格认为,管理者扮演着十种不同的但又高度相关的角色,这十种角色

管理能力提升

可分成人际关系方面的角色、信息方面的角色和决策方面的角色三大类，如表1-2所示。

表1-2 管理者的十种角色

角色	描述	特征活动
一、人际关系方面		
1. 挂名首脑	具有象征性的挂名首脑必须履行许多法律性、社会性的例行义务	接待来访者、签署文件等
2. 领导者	负责引导和激励下属，负责人员配备、培训和评价	实际上从事所有有下属参与的活动
3. 联络者	维护自行发展起来的外部接触和联系网络，向人们提供信息	参加会议和从事公共事务、社会活动
二、信息方面		
4. 监听者	寻求和获取各种特定的信息，以便透彻地了解组织及其环境；作为组织内部与外部的神经中枢	获取内部业务、外部事件、分析报告、各种意见和倾向、压力等信息
5. 传播者	将从外部人员和下级那里获得的信息传递给组织的成员，有些是有关事实的信息，有些是解释和综合组织中有影响力的人的各种有价值的观点	举行各种信息交流会，用打电话的方式传达信息
6. 发言人	向外界发布有关组织的计划、政策、行动、结果等的信息；作为组织所在产业的专家	举办董事会会议，向媒体发布信息
三、决策方面		
7. 企业家	从组织内部和外部环境中探寻各种机会，制订"改进性方案"以发起可控变革，监督某些方案的实施	制定战略，开发新产品、新项目
8. 故障排除者	当面临下属之间的冲突、组织同另一个组织之间困难的暴露、资源的损失或其他威胁等故障时，采取纠正措施	检查会议决议执行情况，解决内部的冲突和纠纷
9. 资源分配者	负责分配组织中的人、财、物等各种资源	调度、询问、授权、从事涉及预算的各种活动和安排下属工作
10. 谈判者	在主要的谈判中作为组织代表	与供应商、客户、工会等进行谈判

[资料来源：明茨伯格. 经理工作的性质［M］. 孙耀君，译. 北京：团结出版社，1999：84-142. 有改动]

（一）人际关系方面的角色

第一类角色是人际关系方面的角色，它直接产生于管理者的正式权威和地位。管理者在处理与组织成员和其他利益相关者的关系时，就在扮演人际关系方面的角色。管理者所扮演的三种人际关系方面的角色是挂名首脑（代表人）、领导者和联络者。

管理者须履行一些具有礼仪性质的职责。例如，管理者有时必须出现在社区的集会上、参加社会活动、宴请重要客户等。在这样做的时候，管理者就扮演了代表人的角色。

由于管理者对所在组织负有重要责任，因此他们必须在组织内扮演领导者的角色。领导职能渗透在组织的所有活动之中，当一名管理者对其下属进行鼓励或批评时，他就在行使领导者的权力。除了负责引导和激励下属外，领导者还要从事对下属的雇用、训练、评价、提升、开除等工作。

管理者须扮演组织联络者的角色。在联络者的角色中，管理者的权力和与之相联系的地位，使之能建立一种特别的与外部联系的系统。管理者将其所在的组织同环境联结起来，运用自己的联系渠道来扩大组织的信息来源和提升组织的地位。

（二）信息方面的角色

第二类角色是信息方面的角色。管理者是组织内部信息的神经中枢，也是组织中获得特别的外部信息的焦点。管理者通过同组织内每一个专业人员的正式信息交流线路建立起广泛的信息基础。管理者所拥有的联系资源又保证了其能够获得所在组织周围环境中各种事件的信息。整个组织的人依赖管理结构和管理者获得或传递必要的信息，以便顺利完成工作。管理者所扮演的三种信息方面的角色是监听者、传播者和发言人。

管理者须扮演监听者的角色。作为监听者，管理者须持续关注组织内外环境的变化，以获取对组织有用的信息。管理者通过接触下属来收集信息，并从个人关系网中获取对方主动提供的信息。根据这种信息，管理者可以察觉各种变化，找出各种问题，识别组织的潜在机会和威胁。

在传播者的角色中，管理者把自己作为监听者所获得的大量信息传播出去，把外部信息传播给所在的组织，把内部信息从一位下属传播给另一位下属。信息可分为两种：有关事实的信息和有关价值的信息。传播者角色的一个重要作用是在组织中传递有关价值的信息，以便指导下属做出正确的决策。

管理者的传播者角色是面向组织内部的，而其发言人角色则要求其把信息传递到组织之外。作为发言人，管理者不仅要把信息传递给对组织有着重要影响的人，而且还要把信息传递给组织之外的公众，如必须向董事和股东说明组织的战略方向与财务状况，必须向消费者保证组织在切实履行社会义务，以及必须让政府官员对组织的遵纪守法感到满意。

（三）决策方面的角色

管理者对所在组织的决策系统负有全面的责任。因为作为正式的权威，管理者是唯一能使组织采取新的和重要的行动路线的人；作为神经中枢，管理者能最大限度地保证重大的决策反映当时所了解的情况和组织的价值标准；由一个人对各种决策进行控制，就可以最好地把它们结合起来。管理者所扮演的四种决策方面的角色是企业家、故障排除者、资源分配者和谈判者。

管理者须扮演企业家的角色。在企业家的角色中，管理者是所在组织中大多数可控变化的发起者和设计者。企业家的工作始于视察活动。作为监听者角色的一部分，管理者用许多时间视察组织，寻找各种机会和可以被认为是问题的各种情况，然后针对发现的机会或问题，设计改进性方案，以改进组织目前的状况。

管理者须扮演故障排除者的角色。一个组织无论被管理得多好，在运行过程中，总会遇到或多或少的冲突或问题。管理者必须善于处理冲突或解决问题，如平息客户的怒气、与不合作的供应商进行谈判、对员工之间的争端进行调解等。

管理者须扮演资源分配者的角色。资源分配是组织战略制定系统的核心，因为战略是由重要的组织资源的选择决定的。作为正式的权威，管理者必须监督对组织资源进行分配的系统。组织资源包括资金、材料和设备、人力、时间等，管理者可以用各种不同的方式来分配资源——安排他自己的时间，向下属分派工作，实行设计新设备的变革，制定或批准预算……概括来说，资源分配者的角色有三个组成部分：安排时间、安排工作和批准行动。

管理者须扮演谈判者的角色。管理者之所以参加谈判，是因为：作为挂名首脑，他的参加能增加谈判结果的可信性；作为发言人，他对外代表着组织的信息和价值系统；作为资源分配者，他有权支配组织的资源，而谈判就是资源的当场交易。对所有层次管理工作的研究都表明，管理者把大量的时间花在谈判上。管理者的谈判对象包括员工、供应商、客户等。

经理角色学派创始人——亨利·明茨伯格

亨利·明茨伯格是世界顶尖的管理大师，经理角色学派和战略管理学派的主要代表人物。在国际管理学界，这位加拿大管理学家是和彼得·F.德鲁克齐名的管理学者，也是管理领域伟大的"离经叛道者"。他常常对管理领域提出打破传统及偶像迷信的独到见解，被世人誉为最具原创性的管理大师和当今世界最优秀的战略思想家。他的整个职业生涯都专注于探索和理解管理者如何做决策、如何制定战略。1980年，他成为加拿大皇家学会的会员，是该学会第一位管理学教授出身的会员；1995年，他的著作《战略规划的兴衰》获得美国管理学会的乔治·泰瑞奖；1998年，他被授予加拿大勋章与魁北克勋章；2000年，因对管理学所做出的贡献，他获得美国管理学会的杰出学者奖。

1973年出版的《经理工作的性质》是亨利·明茨伯格的主要代表作，也是经理角色学派最早出版的图书。该书的出版过程在一定程度上是亨利·明茨伯格的思想因出格而不被接受的一个范例。亨利·明茨伯格将书稿寄给了 15 家出版社，但都被一一退回，后来他再次修改重新寄出，才最终得到 1 家出版社负责人的青睐。

三、管理者的技能

管理者具备良好的素质为其做好管理工作奠定了基础，而要把良好的素质转化为实际工作效率，则要通过管理者的管理技能来实现。管理技能是对管理能力的概括和总结。

管理学界广泛认同的是罗伯特·L. 卡茨（Robert L. Katz）的"管理者基本技能框架"。他在《有效管理者的技能》一文中指出，管理者要具备三种基本技能，即技术技能、人际技能和概念技能，以确保管理目标的实现。任何管理者，不管其所处的位置高低，都必须不同程度地掌握这三种基本技能。

（一）技术技能

技术技能又称专业技能，是指使用某专业领域有关的技术和知识完成组织活动的能力，包括在工作中运用具体的知识、经验、技术、程序、工具或技巧的能力，主要是解决问题、处理事务的技能。例如，科研主管的研发能力、财务经理的核算能力、营销经理的销售能力等。

虽然不一定要成为某一领域的专家，但管理者必须掌握一定程度的与工作相关的技术技能。管理者要对相应的专业领域进行有效的管理，就必须了解和初步掌握与其管理的专业领域相关的基本技能，否则，不但自身的工作难以顺利开展，还会因不能与组织内的专业技术人员进行有效的沟通而无法履行相应的管理职责。

技术技能主要与专业知识的储备有关，它是一种可以通过教育、培训、学习等途径掌握的技能。一般来说，掌握的专业知识越多，技术技能的水平就越高。常见的管理者技能培训大多是针对技术技能进行的。

（二）人际技能

人际技能又称人事技能，是指在实现组织目标的过程中与人共事的能力。人际技能包括：观察人、理解人、掌握人的心理规律的能力；人际交往、融洽相处、与人沟通的能力；了解并满足下属的需要，进行有效激励的能力；善于团结他人，增强向心力、凝聚力的能力；等等。

人际技能是管理者应当掌握的最重要的技能之一。管理活动的根本是对人进行管理，人际技能要求管理者了解员工的信念、思考方式、感情、个性，以及对自己、对工作、对集体的态度和个人的需要，掌握评价与激励员工的一些技术和方法，平衡各方利益关系、化解矛盾，最大限度地调动员工的积极性和发挥员工的创造性。既坚持原则，又有灵活性，是人际技能的核心和精髓。

(三) 概念技能

概念技能又称思维技能，是指综观全局，对影响组织生存与发展的重大因素做出正确判断，并在此基础上做出正确决策，引导组织发展方向的能力。概念技能包括：对复杂环境和管理问题的观察、分析能力；对全局性的、战略性的、长远性的重大问题的处理与决策能力；对突发性紧急处境的应变能力；等等。其核心是观察力和思维力。

具有概念技能的管理者胸怀全局，通常把组织看成一个整体，了解组织内部的相互关系，了解组织行动的过程和结果，能识别问题，能发现机遇和威胁，能选定方案、做出决策；同时，能觉察宏观环境中的政治、经济、社会、文化和科技力量对组织的影响。

上述三种技能是各个层次的管理者都需要具备的，只不过不同层次的管理者对这三种技能的需要程度不同。一般来说，处于高层的管理者，需要做出全局性的决策，更多的是要掌握概念技能。处于基层的管理者，每天主要的工作是与从事具体操作性工作的作业人员打交道，检查作业人员的工作，及时解答作业人员的疑问，并同作业人员一起解决实际工作中出现的各种具体问题。可见，基层管理者要掌握与工作相关的技术技能。而不管是哪个层次的管理者，都必须与他人进行有效的沟通，以共同实现组织目标，故人际技能对高层管理者、中层管理者、基层管理者同等重要。

此外，由于时代的要求，现代管理者还应具备危机管理能力。组织管理面临着各种不同的因素，存在着很多不可预测的风险，有风险就会有危机，包括市场、政策、法律、经营、人员等方面的危机。在危机管理方面，组织管理者必须拥有两方面的能力：一是处理危机的能力；二是利用危机进行管理的能力。

随着创新在管理中的作用日益突显，现代管理者还应具备创新能力。管理者在管理组织过程中遇到某些问题时，可以参照以前的解决方法和前人的管理经验，但随着经济全球化进程的加快和环境不确定性的增加，新问题不断出现，这就要求管理者具备创新能力，不断对前面的工作进行总结，利用获得的管理经验持续进行管理意识、管理理念、管理方式、管理方法的革新，以提升管理水平。

小故事

造车——雷军的最后一次创业

2021年3月，小米发布公告称，董事会正式批准智能电动汽车业务立项，小米拟成立一家全资子公司，负责智能电动汽车业务。雷军表示，从2021年1月董事会提出要研究智能电动汽车，到3月对外宣布进军智能电动汽车领域，对于他来说，是一段迎接蜕变的新旅程。从启动讨论到最后决定，雷军团队开展了85次业内拜访沟通，拜访了200多位汽车行业资深人士，进行了4次管理层内部讨论，举行了2次正式董事会。

雷军非常清楚汽车行业的风险，百亿元级的投资三五年才能见效，周期长、回报慢、风险大。好在创业十年的小米在资金、研发团队、技术等方面都已有了一定的积累，尤其是在人工智能、新材料等领域的技术优势，将对汽车业务形成有力的支持。

从个人设备，到智能家居、智能办公，再到智能出行，小米用科技的力量，全力为"米粉"提供全方位、全场景的美好智能生活。

"这一回，我将亲自带队，这将是我人生最后一个重大创业项目。我很清楚，这个决定意味着什么，我愿意押上我个人全部的声誉，再次披挂上阵，为小米汽车而战！"雷军说道，他已经做好了再全力冲刺5~10年的准备。他将以巨大的投入、无比的敬畏和持久的耐心来面对这次全新的征程。

任务三　学习能力

当今是知识经济、数字经济时代，是学习社会。在学习型组织中，学习的主体包括个人、团队和组织。因此，根据学习主体的不同，可将组织学习分为个人学习、团队学习和组织学习三个层次。

一、个人学习能力

在学习社会，学习能力是个人生存与发展的基础。在知识经济时代，个人学习能力是组织学习能力得以存在与提升的前提条件。根据教育学理论，个人学习能力的构成要素包括观察能力、记忆能力、思维能力和想象能力。

观察是对某种事物有目的、有计划的觉知。观察能力强的人能够迅速抓住观察对象的特征和本质，获得有价值的第一手资料，为认识客观事物发展变化的规律提供科学依据。

记忆能力强的人对学过的知识经久不忘，他们虽然用在学习上的时间相对较少，但学习效率高、效果好，可以做到事半功倍；而记忆能力弱的人则必须增加学习时间，才能收到同样的学习效果。

思维能力强的人善于思考，善于发现问题、提出问题，能做出假设并验证假设，努力解决问题；他们对问题的判断迅速而准确，当情况发生变化、解决问题遇到障碍时，能及时灵活地改变方向。而思维能力弱的人常常表现得呆板、固执，不能根据具体情况改变自己的方法，难以独立解决问题。思维能力特别是创造性思维能力是学习能力的核心。

想象能力同其他心理过程联系密切，记忆总伴随着想象，抽象思维也要借助于想象，发明创造与想象更是息息相关。想象是一种特殊形式的思维，本质上就是形象思维。

除了上述基本能力外，在学习社会，个人学习能力的构成要素还应包括自学能力和信息能力。自学能力使人能够终身不断地学习；信息能力使人能够在信息激增的情况下快速、准确地查找和获取学习、工作所需的资料。

二、团队学习能力

无论是跨部门项目的管理、生产线上的协作，还是业务流程的重建，团队在其中所发挥的作用都变得越来越重要。为了确保团队拥有必要的知识和技能，组织应加强团队学习。随着组织所需应对的问题越来越复杂，组织成员意识到他们必须学会团队协作。团队应该能够作为一个整体进行思考、创造并进行高效学习。不论是为了实现短期的具体目标还是为了解决组织长期存在的问题，只要一群人组成一个团队，他们便可以且应该开始团队学习。

团队学习是以小组为主体进行的一种学习活动，是一种伙伴之间的合作互助活动，其目的是提高全体成员的学习能力与学习效果。在体育、艺术、科学界，有不少实例显示团队通过学习可以拥有整体配合的行动能力。当团队真正在学习的时候，全体成员都积极行动起来，促进知识在团队内部快捷、流畅地传播，不仅团队整体绩效大幅度提高，而且团队成员的成长速度也比其他学习方式下的成长速度要快。

学习型组织寻求创建全方位的团队，包括持续改善团队、跨部门团队、质量管理团队等。这些团队要花时间进行反思，在实践中开展学习。团队学习不仅仅是获得团队协作的技能，更加强调自主学习、创造力和思想的自由交流。一项成功的团队学习制度能够促使团队成员与其他团队分享成功的经验，吸取教训，确保组织知识的稳步增长。

团队学习的重点是团队成员达成一致、共同发展团队能力，从而产生预期的学习结果。在团队学习中，团队成员必须对复杂的问题做深入思考。通过创新和协作，团队会深入挖掘每一个成员的想法。出色的团队能建立运作上的信任，每一个成员都能时刻考虑他人，确保自己的行动与他人的行动互补。这也是杰出的运动队和交响乐队一起工作和学习的方式。高水准的团队学习促进了高水平的集体思考和交流，同时也提高了团队作为独立个体以创新和建设性的方式开展工作的能力。

三、组织学习能力

（一）组织学习的内涵

组织学习与个人学习、团队学习的不同，主要体现在以下两个方面：① 组织学习是通过在组织所有成员间分享观点、知识和心智模式实现的；② 组织学习是在组织过去的知识和经验的基础上进行的，组织过去的知识和经验就是组织记忆，它记录着组织的政策、战略、商业模式等。虽然个人学习、团队学习和组织学习是互相关联的，但组织学习被认为是个人学习和团队学习的总和。个人学习和团队学习使组织学习得以进行，而组织学习则从社会、政治、结构等方面广泛地影响着个人学习和团队学习的过程，它使知识、观念和想法得以在个人和团队间分享。

(二) 组织学习的类型

克里斯·阿吉里斯（Chris Argyris）和唐纳德·A. 舍恩（Donald A. Schon）在《组织学习Ⅱ》一书中，提出了组织学习的三种类型：单环学习、双环学习和再学习。

1. 单环学习

单环学习是可以改变组织行动策略及其立足的假设，但不会改变组织行动理论的价值观的一种工具性学习。在这种学习过程中，一个由组织探询居中调节的单反馈循环把检测到的错误与组织的行动策略及其立足的假设联系起来，调整后的行动策略及其立足的假设反过来促使组织绩效保持在现有价值观和规范所设定的范围内。简单地说，单环学习就是发现并立即纠正组织的错误，使得组织能够保持当前的策略，去实现既定的目标。它能够对日常程序加以改良，将组织所需的知识和技能植入组织，但是没有改变组织活动的基本性质，是在组织现有框架内进行的学习。单环学习更多地与惯例、重复性的问题相关，是一种较低层次的学习。单环学习是以提高工作效率为目标的机械学习方式，其标准是组织现有的规范，它是回避外界变化或程式化的被动学习过程。

2. 双环学习

双环学习是不仅可以改变组织行动策略及其立足的假设，而且能够改变组织行动理论的价值观的一种创新性学习。双环是指把观察到的行动结果与行动策略和策略所服务的价值观联系起来的双反馈循环。简单地说，双环学习就是在工作中遇到问题时，不仅要寻求直接解决问题的办法，而且要检查工作系统、工作制度、规范本身是否合理，分析导致错误的原因。双环学习更多地与复杂、非程序性的问题相关，是一种较高水平的学习。双环学习能扩展组织的能力，注重系统性地解决问题，包括对组织的学习基础、特殊能力和例行常规进行变革，适合组织的变革和创新。双环学习不仅包括在已有组织规范下的探索，而且还包括对组织规范本身的探索。双环学习经常发生在组织的渐进或根本性创新时期。

3. 再学习

再学习又称第二次学习，是"学习学习的能力，学会如何去学"的过程，即获得解决问题的能力。再学习是一种更具挑战性的终极学习结构，被描述成"质疑组织能够发现和更正错误的学习系统"。再学习是对上述两种学习经验的转化与再应用，并借助此过程转化为组织的能力。当知道如何执行单环学习和双环学习时，组织就开始了第二次学习的过程。在这种学习过程中，人们对认知结构的基本反馈和优化过程，是产生新思维、提高解决问题和创新能力的基础。

（三）打造学习型组织

要在整个组织范围内开展学习，最大化学习效果并取得业务成果，就必须应用一些学习技能，包括系统思考、心智模式、自我超越、自主学习和深度会谈。

1. 系统思考

系统思考是一个概念性的框架，它能帮助人们更清晰地看到事物的总体模式，并促使人们提高自身能力去改变它们。国际组织学习协会创始人彼得·M. 圣吉（Peter M. Senge）在《第五项修炼：学习型组织的艺术与实践》一书中指出，系统思考提供的框架更关注事物之间的相互关联，而非线性因果关系，它试图发现底层结构，而非表面现象，它描述的是事件背后的模式，而非单一事件。

系统思考，尤其是系统动力学，是引导组织学习的强大工具。系统动力学认为，组织就像交错相连的网络，网络上的一个节点发生变化，不管是计划中的还是计划外的，都会影响其他节点，产生出人意料的、往往是负面的影响。因此，系统思考的关键在于具有系统的观点和动态的观点，它的艺术就是要看穿复杂背后引发变化的结构。

2. 心智模式

心智模式是指由过去的经历、习惯、知识素养、价值观等形成的基本固定的思维认识方式和行为习惯。它是人们心中一些根深蒂固的假设，影响着人们对世界的理解和人们的行为方式。对于在不同情况下，什么可以做，什么不可以做，人们心智模式之间的差异很大，而且这种差异根深蒂固，很难改变。圣吉强调，要改善心智模式，先要向内看，看见自己内心深处对事件的看法，然后再仔细审视自己的看法。改善心智模式的修炼就是不断反思自己的心智模式和对他人的心智模式进行探寻。

3. 自我超越

自我超越是指能突破极限的自我实现或技巧的精熟，就像大师级的工匠，用毕生的精力学习，不断提高和完善自己的技艺，实现自我超越。圣吉把个人超越看作学习型组织的基石，因为一个组织对学习的承诺不会超过每个成员对学习的承诺的总和，一个组织的学习能力也不会超过每个成员的学习能力的总和。

组织对个人超越的承诺，体现为在组织的各个层面都开展持续的学习，包括随时随地为组织所有成员的学习提供支持。传统的培训和发展活动是远远不够的，组织还要朝着让所有成员都不会停止学习的目标做进一步的努力。自我超越是一种愿景和实现愿景的过程，最终将不断突破极限深化到组织成员的潜意识之中。

4. 自主学习

学习型组织的所有成员都应该意识到并承担起成为学习者的责任，同时激励和支持身边的人学习。我们的目的不仅是要完成目前的工作，更是要通过不断学习提升工作的有效性。在学习型组织里，再资深的主管也做不到对员工必须掌握的知识无所不知。我们必须学会自主学习，包括了解自己的学习风格和偏好，以增加学习机会。

5. 深度会谈

深度会谈是一种高强度、高水平、高质量的沟通，会谈双方对敏感的主题展开自由的、有创意的探讨，暂时抛开自己的想法，倾听他人的想法。在组织学习中应用深度会谈，能帮助我们识别促进学习或破坏学习的互动模式。

在工作场所开展深度会谈，有助于创造学习机会和产生学习行为。会谈促进集体思考和沟通，提升组织发挥集体智慧的能力，帮助我们看到整体而非局部，促使我们认识到自己的心智模式是如何影响我们所感知的事实的。

深度学习的内涵

知识经济时代对人的培养提出新的诉求，如问题解决、对知识的整合与创新、个体的高阶思维与关键能力、通过合作产生集体智慧等，这些并非互相孤立的陈述性知识和脱离情境的程序性知识所能满足。深度学习正是回应时代诉求，指向核心素养的学习过程，最终形成相应学习结果的具体途径。

深度学习的内涵包括学习的目标、动机、态度，以及学习者与知识、自我、环境之间关系的整体建构。从学习过程来看，深度学习表现为学习者深层的认知参与，以及对学习环境的深层社会文化适应，能够与他人和学习技术或工具进行深度互动，即进行学习的认知、社会和技术层面的深度融合；从学习结果来看，深度学习最终体现在学习者呈现深层的认知表现水平、获得积极的学习情感及有效的学习互动策略上。

深度学习是在对学习本质的理性与经验的解释中，以融合的视角，解决日益复杂环境中有关学习的问题。由此，可以对深度学习做以下描述性界定：深度学习是有意义的、整体性和创造性的学习；学习者以掌握知识本身为目的，具有内在的学习兴趣和积极负责的学习态度；建构知识关联，理解核心内容，能进行抽象、情境化表达和问题解决；客观认识学习环境，了解学习活动、资源与工具，恰当运用不同媒体，参与深度对话与合作；进行自我反思、评价与管理。

资料来源：温雪. 深度学习研究述评：内涵、教学与评价［J］. 全球教育展望，2017，46（11）：39－54. 有改动

"尚峰劳模工作室"学习型组织建设实践

自 2012 年苏州轨道交通 1 号线投入运营以来，苏州轨道交通已形成线网运营的工作模式。在此过程中，客运量不断攀升、运能与运量矛盾加剧、设备老化、安全保障要求高、应急处置要求快速等特点日益突显。随着老员工逐渐分流到新线，运营又面临着

管理能力提升

技术力量稀释、员工队伍年轻的多重压力，运营专业管理愈趋复杂。为了适应未来发展趋势，更好地服务一线生产，协助公司解决运营矛盾，通信信号专业在全国铁路劳动模范、全国交通技术能手、江苏省企业首席技师、江苏省特级技师尚峰的带领下，组织技能大师、技术能手、业务骨干等建成了一支高素质、高技能队伍，创建了尚峰劳模工作室。尚峰劳模工作室2018年被苏州市姑苏区人社局授予"尚峰轨交通信信号技能（专技）名师工作室"，2020年被苏州市总工会授予"苏州市劳模创新工作室"，2022年被江苏省交通运输厅授予"江苏省交通运输行业技能大师工作室"。

尚峰劳模工作室致力打造学习型组织，发挥传、帮、带作用，为学员提供培训平台、练兵平台，最大化地助力学员提升技能，让年轻的员工队伍能够快速成长，适应岗位要求。此外，尚峰劳模工作室还会带领学员参与技术攻关、课题研究、大赛培训等活动，为公司解决一线生产杂症难题、培养专业拔尖人才提供技术支撑。

一、以制度促进学习，提升管理水平

尚峰劳模工作室确立了"1234"工作室运作机制，即"1个目标""2个原则""3个功能""4个有"。"1个目标"：发挥劳模与党员的先锋模范作用，服务公司发展。"2个原则"：建设标准化、运作体系化。"3个功能"：一是开展技术攻关，解决现场技术问题；二是通过导师带徒，提升员工技术技能水平；三是弘扬工匠精神。"4个有"：有阵地、有团队、有制度、有成果。为了高效完成工作，尚峰劳模工作室制定了相应的管理制度及工作流程，如《攻关创新活动办法》《劳模工作室工作流程》《劳模工作室工作职责》《劳模工作室工作制度》等，进一步规范工作室的运作与管理。

二、以平台保障学习，提升学习成效

为了进一步助力学员提升技能，尚峰劳模工作室搭建了计轴系统模拟测试平台、Dold继电器测试平台、信号继电器专用检修平台、转辙机专用检修平台、通信系统平台、转辙机实训平台六大平台。平台集技能培训、技能鉴定、应急演练、备件测试、维修试验等功能于一体，目前累计培训员工200多人次。

其中，计轴系统模拟测试平台改变了传统培训的固有思维，将复杂庞大的计轴系统"浓缩"成一个小小的平台，打破了时间和空间的局限性，且最大化还原了故障模拟、故障处置的真实性。该平台2018年获得全国轨道交通设备管理创新成果三等奖，2021年获得第二届"姑苏杯"青年智能交通创新技术应用大赛智能工程装备专题赛优秀奖。

三、以学习促进研发，提升维修水平

2022年，首届大国工匠创新交流大会在北京隆重开幕，尚峰劳模工作室自主研发的"转辙机摩擦连接器拆装工装"在江苏展区亮相。

该工装的成功研发，离不开工作室团队学习与钻研的精神。转辙机的摩擦连接器是地铁信号系统的关键部件，此前由于国外厂家技术保密，国内行业又处于技术空白状态，一旦摩擦连接器发生故障，只能返厂维修。往往其中一个弹簧小部件损坏，就要更换"带摩擦连接器的滚珠丝杠"整体部件，费用高达1.2万元。针对这一问题，尚峰劳模工作室不断翻阅既有资料，现场无数次观摩、学习、测量、研究和实验，终于研发出了转辙机摩擦连接器拆装工装，可对摩擦连接器进行可靠拆卸和安装，不会对精细的零部件造成损伤，便于维修人员进行深度维修。该工装打破了国外厂家的技术垄断，在国内同行业中乃是首创，不仅能极大提高转辙机的维修效率，更可大幅降低维修成本。在实现"最小单元"维修的前提下，对上述损坏的弹簧小部件进行更换，仅需11元成本。目前，该工装已成功取得国家实用新型专利，并荣获第四届全国设备管理与技术创新成果二等奖。

目前，尚峰劳模工作室的相关研发成果，已取得8项国家实用新型专利。

四、以技能竞赛为契机，展现小将风采

尚峰劳模工作室积极带领学员参加省内及全国的行业技能大赛，并为学员提供大赛前的技术培训和练兵服务，保障学员在各级大赛上能有出色的发挥。

在"新誉杯"首届全国城市轨道交通行业职业技能竞赛中，3名学员分别取得第9名、第10名和第12名的好成绩。在第十二届全国交通运输行业"捷安杯"城市轨道交通信号工职业技能大赛江苏选拔赛中，学员包揽了前三名；晋级全国总决赛后，学员取得全国第5名和第18名、团体第6名的好成绩。2022年，尚峰劳模工作室带领学员继续发力，在江苏省城市轨道交通信号工职业技能竞赛中包揽冠亚军。

五、以学习交流为窗口，实现品牌输出

近年来，尚峰劳模工作室承接了无锡地铁集团有限公司、南昌轨道交通集团有限公司、宁波市轨道交通集团有限公司、南通轨道交通集团有限公司、台州市轨道交通建设开发有限公司等多家单位的继电器、转辙机上道前的检测服务项目，累计检测继电器32 494件、转辙机956件，为公司创收100余万元。此外，尚峰劳模工作室还为无锡地铁集团有限公司、苏州建设交通高等职业技术学校、苏州工业园区职业技术学院提供技术培训。

尚峰劳模工作室多次开展对外交流学习，先后接待了第四届全国城市轨道交通运营管理关键技术高峰论坛专家、中国铁路上海局集团有限公司专家、苏州市总工会领导、苏州市国资委领导及无锡地铁集团有限公司、南宁轨道交通集团有限责任公司、合肥市轨道交通集团有限公司等兄弟单位。尚峰劳模工作室的事迹曾被"看苏州"APP、"学习强国"平台、《扬子晚报》电子报等媒体报道，为苏州轨道交通实现了技术输出与品牌输出。

（资料来源：苏州市轨道交通集团有限公司内部资料）

案例思考题：

结合案例材料，探讨"尚峰劳模工作室"学习型组织的优化建议。

项目训练

【训练内容】企业团队学习活动策划方案。

【训练目的】通过对企业的实地调研及团队学习活动方案的策划,提升团队学习能力。

【训练步骤】

1. 学生按 4—6 人组成一个小组,以小组为单位,选择一家本地企业作为调研对象。

2. 收集和整理该企业团队学习情况等资料,根据企业团队学习情况进行小组讨论,撰写企业团队学习活动策划方案,包括活动主题、活动目的、活动时间、活动内容、参加人员、活动组织、经费预算等。

3. 制作 PPT 及电子文档,完成实训报告。实训报告格式如下:

_____实训报告		
实训班级:	项目组:	项目组成员:
活动时间:	实训地点:	实训成绩:
活动主题:		
活动目的:		
活动内容:		
活动组织:		
经费预算:		
实训感言:		
项目组长签字:	项目指导教师评定并签字:	

4. 小组展示与分析企业团队学习活动策划方案,教师总结和点评并进行成绩评定。小组提交实训报告。

5. 有条件的情况下可以实施该方案。

自 测 题

1. 什么是自我管理？它包括哪些内容？
2. 管理者的角色分为哪些类型？
3. 简述管理者的层次及其技能。
4. 组织学习有哪几种类型？
5. 举例说明如何打造学习型组织。

【延伸阅读】

圣吉. 第五项修炼：学习型组织的艺术与实践［M］. 张成林，译. 2 版. 北京：中信出版社，2018.

项目二　商业计划与决策艺术

【学习目标与要求】

1. 理解商业计划的含义及其撰写要点
2. 理解商业计划的内容
3. 能够掌握并在实际工作中运用决策的艺术

苏州轨道交通星海广场站"站前町"商业

"站前町"街区位于苏州轨道交通 1 号线星海广场站，东入口与星海广场站站厅相连，西至星都街，可经营面积约 3 500 平方米，业态以新鲜、潮流的中西简餐和精品零售为主，配以休闲娱乐互动体验、生活配套、3C 数码、创意家居文创等类型，目前已有 56 家商铺入驻，为目前苏州市轨道交通集团有限公司开发的体量最大的地下商业街区。

"站前町"街区充分利用轨道交通地下空间，根据区域特性，着力打造最潮、最有创意、最年轻的轻消费街区，服务商务人士和满足周边居民日常消费、饮食需求。"站前町"街区通过地下对接通道与凤凰广场、宏海国际广场、尼盛广场等商业综合体无缝连通，极大提升了轨道交通与周边建筑的互联互通水平，提高了出行效率，改善了通行体验。

苏州市轨道交通集团有限公司致力为广大市民打造安全、舒适、便捷的地下通行环境，围绕轨道交通车站打造地下商业街区，促进站点与周边区域空间、城市空间有机融合。目前，苏州市轨道交通集团有限公司已开发乐桥站"柠檬町"等 6 个在营地下商业街区项目，开通察乐 TOD 通道、石湖莫舍创意空间等多条连通地铁车站的特色通道，市民可以在满足消费需求、享受艺术文化展示的同时，通过地下通道快速抵达周边街巷、小区、商场。苏州市轨道交通集团有限公司将不断探索地下商业振兴路径，提升区域内商业竞争能力和活力，充分发挥增强经济活力、展现城市文化重要载体作用，为苏州经济社会发展注入轨道力量。星海广场站地下空间"站前町"商业街区开业首两日营业额超30万元、客流量近2.5万人次，首月经营期内，商铺出租率达91%，日均客流量约1.1万人次，星海广场站日均乘客流量较街区开业前也有约5%的增幅。作为目前苏州市轨道交通集团有限公司开发的体量最大的地下商业街区，"站前町"从业态布局、无缝对接等方面入手，完美呈现了一份地下存量空间改良样本。未来，苏州市轨道交通集团有限公司将在总结提炼"柠檬町""站前町"等地下商业街区的经验和做法基础上，以点带面推动资产盘活利用和联动发展，全力推进地下商业振兴行动，优化资源配置，创新业态引入，提升地下商业资源价值和经营能力。一方面，加快地下空间开发利用的调查研究，推动地下空间项目的实施，盘活存量资产；另一方面，积极谋求轨道交通站点与周边建筑的地下连接，加强地下空间互联互通，助力客流量增加的同时，共享地下商业连廊运营效应，推进特色地下商业街区的建设。

（资料来源：苏州市轨道交通集团有限公司内部资料）

案例思考：

结合案例材料，分析苏州轨道交通星海广场站"站前町"商业的决策艺术。

任务一　认知商业计划

一、商业计划的含义、特征和作用

（一）商业计划的含义

商业计划又称创业计划，是指创建一个企业的基本思想及对与企业创建有关的各种事项进行总体安排的文件。这些事项包括人员、资金、物资等各种资源的整合，以及经营思想和战略规划的确定。因此，商业计划是一份为创业项目制定的完整的、具体的、详细的书面文件，是企业创业阶段最重要的一份文件。商业计划是各种职能计划（如市场营销计划、财务计划、生产经营计划、人力资源计划等）的集成，也包括新建企业3—5年内的短期决策和5年以上的长期决策制定的方针。有了创意并不等于有了市场机会，有了市场机会也不等于创业成功，如何把创意一步一步转化为能够为市场和顾客带来价值的产品与服务，首先需要制订商业计划。

（二）商业计划的特征

由于创业者的目标、思路、方式方法及所处的领域不同，商业计划也各不相同，这不仅仅体现在内容上，也反映在结构和侧重点上。但是，一份好的商业计划有以下共同点。

1. 循序渐进

商业计划的撰写一般至少要经历三个阶段，每个阶段都要经过多次修改才能完成。第一个阶段是全面收集撰写商业计划所需的信息和资料，形成商业计划的概要；第二个阶段是在第一个阶段的基础上，结合创业项目的类型和特点，撰写商业计划的初稿，形成具有创业企业特色的独特的商业计划；第三个阶段是在第二个阶段的基础上，不断润色和修改，形成正式的商业计划。

2. 一目了然

商业计划应该主题突出、观点明确。商业计划要着重描述关键问题，阐述明确，不拖泥带水，字里行间一目了然，使人读后印象深刻；要清楚、简洁，不要出现不必要的分析、描述或其他无关文字；要让读者看后能知晓：创业者所做的市场调研和预期的市场容量，为什么创业项目会被市场接受，为什么创业项目和创业团队值得投资。

3. 通俗易懂

商业计划的撰写应该避免使用太过专业的术语。专业术语往往只有技术人员才能理解，因此，专业术语的使用会增加阅读难度，人为缩小受众范围。为了使商业计划的读者更好地理解商业计划的内涵，商业计划的撰写必须使用通俗的语言，简单明了。如果在商业计划中必须使用专业术语，那么也要注解清楚。

4. 严谨周密

商业计划应该有严谨周密、自我完整的格式，以相对清晰完整地陈述必要的内容，从而使商业计划具有说服力。在撰写商业计划的过程中，一定要避免主题不明、结构松散、格式混乱等不够专业的表现。一般情况下，商业计划的撰写需要考虑三个视角：第一个是创业者的视角，创业者比其他人更能理解创业企业的目标和价值；第二个是市场的视角，创业者必须从用户的角度来看待企业的产品，现实中创业者撰写商业计划常犯的一个错误是过于强调技术，而对市场考虑不足；第三个是投资者的视角，投资者关注商业计划中的市场计划、财务计划等关键信息，这些是其评估风险和收益的主要信息来源。但对于这些信息，创业者不能为了迎合投资者的偏好而扭曲事实，否则反而会使投资者感到不可信。另外，商业计划也应体现撰写者的专业素养，不能出现常识性错误。

（三）商业计划的作用

商业计划主要是要回答这样一些问题：什么人、做什么、为什么、什么时候及如何做。投资者需要弄清楚对创业者初创的企业起主要作用的因素是什么、投资回报的时间表、销售额、现金流等。此外，商业计划不只是为了融资而写给风险投资者看的，还能帮助创业者客观分析问题，厘清思路，保持头脑清醒，也能为创业者提供创业指南和行动纲领。因此，商业计划一定要确立目标，而且目标要切实可行。创业者可以把这份计划看成是企业发展所需的工具，详细地列明企业的行动步骤，引导企业走上正轨，度过起步阶段。商业计划的制订并不能保证所有问题都迎刃而解，但是一份精心设计、经过深思熟虑的商业计划能够帮助创业者避免所有问题同时发生，当问题发生时，可以有备选的解决方案。商业计划的作用主要表现在以下几个方面。

1. 明确创业的目标和方向

在制订商业计划之前，就要确定创业的目标，不同的创业目标需要不同的行动策略。一份详细的商业计划可以帮助创业者厘清思路，保持头脑清醒，创业企业的经营和发展要始终围绕创业的目标展开，只有这样，才不至于偏离方向，导致创业失败。创业目标对于创业企业来说无疑是一盏指路明灯，而商业计划则让这盏明灯始终照亮企业前进的方向。

2. 有利于创业者周全设计行动计划

商业计划所涵盖的内容非常丰富，包括创业的类型、阶段目标、资金规划、财务预算、市场营销计划、团队管理、风险评估等。商业计划的制订可以帮助创业者对产品开发、市场开拓、生产经营等重大问题进行细致思考并做出决策，同时也为创业者的日常管理提供比较科学的依据。这样有助于将抽象或模糊的总体目标转变为更为具体的运营目标，也有利于后续的决策和权衡。

3. 帮助创业者做出客观理性的判断

商业计划的制订需要进行环境分析，可以帮助创业者了解行业环境，了解竞争状况，明确自己所处的位置，明确顾客需求，识别出外部的风险和机会，从而做出更理性客观的判断。此外，商业计划制订的过程也是各方权责利明晰的过程，可以避免后续发生权责利方面的争论与纠纷。

4. 吸引风险投资者

投资者只有看到一份关键信息明确的商业计划，才能决定是否投资于新创企业，投资者最感兴趣的是商业计划中的市场计划和财务计划部分。此外，创业团队尤其是创始人也是他们关注的重点。好的商业计划能够吸引投资者的眼球，让他们愿意为企业的发展注入资金。和其他的法律文件一样，在企业和投资者签署融资合同的同时，商业计划往往作为合同附件存在。与这份附件相对应的是主合同中的对赌条款。对赌条款和商业计划共同构成一个业绩承诺：当创业者实现或没有实现商业计划中所约定的目标时，利益如何在投资者和创业者之间重新分配。

二、商业计划的撰写

（一）商业计划的作者和读者

1. 商业计划的作者

一份详尽的商业计划涉及创业的所有相关要素，包括市场营销计划、生产经营计划、财务计划、人力资源计划等。因此，商业计划的作者既要非常了解创业项目，也应具备相关的专业知识，只有这样才有资格和有能力撰写完善的商业计划。撰写商业计划的过程对于创业者来说是非常有价值的经历，因为这个过程强迫创业者去思考创业过程中可能出现的各种问题，尤其是现金流断裂及其应对措施问题。撰写商业计划的过程实际上就是强迫创业者将自己的设想带到客观现实中去考虑（比如，这个设想可行吗？有意义吗？我的产品能满足顾客的需求吗？我怎样管理企业？我的竞争对手是谁？我能跟他们合作吗？），让创业者置身于未来去设想各种阻碍创业成功的因素，这些都好比是角色预演，迫使创业者去面对各种情境，找到阻碍成功的因素，以及考虑用什么方法去克服阻碍。有可能会出现这种情况，创业者在完成商业计划后，发现自己即将面临的障碍是无法突破的，如果是这样，那么在进一步投入资金和时间之前，创业者就应该终止创业项目。创业者在制订商业计划时，可以向律师、营销顾问、会计师等咨询，也可以聘请他们一起来撰写商业计划。在这之前，创业者应该评估现有团队的技能，确定缺少什么技能及缺少的程度，然后可以通过行业协会、各种商业平台及专业机构搜寻具有这些技能的人。

2. 商业计划的读者

一般来说，商业计划的读者有投资者、政府工作人员、顾客、员工及创业者自身，读者不同，商业计划的内容和焦点也会有所不同，因为读者在阅读商业计划时往往带有各自不同的目的。例如，写给投资者看的商业计划，财务分析报告要做得精细；写给顾客看的商业计划，则需要提供满足顾客需求的产品或服务。在某种情况下，商业计划必须试图满足所有潜在读者的需求，这些需求可能存在非常大的区别，但如果不能在商业计划中体现，就很可能会遭到拒绝。一个好的方法就是创业者先从自己的角度来准备商业计划的初稿，暂不考虑那些将来会阅读商业计划并对商业计划做出评价的顾客或投资者的需求，当创业者明确谁即将阅读商业计划时，再从读者的角度修改商业计划。

（二）商业计划所需的信息

在撰写商业计划之前，创业者应尽可能多地收集相关信息，这些信息主要集中在市场、财务、生产运营等方面。

商业计划需要明确定义市场，并在此基础上对市场的潜力做出评价。相关信息可从行业协会、政府工作报告等渠道获取，同时也可根据需要围绕产品性质、产品领域、市场前景等方面进行充分的市场调研。

判断新创企业可行性的量化标准是财务指标，为此需要收集相关财务信息，这些信息主要通过访谈营销、财务方面的专业人士或根据历史数据进行合理预测等方式获取，包括起步阶段至少 3 年的预计销售额及费用支出、起步阶段 3 年的现金流、现在及未来 3 年资产负债预测等。

企业的生产运营具有稳定性和可持续性，要清晰阐述企业的生产运营状况，有赖于对企业生产特征信息的了解和掌握。所需的大多数信息可以直接获取，包括生产地点、生产运营流程、原材料供应、设备能力、员工劳动技能、库存能力、生产间接费用等。

（三）商业计划撰写要点

商业计划不需要堆砌辞藻，而应该言简意赅地揭示问题和寻找对策。要想撰写出一份好的商业计划，应在以下几个方面深思熟虑，确保有的放矢、言之有物。

1. 聚焦产品

商业计划中应提供所有与企业产品有关的细节，包括企业实施的所有调查，以便让读者准确把握产品的本质特点及其可能对商业活动带来的影响。商业计划中应着重阐述产品正处于哪个发展阶段，产品的独特性怎样，产品的营销方法是什么，产品最可能的用户是谁，产品的成本和价格是多少，产品未来的发展计划是什么。

创业者熟悉产品并不意味着商业计划的读者也熟悉产品。商业计划应尽量用简单的词语来描述与产品相关的事项。制订商业计划的目的不仅是向读者展示产品的巨大价值，而且是使他们相信实现这种价值是基于有力证据的。

2. 聚焦竞争

对竞争态势的分析应主要围绕竞争对手展开，需要重点分析的内容包括竞争对手是谁，竞争对手的产品是什么，竞争对手的产品与本企业的产品有哪些相同点和不同点，竞争对手的营销策略是什么，竞争对手的销售额、毛利、收入及市场份额如何，本企业相对于每个竞争对手具有的竞争优势是什么。

商业计划要使读者相信本企业是行业中的有力竞争者，并阐述竞争对手给本企业带来的风险及本企业的对策。

3. 聚焦市场

选择恰当的目标市场并寻找有效的途径进入目标市场和获得可观的市场份额意味着新创企业对自身商业行为有清醒的认识和明确的定位，能够使读者确信创业者的行动具有目的性及创业者对资源的使用进行了合理评估。

商业计划首先要阐述目标市场在哪里，为什么选择这样的细分市场作为目标市场；其次要提供对目标市场的深入分析，要细致分析经济、地理、职业、心理等各种因素对消费者购买本企业产品的影响；最后要包括主要的营销计划，营销计划中应列出本企业打算开展的具体营销活动及各种营销活动涉及的产品、顾客、地理范围，明确每一项营销活动的预算和收益。

4. 聚焦行动

商业活动的收益最终靠企业的实际行动加以保证。企业的行动计划应该可行和有效。商业计划中应明确以下问题：企业如何把产品推向市场，企业如何设计生产线，企业如何组装产品，企业生产需要哪些原材料，企业拥有哪些生产资源及还需要什么生产资源，生产成本是多少，成本控制方法是什么。

5. 聚焦团队

行动能够成功的关键在于有一个强有力的管理团队。管理团队的成员应该具有丰富的专业技术知识、较强的管理能力和多年的工作经验，要使读者对管理团队具有信心。管理人员的职能是计划、组织、控制和指导企业实现目标的行动。商业计划中应描述管理团队的构成及其职责，并介绍每位管理人员的能力、特点、贡献等。商业计划中还应明确企业的管理目标和组织机构。

只有两页纸的商业计划

1995 年，杰夫·海曼（Jeff Hyman）花了七八个月时间才完成一份关于开发 Career Central 招聘网站的商业计划。到他写完的时候，这份计划足足有 150 页。当时他在硅谷的同事都对这份计划的完整缜密赞不绝口，最后他也确实成功拿到了创业所需的 50 万美元启动资金。但是，每当回忆起这件事时，他总是忍不住要想，这么长的时间是否花得值得呢？

后来，海曼在芝加哥有了另一个创业灵感——以数据跟踪为特色的减肥中心 Retrofit。这一次，他没有花很多时间来写商业计划，而是用了四个月的时间来考察自己的想法，走访潜在消费者、分销商和肥胖问题专家，深入了解市场。经过 100 多次访谈后，他写出了一份仅有两页纸的商业计划。他就靠这两页纸拿到了创业所需的 270 万美元启动资金。

海曼笑称："现在，时间是我最大的敌人。"他和很多商业人士一样，认为"市场瞬息万变"，不值得花几个月的时间来写一份完美的商业计划。满怀激情的创业者可以在几小时内写完一份商业计划，因为他们的目标非常明确：我要干一番事业，而不是在纸上谈一番事业。

 商业计划的制订

一、商业计划的类型

在不同场合，创业者可能需要准备详尽程度不同的商业计划。一般来说，商业计划的类型主要有以下三种：① 完整的商业计划。内容翔实的商业计划用来详细介绍创业项目，在吸引潜在的合作伙伴、投资者、供应商及重要的雇员时，需要用到这类商业计

划。② 执行摘要计划。执行摘要计划不是翔实的商业计划，而是涵盖翔实商业计划的大多数重要信息的一种计划。通常情况下，执行摘要计划用来吸引投资者，当然也用来吸引关键的雇员或说服创业者的亲朋好友投资创业项目。③ 行动计划。行动计划又叫执行计划，是完成商业计划的执行文件，一般包括具体的时间表和一系列任务，这些任务必须在规定的时间内完成。行动计划是一份可操作的文件。

二、撰写商业计划的一般步骤

在撰写商业计划时，需要按照以下几个步骤进行。

（一）确定目标

新创企业首先要确定企业的经营目标，这个目标一定要具体，不可一般化，也不可不切实际；其次要弄清楚商业计划是为谁准备的，对于不同的读者，商业计划的侧重点和内容有所不同。因此，在撰写商业计划之前，创业者必须明确商业计划的读者。如果商业计划的读者是投资者，则他们需要知道企业的目标和盈利，以及为了实现目标，企业打算如何利用资源，制订了哪些行动方案，如市场营销如何做、生产经营如何组织与管理等。

（二）起草大纲

目标确定后，创业者需要制定商业计划的大纲，商业计划的一般大纲是有模板的，适用于大多数商业计划，但对于大纲的侧重点及一级标题下的二、三级标题的设置和细化，不同的商业计划有不同的要求。

（三）审查大纲

商业计划的大纲起草完成后，创业者需要对大纲进行审查，查看大纲是否完备，是否已经细化，每个细化部分的信息是否已经收集齐全，因为大纲的每个细化部分都需要具体的信息来支撑。如果发现还缺少信息，就需要继续收集资料。

（四）起草计划

根据确定的目标和审查过的大纲，创业者把收集到的信息提炼后写入相应的部分，一般来说，商业计划的主体部分是生产经营计划、市场营销计划和财务计划。财务计划对于提交给投资者阅读的商业计划来说尤为重要，撰写财务计划时，切记不要不切实际。商业计划的主体部分完成后，接下来需要拟写一份执行摘要，执行摘要是整个商业计划的浓缩版，要随着商业计划主体部分内容的变化而变化，可以在详尽的商业计划定稿后再拟定执行摘要。投资者通常工作繁忙，不会给创业者很多时间来介绍自己的创业项目，能否打动投资者，能否让投资者有兴趣仔细阅读商业计划，能否使投资者投资创业项目，关键在于执行摘要能否给投资者留下深刻的印象。哥伦比亚商学院尤金·朗创业中心客座教授克利福德·肖勒（Clifford Schorer）曾说："当我在哥伦比亚大学商业计划竞赛中担任评委时,我首先会阅读执行摘要,接着是财务部分的内容。当他们提出的概念让我感兴趣时,我才会花时间去认真阅读整个商业计划。我差不多看了100份商业计划,说实话,阅读这些计划非常困难,在这些计划中只有5%让我感兴趣并想给予投资。"可见,执行摘要的撰写既要简练,又要融合艺术和技巧。一般来说,执行摘要包括创业项目概述、成功因素、目前状况和财务状况。

(五)检查并更新商业计划

商业计划的初稿完成后,创业者需要从专业的角度去审核商业计划的有效性和完备性。商业计划需要随着读者及企业目标的改变而改变,因此需要不断更新,一般的更新时间为6个月左右。商业计划不会成为一份束之高阁、用完就扔的文件。投资者需要从更新的商业计划中查看企业的相关信息,创业者需要商业计划来指导企业的经营,以免偏离创业的目标和方向。

三、商业计划的一般形式和内容

商业计划具有相对固定的格式,主要描述企业的目标、所处的产业和市场、所能提供的产品和服务、会遇到的竞争、对手的管理和其他资源、如何满足顾客的需求、长期优势及企业的基本财务状况和财务预测。商业计划主要由以下几个部分组成。

(一)封面和目录

封面要既专业又能提供联系信息,如果是递交投资者,封面最好能美观漂亮,并附上保密说明。同时,准确的目录索引能够让读者迅速找到他们想看的内容。

(二)摘要

摘要是非常重要的纲领性前言,概括介绍整个商业计划的核心内容,包括商业活动的目标和总体策略、产品和服务的特点、市场潜力和竞争优势、管理团队的业绩和其他资源、企业预期的财务状况及融资需求等信息。

(三)企业描述

介绍企业的起源、历史及组织形式,并重点说明企业未来的主要目标、企业所提供产品和服务的特征及优势、产品和服务所针对的市场及当前的销售额、企业当前的资金投入和准备进入的市场领域、管理团队及其他资源等。

(四)市场分析

描述商业计划所针对市场的状况,指出市场的规模、预期增长速度和其他重要信息,包括市场趋势、目标顾客特征、市场研究或统计、市场对产品和服务的接受模式及程度。当将商业计划提交给投资者时,要让投资者确信市场是巨大且不断增长的。

(五)竞争分析

明确界定与企业竞争的同类产品和服务,分析竞争态势,包括竞争者的身份、来源、市场份额、优点和弱点等，同时认真比较本企业与竞争者的产品和服务在价格、质量、功能等方面的差异，解释本企业的竞争优势。

（六）产品和服务分析

介绍企业当前的产品和服务情况及将来的产品和服务推出计划，重点突出产品和服务的独到之处，包括成本、质量、功能、可靠性、价格等。如果本企业的产品和服务有独特的竞争优势，应该指出保护性策略和措施。

（七）财务计划

财务计划包括企业的实际财务状况、预期的资金来源和使用、资产负债表、预期收入、现金流量预测等内容。这是商业计划的关键部分，应寻求会计专业人士的协助。财务预测要合理且可行。

（八）附录

可在商业计划正文之后附上关键人员的履历和职位、组织机构图、预期市场信息、财务报表及商业计划正文中陈述过的其他数据资料等。

附录的内容分为附件、附图和附表三个部分。

（1）附件：意向书、主要合同等文件；营业执照正副本；公司章程、董事会名单及简历；市场调研资料；产品说明书等相关材料；产品专利、鉴定材料等相关资料；产品注册商标；竞争分析资料；等等。

（2）附图：技术设计图；工艺流程图；产品展示图；组织机构图；等等。

（3）附表：主要供应商和经销商名单；主要客户名单；主要产品目录；主要机器设备清单；市场调查表；预计现金流量表；预计资产负债表；预计利润表；工作进度表；等等。

四、针对不同读者的商业计划的内容

（一）读者为潜在投资者的商业计划

争取投资者的资金支持，创业者要让投资者看到产品和服务的市场前景、高投资回报率及可行性。因此，这类商业计划包括执行摘要、产业背景和企业概要、市场调查和分析、企业战略、项目总体进度安排、关键风险和问题、管理团队、企业的经济状况（财务状况）、财务预测、企业能够提供的假定利益等内容。

（二）读者为潜在合伙人的商业计划

争取他人合伙，创业者要将自己的创业思路告诉他们，以求达到心理上的高度沟通。因此，这类商业计划包括创业机会及商业价值描述、企业提供的产品和服务、企业的目标顾客群、可能的市场竞争和拟采取的市场策略、可能的市场收益、可能遇到的风险及其应对措施、希望合伙人以什么样的方式参与合作、提供给合伙人的利益、有待与合伙人讨论的问题等内容。

（三）读者为政府工作人员的商业计划

创业者如果希望自己的创业项目能够得到政府的支持，则需要提供给政府一份可行性分析报告，商业计划可以起到这个作用，但这种商业计划有别于一般的商业计划，因为它是专门为政府工作人员制订的，其侧重点不同，包括执行摘要、管理团队、产品和服务的市场需求预测、项目的技术可行性分析、项目实施的方案、投资估算和资金筹集、项目效益分析、项目风险和不确定性分析、项目可行性的综合结论、希望政府给予的具体支持等内容。

五、商业计划的基本逻辑架构

商业计划是企业资金筹集、战略规划与执行、商业模式选择、团队能力构建等一切经营活动的蓝图与指南，也是企业的行动纲领和执行方案，其目的在于为投资者提供一份关于创业项目的详细说明，向他们展示创业项目的潜力和价值，并说服他们对创业项目进行投资。商业计划的基本逻辑应该是一个说服的逻辑或论证的逻辑，一般可归纳为以下三个层次。

（一）需求层

需求层集中在需求痛点、要做什么、行业背景、市场现状、对手分析等方面。讲清楚你要做什么、你对目标市场所做的深入分析及你的理解。讲清楚行业背景、市场发展趋势、市场空间。要说明你在正确的时间做正确的事，而且市场空间很大。商业计划需求层的具体呈现如表 2-1 所示。

表 2-1　商业计划需求层的具体呈现

要点	具体呈现
需求痛点	客户是谁？他们的需求是什么？他们在哪里？他们有多大规模？他们的购买欲望和购买力如何？ 核心是要突出专注，表明你就想做一件事，而且就想解决这件事中的某一个关键问题
内外部分析	通过对宏观和微观市场环境的分析，说明市场机会在哪里、有多大，为什么创业企业及其产品或服务具有可行性
对手分析	了解竞争对手应如同了解自己的企业一般，对竞争对手的产品、市场份额和营销策略都应有精准、全面的了解

（二）能力层

能力层集中在谁来做、为什么你能做成、你的优势有哪些等方面。讲清楚团队构成、分工。讲清楚你的项目和团队优势。要让投资者相信你要做的项目非常有前景，而且你们团队很适合做这个项目。回答好两个问题：为什么是现在做这个项目？为什么你们团队能做成？商业计划能力层的具体呈现如表 2-2 所示。

表 2-2　商业计划能力层的具体呈现

要点	具体呈现
团队能力	介绍团队主要成员的背景和特长，包括对教育背景、工作经历、专业知识、工作业绩、商业技能、领导能力、个人品质等进行详细描述，向投资者展示他们承担所分配角色职责的能力 团队要有合理的分工，强调个人的能力适合岗位、团队的组合适合创业项目
技术能力	产品的技术原理是什么？产品的技术水平如何？ 对于技术型企业来说，研发是企业的生命，应说明研发目的、研发投入、研发力量、研发决策机制等，让投资者对企业的研发及后续发展潜力充满信心
规划能力	理解市场需求并对未来产品或服务进行规划。考虑今后几年的产品计划，包括现有产品的升级换代和研制新产品

（三）实现层

实现层集中在如何做、现状如何、财务预测、融资计划等方面。讲清楚商业模式实现的具体方案，包括产品的研发、生产、销售策略。讲清楚前三年的财务情况及后三年的财务预测。描述这个项目是如何实施的，以及最终达成的效果。商业计划实现层的具体呈现如表 2-3 所示。

表 2-3　商业计划实现层的具体呈现

要点	具体呈现
业务展示	技术、产品或服务能否解决现实问题，或者能在多大程度上解决现实问题，或者能否帮助客户节约开支、增加收入，即增加客户价值 可行的营销计划，产品或服务如何销售给目标客户。产品策略、价格策略、渠道策略、广告与促销策略，以及营销目标（预测）和营销管理方面的计划 生产运营计划，描述完整的制造过程
商业模式	产品规划和创业要小步快走，需要阶段性验证、调整产品思路和商业模式
投资与回报	对整个计划进行经济分析，说明企业是否能够盈利、企业财务是否安全、需要多少资金、投资回报是多少等问题

管理能力提升

商业计划里必备的"2H6W"

商业计划是企业或项目单位为达到招商、融资、寻找合作伙伴及其他发展目标,根据一定格式和内容要求,编辑、撰写的一份向受众全面展示企业和项目当前状况、未来发展潜力的书面材料。一份好的商业计划需要包含以下基本要素(简称"2H6W"):① 第一个"H"是"How to do",即商业计划中要体现你打算怎么做;② 第二个"H"是"How much",即商业计划中一定要讲清楚资金问题,包括需要多少资金、能赚多少钱、盈利空间有多大等;③ 第一个"W"是"Why",即为什么要做这个项目;④ 第二个"W"是"Where",即开展这个项目的必要市场要素在哪里;⑤ 第三个"W"是"Which",即行业里的竞争对手及彼此差异有哪些;⑥ 第四个"W"是"What",即项目的运营模式和产品体系是什么;⑦ 第五个"W"是"When",即项目实施过程中的各个时间节点;⑧ 第六个"W"是"Who",即谁在做这个项目、优势如何。

[资料来源:孟繁玲. 商业计划书里必备的"2H6W"[J]. 成才与就业,2020(10):36-37. 有改动]

任务三　决策的艺术

一、决策艺术的含义、特征和表现

(一)决策艺术的含义

决策艺术是决策过程组织与决策表现形式的原则性和灵活性的统一。这里的组织是指整个决策的组织协调过程;表现形式是指决策的外在表现形式,如制度、组织结构、决策问题、已做出的决策的表达形式等;决策的原则性一般包括外在起约束作用的规章(如法律、政令等),决策价值标准、方法、程序等决策的内在规律性,以及决策问题本身的规律性;决策的灵活性则是决策方法与表现形式的灵活运用,这种灵活的限度就是原则性。

(二)决策艺术的特征

1. 原则性与灵活性的统一

这种灵活性有时看起来是突破了原则性的限制,即所谓不"墨守成规"、"不拘一格",但这种被突破的"成规"都是非原则性的成规,即不能反映决策规律或决策问题本身运行规律的成规,不是科学意义上的原则。

2. 理性与非理性的统一

如果说原则性的方面具有相对稳定性,那么灵活性就是它的反面,灵活性的体现不能否认决策中非理性因素的作用,即决策者的经验、直觉等因素对灵活地运用原则的作用,某些想法的产生过程可能具有非理性特点,但决策行为更多的是理性行为,因而决策中的灵活性更多的是理性思维的结果。即使由非理性产生的想法,也往往要伴以理性的逻辑推理才能给予肯定。

3. 规范与非规范的统一

决策中的原则性是规范的,而灵活性则是多变的,非规范的灵活是在原则规范下的灵活,这是其一。规范又可以由非规范转化而来,这是其二。对决策原则、方法等多次灵活运用,以至变成规律性认识,从而形成规范。

4. 艺术性以成功决策为基础

艺术必须能给人以美感,须通过艺术形式体现其要表达的意义,从而给人以美的享受与感染。同样,艺术性的决策,无论其表现形式如何,必须是成功的决策,否则就谈不上艺术。持非理性就是艺术性的观点的决策者,甚至把由恐慌、紧张、焦躁情绪造成的决策失误也归入决策艺术范畴,因为这些情绪是非理性的,其实这种认识在理论上是错误的,在实践中也是有害的。艺术性的决策必须是成功的,是能有效地解决决策问题、达到决策目的的决策。

5. 决策艺术的创造性

对决策原则的灵活运用本身就具有创造性意义,因为实际决策问题与决策原则的具体的灵活的结合与表现是前所未有的。决策艺术的创造性还在于,原则性与灵活性的结合可能带来对决策规律及决策问题所指向的管理系统和管理对象系统的新的或更深入的认识。

6. 决策是科学与艺术的统一

决策科学是对决策规律的认识,科学决策是建立在运用科学决策规律基础上的决策。决策艺术是对科学决策规律的肯定,它是对决策规律的灵活的、科学的、创造性的运用,是实现决策科学化的手段,是决策科学化的组成部分,因而决策是科学与艺术的统一。

7. 决策艺术贯穿管理的一切方面

决策贯穿管理的一切方面,因而决策艺术也就贯穿管理的一切方面。它不仅存在于"软管理"方面,更存在于"硬管理"方面。

(三) 决策艺术的表现

1. 决策过程中的组织艺术

决策过程中的组织艺术存在于决策系统的各个组成部分及整个决策制定过程。在决策系统的主体方面，有决策群体的组成结构、机构、指挥、协调等多方面的艺术；在决策准则方面，有灵活掌握、选择、运用的艺术；在决策问题方面，对同一问题的不同表述，可能决定决策群体成员能否迅速、准确地理解决策问题，从而是决定决策效率乃至决定决策能否成功的重要因素，因此也是艺术问题。在整个决策制定过程中，如何灵活地掌握决策进程、确定决策程序也是艺术问题。

决策的执行过程是对各种管理原则、手段的灵活运用过程，涉及对人、财、物等多个方面的灵活组织运用及对各种情况的技巧性处理，这些都是艺术问题。因此，在决策执行中，对管理艺术掌握得好坏，是能否有效地实施决策方案，实现决策目标的关键。

2. 决策表现形式的艺术性

相同的决策目标与决策方案，不同的表现形式，可能导致不同的结果。好的决策必须以艺术的表现形式出现，才能取得良好的效果。艺术的表现形式是决策执行中的管理者与所有其他执行者易于理解、喜闻乐见的形式，这样的形式易于为决策执行者所理解、拥护，从而使决策执行者愿意也易于为决策方案的实施与决策目标的实现贡献力量。

 小知识

福克兰定律

福克兰定律是法国管理学家福克兰（Falkland）提出的。他指出没有必要做出决定时，就有必要不做决定。当不知如何行动时，最好的行动就是不采取任何行动。

一般，在活跃的市场经济中，各个企业的经营者都会面临大量的市场机会，至少表面上看起来是这样的。但这些机会到底是机会还是陷阱，没有人知道。经营者不知道应该是保持现状还是继续进取。其实，经营者可以通过对面前的机会进行筛选，去掉不符合条件的选择，看是否有合适的选择留下来，就知道自己当前处在什么状况下，是应该做出选择还是应该保持现状。对于企业的决策者来说，这一点非常重要。因为他们不得不经常面对许多突如其来的状况，如果事前没有预料，遇事又手忙脚乱，就很可能做出错误的决定。

二、决策艺术的主要内容

决策艺术主要包括以下几个方面的内容。

（一）把握时机、随机决断的艺术

所谓时机，是指具有时间性的客观条件。把握时机就是抓住有利的条件，随机决断就是瞅准机会果断决策。古语云："机不可失，时不再来。"时间也是条件，时间一过，

条件就失去了。本来可以成功的事情,错过时机就可能失败。

(二) 战略上藐视、战术上重视的艺术

"战略上藐视敌人,战术上重视敌人",是毛泽东对中国革命斗争的经验总结。这一原则同样适用于非军事的领导决策。战略上藐视是指在总体上、全局上、宏观上,要有勇有谋,有胆有识,要有必胜的信念和压倒一切的气概。战术上重视是指在具体问题上,要认真对待,一丝不苟,做好一切准备,创造成功的条件。

这一决策艺术是以"勇"和"谋"为核心的,"勇"来自对客观事物的本质及其发展规律的深刻认识,来自对所从事的事业的信念和自觉的追求,来自对人民群众无限创造力和无穷力量的信任与依赖;"谋"是为了把事情办好,进行多方面周密详尽的考虑和研究。把"勇"与"谋"、"胆"与"识"结合起来、统一起来就能做出好的决策,取得满意的效果。

(三) 抓主要矛盾的艺术

如果存在两个或两个以上的矛盾,其中必然有一个矛盾是主要矛盾,它规定和影响着其他矛盾,起主导决定的作用。抓住了主要矛盾,就抓住了事物的关键。主要矛盾解决了,其他矛盾就会迎刃而解。

(四) 统筹兼顾、全面安排的艺术

统筹兼顾、全面安排是指领导者在决策时既要树立全局"一盘棋"思想,又要学会"弹钢琴",分出轻重缓急,使每个局部都能与全局一起协调发展。统筹兼顾、全面安排是唯物辩证法的两点论在决策工作中的运用。在事物的整体中,主要矛盾不能脱离其他矛盾而独立存在,否则,就没有什么主要可言,也没有什么主导作用可发挥。在事物的发展中,虽然主要矛盾对其他矛盾起着主导作用,但是其他矛盾对主要矛盾也有一定的反作用。因此,决策时既要考虑主要矛盾,也要考虑其他矛盾。这就是为什么要掌握统筹兼顾、全面安排艺术的道理。

(五) 适度的艺术

领导者做任何决策都要注意质和量的界限,善于根据质和量的关系,把握好"度"。我们常说的"乐极生悲""物极必反""欲速则不达"等,说的就是事情超过了一定限度,就会改变原来的状态,走向自己的反面,发生根本性的质变。因此,在领导决策中,既不能脱离现实条件,一味追求先进,也不能处处谨小慎微,落后于形势的发展。

(六) 留有余地的艺术

领导者做任何决策都要留有回旋的余地,制定出应变措施。留有余地的形式很多,如指标不要定得太高,留点余地让下级去超越,就可以调动下级的积极性;在制订实施计划时,要慎之又慎,分析可能出现的各种问题,并为它们准备好应急方案;等等。

（七）待人的艺术

任何好的决策都必须由人去执行，所以待人的艺术是决策者必须掌握的一门艺术。所谓待人的艺术，是指决策如何发挥下级的作用、争取上级的支持和同级的配合的艺术。

（八）激发不同意见的艺术

一个好的决策方案往往是在不同意见中产生的。因为让持不同见解的人展开激烈的争辩，能更好地激发他们的想象力，充分发挥他们的智慧和潜力。通过正反两方面意见的争论，"持之有故，言之成理"才能转化成"正确的思想"，决策者再把正确的思想转化成"良策"。因此，高明的决策者都很注意如何去激发或组织持不同见解的人发表意见。

（九）对策运筹的艺术

决策本身是一种运筹活动，即领导者及其智囊人员为了寻找达到特定领导目的的最佳方案，在调查研究的基础上进行的一系列筹谋计策的智能活动。对策运筹是运筹的一种情况，是人们在对抗性局势中或竞争性问题上，为了获得成功，怎样针对另一方提出相应的对策的一种斗智活动。

（十）思维综合创造的艺术

决策本质上是一种思维活动，创造性的决策是创造性思维的体现。创造性思维有时是通过突破常规性思维得到的，有时则是通过对各种思维成果的综合得到的。决策的艺术就在于能够根据决策对象的不同特点，通过运用新的思维方式或对已有思维成果进行有机综合创造出新的决策。

小资料

城市轨道交通乘客换乘决策因素

中国许多城市的轨道交通系统已经完成从单线运营到多线网络化运营的转变。伴随网络化发展而来的集中换乘客流，对轨道交通的规划建设与安全运营提出了挑战。过于集中的换乘客流会额外增加局部车站的客流压力，增加安全隐患。此外，轨道交通换乘设施会影响轨道交通网络的韧性。当部分线路出现事故或停运等问题时，通过轨道交通换乘引流也能将乘客顺利运达终点。因此，轨道交通换乘客流的合理组织对于引导网络客流均衡分布、增加轨道交通系统的韧性、提高车站安全性极为重要。

以上海市轨道交通为例，通过对比手机信令与客流分配模型两种统计途径下的换乘客流差异，探究乘客换乘行为特征与换乘决策影响因素。当乘客在轨道交通网中的实际出行路径与基于模型的最优出行路径不同时，则定义此次出行为一次绕行换乘出行，乘客在此期间的所有换乘活动定义为绕行换乘行为，实际路径中经过的换乘站则为绕行换乘站。乘客在绕行换乘站产生的一次绕行换乘行为记为该站的一次绕行换乘量。从定义可知，乘客在一次绕行换乘出行中，可能会产生若干次绕行换乘行为。结合上海市轨道交通网构建的最优换乘路径模型，对比分析实际出行与模型换乘客流的行为特征，将绕行换乘行为归纳为六类：高辨识度换乘车站、换乘不便捷车站、多功能复合型车站、长距离少换乘、避免拥堵和纸面地图误导。

[资料来源：李艺，施澄，邹智军. 城市轨道交通乘客换乘决策因素分析 [J]. 城市交通，2021，19（2）：121-127. 有改动]

 案例分析

香港九龙站 TOD 实践概要

TOD 由 Transit（城市公共交通）、Oriented（发挥导向作用）、Development（城市建设与开发）三个英文单词首字母组成，是一种以公共交通为导向的城市发展模式。TOD 以轨道交通站点为中心，以 400~800 米（5~10 分钟步行路程）为半径进行高密度开发，形成同时满足居住、工作、购物、娱乐、出行、休憩等需求的多功能社区，实现生产、生活、生态高度和谐统一。TOD 对于改变城市发展格局、优化城市空间形态、提升城市消费能级、缓解"大城市病"等具有重要作用。

香港九龙站以香港铁路有限公司（以下简称"港铁"）开发的车站综合体为区域核心，综合体采用三维的立体化城市设计，各类建筑在交通枢纽核心之上分类布局，共享同一个基座。TOD 多功能复合高密度的特性在香港九龙站表现明显：在 13.54 公顷（13.54 万平方米）的土地上，商业、酒店、写字楼、住宅、幼儿园、公共交通换乘系统、城市公园等齐备，总建筑面积达 109 万平方米。

一、操作思路总结

香港特区政府按轨道交通项目协议以协议出让方式批出土地给港铁。港铁以公开招标方式找开发商合作，地权在港铁，根据开发协议，所有开发成本都由开发商投入。

二、九龙站区域特征

（1）高铁香港西九龙站的兴建，东涌线、机场快线、西铁线、西区海底隧道的兴建，使大量公共交通资源汇聚于此，为这一区域赋能加持。

（2）大规模填海造地使联合广场地块成为地狭人稠的、香港难得一见的平整而设施完备的单幅大型地块，从而使其开发由量变向质变转变：大型高端购物中心圆方（ELEMENTS）、顶级地标写字楼环球贸易广场（ICC）、国际顶级酒店丽思·卡尔顿酒店和 W 酒店、大规模海景服务式住宅港景汇。

（3）配建了西九文化区：包括大规模滨海公园艺术公园、香港故宫文化博物馆、戏曲中心、M+视觉文化博物馆等一系列大型公共文化项目。九龙站 TOD 项目已不是简

单的单一综合体开发，而是上升到一种空降新城的开发能级。

（4）该地段处于九龙半岛南尽端，深深插入维多利亚港，独享270°无敌海景。在香港，景观对于物业的地位有显著的加持和溢价效能，因此它成为城中心仅见的地标级观景地块。

三、TOD设计要点

（一）兼顾商业、出行效率及礼仪感

乘坐地铁东涌线从香港站抵达九龙站，从站台一出来就可以看到直接跨越两层的飞天梯，一步便可抵达东涌线站厅，它是一座令人震撼的三层通高巨型殿堂。自然光从天顶的高窗斜射而下，显得整个空间宏伟壮丽。

（二）不同功能的无缝衔接

在地面层（G层）搭乘扶梯向上一层便是前往联合广场的基座，跨越三层（G、U1、U2层）并带大型屋顶花园（U3层）的圆方购物中心。转身向后走是办理机场票务和行李托运的柜台。向下一层是机场快线的站台。此地有指示牌，引导人们前往高铁香港西九龙站和迪士尼线及搭乘前往深圳的机场巴士。

（三）创造价值的广告展示位

舒适大气、节制有度的圆方是港铁持有的规模最大、定位最高端的购物中心。巨幅广告吸引人们搭乘扶梯从G层到U1层一探究竟。

（四）三维空间的无缝连接

圆方的首层基本不是为行人设置的，相反是大量机场巴士、出租车、私家车的交通出入口所在地。一些上盖超高层景观屋苑的业主可以驾车从首层经自己楼宇的带门禁和保安的私家车道进入，旁边就是通往港岛的西区海底隧道。

（五）配合消费习惯的设计

主要商业功能在U1和U2层，G层仅局部保留一个溜冰场的基座。如此操作，一方面是因为基座本身体量够大，已经可以容纳足够大全品类的商业业态以形成一个消费目的地；另一方面是因为商业越往上走价值越低，没有必要为追求规模而增加规模。

（六）动静分离的布局

由东涌线和机场快线的站厅组成的超级交通核心在空间上被整个环行动线商业包裹，并在垂直向度上从地下二层直插屋顶花园层。所有的上盖楼宇环伺在基座四周，将交通核心与商业空间和屋顶花园限定在中间的集中区域，公共消费人流在U1和U2层做环形水平运动，而楼宇屋苑私人使用者可直接在垂直方向上使用专属物业，很好地做到紧密连接却又能公私动静分离。

此外，圆方的溜冰场是唯一穿透三层的主力店，两侧有宽阔的休息区和水吧业态，冰场上健儿雄姿英发，场外休息区人们或休憩观赏或饮茶聊天，是动静皆宜的设计。

（七）适当地利用自然光线

由于圆方的商业主要集中在 U1 和 U2 层，环形走道及其上方的天光空间效果极好，自然光的射入消弭了人们对单一大体量建筑冰冷乏味的感觉，抬头还可以看见标志性的摩天楼群，吸引人们登高一探究竟。大量主次中庭穿插在动线上，形成令人驻足停留的展陈空间和发布场所。

（八）迎合目标客户群喜好

在洄游动线上有上盖超高层豪华屋苑延伸至商场内的入楼花厅，VIP 住户通过入户电梯就可以直达商场内部和停车场，极为省时。此外，针对私家车业主，圆方的商业基座内有平接停车楼的通道。

（九）兼顾商业及公益性

社区开发必须配建相关公益性社区服务设施，基座的设计巧妙地将这些设施"藏"在了商业业态的背面，即面向东侧，这样可以使用带自然采光的宽走廊将其连接起来，这条宽走廊呈南北走向，两端各连接一座连桥，南侧连接高铁香港西九龙站，北侧连接地铁柯士甸站，交通极为便利的同时，和商业氛围并行不悖、互不干扰。

（资料来源：苏州市轨道交通集团有限公司 TOD 专题课程 梁秉坚）

案例思考题：

结合案例材料，分析企业决策艺术的运用。

项目训练

【训练内容】商业计划展示/推介。

【训练目的】加深对商业计划的理解，提高商业计划与决策能力。

【训练步骤】

1. 学生按 8—10 人组成一个小组，以小组为单位设计一份商业计划。时间 30～40 分钟。

2. 每个小组用 8～10 分钟展示/推介商业计划。

3. 讨论：

（1）在制订商业计划的时候，你的体会是什么？

（2）在听商业计划推介的时候，你的关注点是什么？

（3）对比实际生活中接触到的一份优秀的商业计划与一份较差的商业设计，谈一谈你的体会。

4. 评价与表彰：结合演讲稿，对各小组的推介表现进行评价；对各小组商业计划的内容进行评价。对表现优秀的个人和小组给予合适的表彰。

5. 小组提交商业计划的书面资料或电子文档。

自测题

1. 什么是商业计划？它有哪些作用？
2. 商业计划撰写的一般步骤是什么？
3. 商业计划的基本逻辑架构包括哪些方面？
4. 如何理解决策艺术？
5. 决策艺术有哪些主要内容？

【延伸阅读】

哈蒙德，基尼，雷法. 决策的艺术 [M]. 王正林，译. 北京：机械工业出版社，2016.

项目三 组织与人事能力

【学习目标与要求】

1. 理解组织结构设计的内容
2. 掌握职权配置的方法,理解规范化管理
3. 理解组织变革与发展的内容
4. 掌握员工招聘、培训与考核的内容和实务

苏州轨道交通 NCC 应急指挥中心运作模式

苏州轨道交通目前已初步建成线网指挥中心(NCC),实现线网运营生产监督与协调、线网运营信息收集与发布、线网运营应急指挥及对外联络协调等职能。在常态化管理中,NCC 的职能为协调管理、计划管理及预案的拟定、宣传和演练;在应急状态下,NCC 负责突发事件的管理、监督、协调、应急处置与联动等工作。

一、苏州轨道交通 NCC 应急指挥中心的定位与主要职能

从北京、上海等城市的轨道交通运营经验来看,在 NCC 下成立应急指挥中心是有必要的。应急指挥中心作为 NCC 的一个职能机构,也是市应急管理局的一个重要组成部分。苏州轨道交通 NCC 应急指挥中心的定位是,在发生突发事件时,NCC 及时成立的指挥机构,作为市应急指挥系统的重要组成部分,承担苏州轨道交通突发事件的应急处置职能。当有重大事故发生时,应急处置人员可集中在应急指挥中心,通过 NCC 和专用的应急处置平台实施应急指挥。

NCC 应急指挥中心的主要职能如图 3-1 所示。

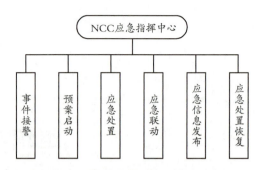

图 3-1　NCC 应急指挥中心的主要职能

二、苏州轨道交通 NCC 应急指挥中心与各有关单位的关系

应急指挥中心是 NCC 的组成部分，正常情况下不启用。在发生突发事件时，由 NCC 评估事件的严重程度，并决定是否启动应急预案。如果启动应急预案，则启用应急指挥中心并临时成立应急处置小组，NCC 的工作模式也迅速转换成应急处置模式，突发事件的应急处置权限随后交给应急指挥中心，NCC 的其他人员协调配合。

在应急状态下，NCC 应急指挥中心对内和对外的主要联系单位如图 3-2 所示。

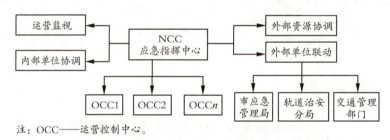

注：OCC——运营控制中心。

图 3-2　NCC 应急指挥中心对内和对外的主要联系单位

三、苏州轨道交通 NCC 应急指挥中心应急处置的相关业务流程优化

突发事件发生后，NCC 应急指挥中心迅速启动应急处置流程，包括事件预判、预警发布、预案启动、应急处置、应急联动、应急指挥、应急信息流转、处置完毕、取消预警、信息汇报等流程。

对于突发事件的应急处置，目前苏州轨道交通已经形成较为成熟的工作机制和流程要求，但在对外信息发布和道路公交配套预案启动流程方面需要进一步优化。

NCC 在应急状态下的合理运作模式为：突发事件发生时，应立即启动应急指挥中心，各线路指挥权应上移，NCC 成为应急联动和对外协调的枢纽；启动网络层面的应急预案，同时对网络列车运行组织进行统一调度指挥；及时调动各种资源迅速处置突发事件，必要时可以与市有关部门进行联动处置。

[资料来源：刘小菲. 苏州轨道交通 NCC 应急指挥中心的运作模式优化［J］. 城市轨道交通研究，2022，25（5）：27-31. 有改动]

案例思考：
1. 苏州轨道交通 NCC 应急指挥中心有效运作的条件有哪些？
2. 如何设计组织结构并进行规范化管理？

任务一　组织结构设计

一、组织的横向结构设计

（一）部门划分的含义

组织的横向结构设计主要解决组织内部如何按照分工协作原则，对组织的业务与管理工作进行分析和归类，组成横向合作部门的问题，即如何划分部门的问题。

部门划分就是将组织中的管理职能进行科学分解，按照分工协作原则，相应组成各个管理部门，使之各负其责，形成部门分工体系的过程。

（二）部门划分的方法

1. 按职能划分部门

它是根据业务活动的相似性来设立管理部门。职能部门化是一种传统的、普遍的、方便的、符合逻辑的组织形式，据此设计的组织结构可以带来专业化分工的种种好处，可以使各部门的管理人员或专心致志地研究产品的开发和制造，或积极努力地探索和开拓市场，或认真仔细地记录、分析和评价资金的流动。同时，按职能划分部门，由于各部门是在最高主管的领导下从事相互依存的整体活动的一部分，因此有利于维护最高主管的权威，有利于维护组织统一。此外，由于各部门只负责一种类型的业务活动，因此有利于工作人员的培训、相互交流和技术水平的提高。

2. 按产品类型划分部门

它是根据产品来设立管理部门，把同一产品的生产或销售工作集中在同一部门进行。按职能划分部门往往是企业发展初期、产品种类单一、规模较小时常用的组织形式。但是，随着企业的成长和产品品种的多样化，把制造工艺不同和用户特点不同的产品集中在同一生产或销售部门管理，会给部门主管带来日益增大的困难。此时与扩大了的企业规模相对应，如果主要产品的数量足够大，这些不同产品的用户或潜在用户足够多，那么组织的最高管理层除了保留公关、财务、人事或采购这些必要的职能外，就应该考虑根据产品类型来设立管理部门、划分管理单位。

3. 按区域划分部门

它是根据地理因素来设立管理部门，把不同区域的经营业务和职责划分给不同部门的经理。根据地理位置的不同来设立管理部门，甚至使不同区域的生产经营单位成为相对自主的管理实体，可以更好地针对各地区劳动者和消费者的行为特点来组织生产经营活动。例如，在国际范围内从事经营业务的跨国公司，不仅使分散在世界各地的附属公司成为独立的实体，而且对协调国际经营的高级管理人员的业务划分也是根据区域标准进行的。

4. 按客户类型划分部门

它是根据客户的需要或客户群来设立管理部门。例如，微软公司围绕客户重新建立组织结构，设立个体消费者、大型公司、软件开发商和小型企业部门。同一部门的客户具有相同或类似的需要或问题，通过为他们配置相关方面的专家，能够最大限度地满足他们的需要或解决他们的问题。

（三）部门职能的分解

部门职能的分解是指将部门内的工作按照不同性质细化为独立的、可操作的具体业务职能，从而实现部门职能无重叠、无交叉、无脱节的管理目标。部门职能分解的步骤如下。

1. 开展职能调查

职能调查的方法有主管人员分析法、实地考察法、问卷调查法等，其中问卷调查法被广泛使用。问卷调查法是通过让每一位员工填写问卷调查表，了解其日常的具体工作内容。

2. 进行职能识别

通常采用 ESC 法对职能进行识别和优化，具体操作办法如表 3-1 所示。

表 3-1　ESC 法具体操作办法

ESC 法	具体操作办法
取消（Eliminate）	取消冗余职能，优化作业环节，节约管理成本
简化（Simplify）	对不能适应现实需要的职能进行优化和改进
合并（Combine）	（1）将某些业务活动非常简单或业务量极少的职能并入与其紧密相关的其他职能中 （2）将那些在组织发展中密切相关、不可分割的职能合并为一项职能

3. 进行职能汇总

在职能识别的基础上进一步归纳，把属于同一职位或属于同一部门的工作汇总到一起，形成职能汇总表。职能汇总表将组织结构中各个部门的各个职位和各个职位的工作内容对应罗列，为部门职能分解表的编制奠定基础。

4. 编制职能分解表

部门职能分解的最后一个环节是编制职能分解表，即将各个部门的职能划分为几个层级，并通过表格将各个层级的具体内容表述清楚。以三级职能为例，部门职能分解的特点如表 3-2 所示。

表 3-2　部门职能分解的特点（三级职能）

职能层级	内容说明	特点	以"人力资源部"为例
一级职能	通常用一句话描述本部门的主要业务和管理职能	这是一项基本职能，只做宏观描述，不具备直接操作性	人力资源开发与管理
二级职能	在一级职能的基础上分解出的若干项子职能	严格来讲，二级职能是比较宏观的，还不是具体的工作事项，不具备直接操作性	人力资源规划 员工日常管理 薪酬福利管理 员工培训管理 员工考核管理
三级职能	对二级职能的进一步细化，是一些具体的作业项目	具备直接操作性	"员工日常管理"被分解为员工招聘、员工录用、员工调转、员工晋升、员工考勤等多个作业项目

二、组织的纵向结构设计

（一）管理幅度设计

1. 管理幅度概述

管理幅度是指一名管理人员直接有效地监督和管理的下级人数。管理人员的管理幅度是有一定限制的，管理幅度过小会造成资源浪费，管理幅度过大会难以实现有效控制。管理幅度的设计与管理工作的性质、人员的素质、下级人员职权的合理与明确程度、计划与控制的明确性及其难易程度、信息沟通的效率和效果、下级人员和单位空间分布的相近性、组织变革的速度等因素有关。有效的管理幅度不存在一个普遍适用的固定的具体人数，要根据特定的组织情况找出限制因素和影响强度，以确定组织各级各类管理人员的管理幅度。

2. 管理幅度设计方法

（1）经验统计法。

这种方法是通过对不同类型组织的管理幅度进行抽样调查，并以调查所得的统计数据为参照，再结合特定组织的具体情况来确定管理幅度。美国著名管理学家欧内斯特·戴尔（Ernest Dale）曾调查过 100 家大型企业，其高层经理的管理幅度从 1 人到 24 人不等，中位数在 8—9 人，另一次在 41 家中型企业做相同调查，中位数在 6—7 人。

（2）变量测定法。

这种方法是把影响管理幅度的各种因素作为变量，采用定性分析与定量分析相结合的方法来确定管理幅度。变量测定法的运用主要分为以下四步：

第一步，确定影响管理幅度的主要变量。根据组织的具体情况，从众多因素中选择对组织影响较大的主要变量。

第二步，确定各变量对上级管理人员工作负荷的影响程度。按照每个变量本身的差异程度将其划分为若干个等级，然后根据处在不同等级上的变量对上级管理人员工作负荷的影响程度，分别给予相应的权数，权数越大，表明这个等级上的变量对管理幅度的影响越大。例如，美国洛克希德·马丁公司（Lockheed Martin Corporation）通过大量研究，把影响管理幅度的变量归纳为六类，并将各变量对上级管理人员工作负荷的影响程度分为五个等级，如表3-3所示。

表3-3 各变量对上级管理人员工作负荷的影响程度

等级	1	2	3	4	5
职能相似性	完全一致 1	相似 2	基本相似 3	存在差别 4	根本不同 5
位置相近性	都在一起 1	在同一栋大楼里 2	在同一企业的不同大楼里 3	在同一地区的不同厂区 4	在不同地区 5
职能复杂性	简单重复 2	常规工作 4	有些复杂 6	复杂多变 8	高度复杂多变 10
指导与控制的工作量	最少的指导、监督 3	有限的指导、监督 6	适当的指导、监督 9	经常持续的指导、监督 12	始终严格的指导、监督 15
协调的工作量	同别人联系极少 2	关系仅限于确定的项目 4	易于控制的适当关系 6	相当紧密的关系 8	紧密、广泛且不重复的关系 10
计划的工作量	规模和复杂性很小 2	规模和复杂性有限 4	规模和复杂性中等 6	要求相当高，但只有广泛的政策指导 8	要求极高，范围与政策都不明确 10

第三步，确定各变量对管理幅度总的影响程度。根据组织的实际情况，运用权数表确定各变量应取的权数，加总后根据管理人员的具体情况进行修正。总权数越大，意味着管理人员工作负荷越重，管理幅度就应越小。修正总权数时，系数一般取0~1之间的小数，管理人员拥有的助理人数越多，系数就越小。例如，有1名助理，系数为0.9；有2名助理，系数为0.8，依此类推。助理的工作内容也会影响系数，如分担部分直线管理职能的，系数可用0.7；在计划和控制方面起参谋作用的，系数可用0.75或0.85。

第四步，确定具体的管理幅度。将计算出的管理人员的总权数同管理幅度的标准值进行比较，就可以判定企业目前的实际管理幅度是高于还是低于标准值，也可以为新机构的管理幅度提出建议人数。至此，管理幅度的分析与计算即告完成。

管理幅度的标准值是以被公认为组织与管理得法、具有较大管理幅度的组织为例，经过统计分析得出的。表3-4是美国洛克希德·马丁公司所采用的标准值。

表 3-4　管理幅度的标准值

影响管理幅度各变量的权数总和	建议的标准幅度人数/人
40—42	4—5
37—39	4—6
34—36	4—7
31—33	5—8
28—30	6—9
25—27	7—10
22—24	8—11

（二）管理层次设计

1. 管理层次概述

管理层次是指组织内部从最高一级管理组织到最低一级管理组织的组织等级。管理层次的产生是由管理幅度的有限性引起的。正是由于有效管理幅度的限制，才必须通过增加管理层次来实现对组织的控制。管理幅度与管理层次之间存在着反比例的相互制约关系，对于一个人员规模既定的组织，管理人员有较大的管理幅度，意味着该组织可以有较少的管理层次；而管理人员的管理幅度较小，则意味着该组织有较多的管理层次。

2. 管理层次设计步骤和具体应用

（1）管理层次设计的基本步骤。

首先，按照组织纵向的职能分工确定基本的管理层次；其次，按照有效管理幅度推算出具体的管理层次；再次，按照提高组织效率的要求确定具体的管理层次；最后，按照组织不同部分的特点对管理层次进行局部调整。

（2）不同类型企业管理层次的设计。

对于产品种类单一、市场比较稳定的中小型企业，适合集中经营，一般可设计三个基本的管理层次，如作业管理层、专业管理层、决策管理层。

对于产品种类多样化、市场变化较快的大型企业，适合分散经营，一般可设计五个基本的管理层次，如分公司作业管理层、分公司经营管理层、分公司经营决策层、总公司专业管理层、总公司战略决策层。但具体管理层次的划分需要根据企业自身情况及市场情况而定。

小资料

中国中铁总部组织机构

中国中铁股份有限公司（以下简称"中国中铁"）拥有100多年的历史。1950年3月，为中国铁道部工程总局和设计总局，后变更为铁道部基本建设总局。1989年7月，经国务院批准撤销基本建设总局，组建中国铁路工程总公司。2000年9月，与铁道部实行政企分开，整体移交中央大型企业工作委员会管理。2003年5月，由国务院国资委履行出资人职能。2007年9月12日，中国铁路工程总公司独家发起设立中国中铁股份有限公司，并于2007年12月3日和7日，分别在上海证券交易所和香港联合交易所上市。2017年12月，由全民所有制企业改制为国有独资公司，更名为中国铁路工程集团有限公司。中国中铁总部组织机构如图3-3所示。

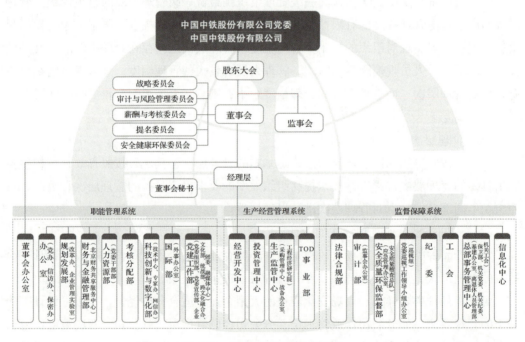

图3-3 中国中铁总部组织机构

（资料来源：中国中铁官网）

任务二　职权配置与规范设计

 一、职权与职权配置

（一）职权

1. 职权与职责

职权是指由于占据组织中的职位而拥有的权力。与职权相对应的是职责，职责是指由于占据组织中的职位而必须履行的责任。职权是履行职责的必要条件与手段，职责则是行使职权所要达到的目的和必须履行的义务。

2. 职权的类型

管理人员的职权有以下三种类型：① 直线职权，即直线人员所拥有的决策指挥权；② 参谋职权，即参谋人员所拥有的咨询权和专业指导权；③ 职能职权，即由参谋人员执行的、由直线人员授予的决策指挥权。

（二）正确处理职权关系

正确处理职权关系，首先要建立清晰的等级链；其次要明确划分权责界限，每个职位的权力和责任都要明确清晰，避免权责不清；最后要制定并严格执行政策、程序和规范，使组织内各项职权的行使都按照明确的程序、规范进行，从而提高组织运行效率。

 二、集权与分权

（一）集权与分权概述

集权与分权是指职权在不同管理层之间的分配与授予。职权的集中与分散是一种趋向性，是一种相对的状态。组织中的权力较多地集中在组织的高层，即为集权；组织中的权力较多地下放给基层，则为分权。

集权有利于组织实现统一指挥、协调工作和更为有效的控制，但会加重上层领导的负担，从而影响决策质量，并且不利于调动下级的积极性。而分权的优缺点则与集权相反。

决定集权或分权的关键在于所集中或分散权力的类型与大小。高层管理人员应重点控制计划、人事、财务等决策权，而将业务与日常管理权尽可能多地下放给基层。合理分权有利于基层根据实际情况迅速而正确地做出决策，也有利于上层领导摆脱日常事务性工作，集中精力抓重大问题。因此，集权与分权是相辅相成的，是矛盾的统一。没有绝对的集权，也没有绝对的分权。

（二）影响集权与分权的主要因素

1. 组织因素

（1）组织规模的大小和空间分布的广度。组织规模大，空间分布广，决策工作量大，协调、沟通和控制不易，宜于分权；相反，组织规模小，分散程度低，决策工作量小，则宜于集权。若组织是由小到大扩展而来的，则集权程度较高；若组织是经联合或合并而来的，则分权程度较高。

（2）组织的动态性与职权的稳定性。当组织正处于发展中时，则要求分权；成熟的、较完善的组织，则趋于集权。

（3）职责和决策的重要性。所涉及的工作或决策越重要，与此相关的权力越可能集中在高层。这是由于基层管理人员的管理能力较弱及其获取的信息比较有限，制约了他们做出正确的决策，而重大决策的正确与否关系重大，因此往往不宜分权。

（4）管理人员的能力与数量。管理人员的素质、偏好、个性、风格及数量也会影响职权的分散与集中。若管理人员数量充足、经验丰富、训练有素、管理能力较强，加之被管理者的素质、对工作的熟悉程度较高及控制能力较强，则可较多地分权；反之，则趋向集权。

（5）控制技术与手段的完善程度。组织内部执行同一政策，集权的程度就会较高，如果组织内部具备良好的控制技术与手段，组织可以进一步分权。实际上，现代通信技术的发展、统计方法和会计方法的完善都有助于适当的分权，但计算机的普及和信息技术的发展也带来了集权化的趋势。

2. 环境因素

客观地看，决定分权程度的因素大部分来自组织内部，但也包括一些外部因素，如政治、经济因素。这些外部因素不确定时，常促使组织集权。另外，在困难时期和竞争加剧的情况下，也会助推组织走向集权。

组织的管理人员对分权的考虑会逐渐成熟和理性，重要的已不再是一个组织该不该实行分权，而是应该分权到什么程度。其中，最根本的参考依据就是，当分权有助于员工达到他们的目的时，分权才有价值。

（三）分权的实施途径

权力的分散可以通过两种途径实现：组织设计中的权力配置（制度分权）与管理人员在工作中的授权。

制度分权是指在组织设计时，考虑到组织规模和组织活动的特征，在工作分析、职务和部门设计的基础上，根据各岗位工作任务的要求，规定必要的职责和权限。

授权则是指担任一定管理职务的管理人员在实际工作中，为充分利用专门人才的知识和技能，或在出现新增业务的情况下，把部分解决问题、处理新增业务的权力委托给某个或某些下属代为执行。

作为分权的两种途径,制度分权与授权是互相补充的:组织设计中难以详细规定每项职权的运用,难以预料每个管理岗位上工作人员的能力,难以预测每个管理部门可能出现的新问题,因此需要各层次管理人员在工作中的授权来补充。

三、授权

(一) 授权的内涵及优缺点

组织中的不同层级有不同的职权,而职权会在不同的层级间流动,因此就产生了授权的问题。授权是组织运作的关键,它以人为对象,把完成某项工作所必需的权力委托给下属代为执行,即管理人员将用人、用钱、做事、交涉、协调等的决策权交给下属。授权是管理人员的重要任务之一,有效的授权是一项重要的管理技巧。

授权的优点包括:① 授权有利于组织目标的实现。② 授权有利于领导者从日常事务性工作中解脱出来,集中力量处理重要决策问题;同时,领导者可以增加管理幅度,减少管理层次,提高组织沟通效率。③ 授权有利于激励下级,调动下级的工作积极性。④ 授权有利于培养、锻炼下级,使其具有独当一面的工作能力。⑤ 授权有利于在组织中形成竞争风气,提高员工的工作积极性与工作效率。

授权的缺点包括:① 授权通常需要密集且昂贵的管理训练;② 授权需要较复杂的计划及报告程序,使流向管理人员的信息增加,从而造成工作负担;③ 授权将削弱领导者的权力及影响力,若权责不清,结果可能衍生出不少后遗症。

(二) 授权的要求

(1) 依工作任务的实际需要授权。授权须建立在互相信任的基础上,根据工作任务的实际需要,把适当的权力放下去,使下级充分认识到上级的信任和管理工作的重要性,并把具体的工作任务落到实处。

(2) 适度授权。该放给基层的权力一定要放下去,但也要防止过度授权。要根据下级能力的大小授予适当的权力。

(3) 授权过程中必须让被授权人明确所授权工作任务的目标、责任及权力范围,必须使被授权人的职、责、权、利相当。

(4) 实行最终职责绝对性原则,即上级授权给下级,但对工作的最终责任还是要由上级来承担。

(5) 坚持有效监控及级差授权原则。组织只能在工作关系紧密的层级间进行级差授权,要防止越级授权造成中间层级工作上的混乱和被动,伤害员工的负责精神,破坏组织的管理秩序。授权不等于放任自流,上级必须保持必要的控制。

管理能力提升

古狄逊定律

古狄逊定律是由英国证券交易所前主管尼古拉斯·古狄逊（Nicholas Goodison）提出的，他认为管理是让别人干活的艺术。一个累坏了的管理者，是一个差劲的管理者。在企业管理中，有不少管理者常常忙得焦头烂额，恨不得一天有48小时可用；或者常常觉得需要员工的帮忙，但是又怕他们做不好，以致最后事情都往自己身上揽。虽然一个称职的管理者最好是一个"万事通"，但是一个能力很强的人并不一定能管理好一家企业。管理的真谛不是要管理者自己来做事，而是要管理者指挥别人做事。而要做到这一点，一方面是给下属成长的机会，增强他们的办事能力，另一方面是要懂得授权。

[资料来源：袁建财. 48个管理定律精解[M]. 北京：中国经济出版社，2011：85. 有改动]

任务三　组织变革与发展

一、组织变革与发展的含义

组织变革是指通过对组织结构进行调整和修正，使其适应不断变化的外部环境和内部条件的过程。

组织发展是指运用组织行为学的理论和方法，对组织进行有计划的、系统的改革，以便促使整个组织更新和发展的过程，其目的在于提高组织的效能。

组织变革与组织发展虽有所区别，但又密切联系。组织发展要通过组织变革来实现，变革是手段。变革的目的是使组织得到发展，以适应组织内外条件的要求，有效地发挥组织职能。

二、组织变革的动因

（一）外部环境的变化

（1）技术的不断进步。速度更快、价格更便宜、功能更丰富的手机、电脑的出现和发展，人工智能、大数据、物联网、5G等新一代信息技术的大范围应用都对组织结构提出新的要求。

（2）价值观念的变化。环保意识的增强、文化的多元化、人口的老龄化等也是组织需要清晰认知的关键因素。

（3）竞争的加剧。全球范围内竞争对手的变化、收购与兼并的热度持续高涨、政府对商业的管制增多等都要求组织及时做出应对。

（4）国家政策的变化。国家的经济政策导向、"国内国际双循环""全国统一大市场"等新的政策对组织发展产生较大的影响。

（二）内部条件的变化

组织机构服务于组织发展与组织目标的实现，若组织机构僵化，各部门权责不清、相互推诿，组织沟通及决策执行效率低下，组织内部的管理方式阻碍员工的发展、组织目标的有效实现，则该组织需要变革以实现有效管理。

三、组织变革的阻力

组织变革的阻力主要来自以下几个方面。

（一）来自个体的阻力

变革会改变习惯。为了应对复杂的生活，人们依赖习惯或程序化的反应。但是，当面对变革时，这种以惯常方式做出反应的倾向就会成为一种阻力。

变革带来的结果是未知的，存在成功和失败两种可能。尤其是有安全需求的人，很可能抵制变革，因为变革会威胁到他们的安全感。变革会对已有的权力关系产生威胁，决策权力的重新分配会威胁到组织内已经形成的权力关系。

（二）经济原因造成的阻力

如果员工担心自己从事新的工作任务或在新的工作流程中不能达到先前的水平，尤其当报酬与生产率紧密挂钩时，那么工作任务或工作流程的变革就可能会引发他们对经济方面的担忧。

（三）来自组织的阻力

组织变革有可能打破群体的平衡状态，因而会遭到群体的反对，即使个体想改变自己的行为，群体规范也会充当约束力量。

组织拥有产生稳定性的内在机制（如甄选程序和正式的规章制度）。当组织面临变革时，这种结构惰性就会充当反作用力，以维持原有的稳定状态。同时，组织是由一系列相互依赖的子系统组成的，不可能只对一个子系统进行变革而不影响其他子系统。因此，在子系统中进行的有限变革很可能被更大的系统抵消。

需要指出的是，并不是所有的变革都是有益的，追求速度往往会产生糟糕的决策。有时，发起变革的人无法充分、全面地认识到变革所带来的影响或变革的真正成本。激进的变革有很大的风险，变革推动者需要仔细、全面地思考变革可能带来的影响。

小知识

企业再造理论

企业再造理论也称业务流程再造理论,是20世纪90年代在美国出现的关于企业经营管理方式的一种新的理论和方法。它以一种再生的思想重新审视企业,并对传统管理学赖以存在的基础——分工理论提出了疑问,是管理学发展史上的一次巨大变革。该理论的创始人迈克尔·哈默(Michael Hammer)和詹姆斯·钱皮(James Champy)认为,企业再造是指为了飞越性地改善成本、质量、服务、速度等现代企业的主要运营基础,必须对工作流程进行根本性的重新思考并彻底改革,即"从头改变,重新设计"。该理论强调,企业为了能够适应新的世界竞争环境,必须摒弃已成惯例的运营模式和工作方法,以工作流程为中心,重新设计企业的经营、管理及运营方式。

四、克服组织变革的阻力

(一) 让组织成员参与

个体很难抵制他们自己参与制定的变革决策。领导者要对变革表现出足够的决心、信心和诚意,并勇于承担责任。在参与变革讨论的各类人员中,要包括不同层次和不同专业的人员。如果参与者能够为决策做出有意义的贡献,那么通过他们的参与可以减小变革阻力。但是,这种策略也有不足之处:可能会产生糟糕的决策。

教育和沟通也是克服变革阻力的有效方式。通过与员工进行沟通,帮助他们了解变革的逻辑缘由,会使变革阻力减小。沟通可以从两个层面减小变革阻力。首先,沟通可以降低信息失真和沟通不畅的影响,如果员工了解全部事实并消除误解,阻力就会减小。其次,沟通有助于利用适当的包装来"推销"变革的必要性。如果企业向员工传达一种能够平衡各利益相关者的利益而不是只关注股东利益的变革逻辑,那么变革就会更容易推动。

(二) 利用群体动力

将变革的负面影响最小化的一种方式是确保变革的实施过程是公正的。当员工将一种结果视为消极结果时,程序公平尤为重要。因此,最重要的事情就是让员工了解变革的理由,并觉得变革的实施过程是公正的。

研究表明,接受和适应变革的能力与人格有关。有些人会比其他人更加积极地对待变革。这样的个体能广泛吸取经验,对变革持积极态度,愿意冒险,行为灵活。大量证据表明,组织可以通过接受变革的个体的行为来影响群体的行为选择,以促进变革的顺利进行。此外,还有一项策略是强制,即直接对抵制者施加压力或进行威胁。

（三）奖励变革中的创新者

领导者应善于发现变革过程中涌现的创新人物和创新行为，并及时给予表彰和奖励。

五、实施组织变革的步骤

实施组织变革的常用方法有勒温的三步骤变革模型、科特的八步骤计划等。

（一）勒温的三步骤变革模型

库尔特·勒温（Kurt Lewin）认为，成功的组织变革应该遵循以下三个步骤：解冻现状，移动到新状态，冻结新状态使之持久。其过程如图3-4所示。

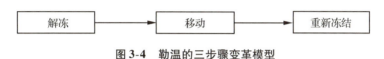

图 3-4　勒温的三步骤变革模型

（1）解冻。组织现状可视为一种均衡状态，要打破这种均衡状态，必须克服个体阻力和群体从众压力，因此组织变革中必须先有一个"解冻"过程作为实施变革的前奏。"解冻"可以通过以下三种方法实现：第一，增加推动力，即增加引导行为脱离现状的力量；第二，减少抑制力，即减少阻止打破现有均衡状态的力量；第三，将上述两种方法结合使用。过去一直成功的企业有可能遇到抑制力，因为人们会质疑变革的必要性。研究表明，拥有强文化的企业在渐进的变革中表现突出，但在激进的变革中会遇到巨大的抑制力。

（2）移动。关于组织变革的研究表明，变革要想有效，速度必须快。逐步实施的组织变革效果不如那些立即行动并快速通过移动阶段的组织变革好。

（3）重新冻结。变革一旦付诸实施，要想获得成功，还需要冻结新状态，以使它长久保持下去。如果不采取最后这个步骤，变革就可能是短命的，而员工也会设法回到以前的均衡状态。因此，重新冻结的目标就是通过对推动力和抑制力进行平衡，使新状态更为稳定。

（二）科特的八步骤计划

哈佛商学院教授约翰·P.科特（John P. Kotter）在勒温的三步骤变革模型基础上，创建了一种更详细的组织变革实施方法，即以八个连续的步骤来解决组织变革过程中经常遇到的问题。

（1）通过提出组织迫切需要变革的有说服力的理由来营造一种紧迫感。

（2）与拥有足够权力的人形成联盟来领导这次变革。

（3）创建一个新的愿景来指导变革，并制定相关战略来实现该愿景。

（4）在整个组织中宣传该愿景。

（5）扫除变革的障碍，鼓励冒险和创造性的问题解决方式，向员工授权，以使他们投身于愿景的实现。

（6）规划、实现和奖励短期胜利，这些胜利会推动组织不断迈向新的愿景。

（7）巩固成果，重新评估变革，在新的计划中做出必要的调整。

（8）通过证明新行为与组织成功之间的关系来强化变革。

前四个步骤对应"解冻"阶段，第五至第七个步骤对应"移动"阶段，最后一个步骤对应"重新冻结"阶段。科特的八步骤计划为管理人员和变革推动者提供了成功实施组织变革的更具体的指导。

京东集团组织结构变革

2004年，京东正式涉足电商领域，公司规模逐渐扩大，并建立起了职能型的组织结构。2013年3月，为了提高组织效率，更好地为客户提供服务，京东将原来的职能型组织结构转变为事业部制的组织结构。具体来说，主要是通过资源整合，设立了营销研发部、硬件部和数据部三大事业部。其中，营销研发部主要负责管理前端的网站、零售系统、营销系统、供应链系统和开放平台；硬件部主要根据订单流程，负责从配送到客服及售后的管理；数据部则负责管理整个系统的数据流。

2013年7月，京东成立金融集团。2014年4月，为了解决商城和金融集团经营模式的差异问题，京东一拆为四，设立子集团（公司）和事业部，即京东商城集团、京东金融集团、拍拍网（子公司）和海外事业部。这次变革体现了京东对阿里巴巴经营模式的学习与借鉴，即京东商城对标天猫商城、京东金融对标阿里金融、拍拍网对标淘宝网、京东海外事业部对标阿里国际事业部。

2015年8月，京东将原商城的采销体系整合为3C、家电、消费品和服饰家居四大事业部。2016年6月，京东整合原大市场、无线业务和用户体验设计部资源，成立商城营销平台体系。2017年4月，京东设立集团CMO（首席营销官）体系，全面负责包括商城、金融、保险、物流、京东云等业务在内的整合营销业务及集团整体的国内市场公关业务。同时，京东宣布组建物流子集团，以更好地发挥京东物流的专业能力。

2018年12月，京东以客户为中心，将组织结构划分为前中后台。其中，前台主要围绕B端和C端客户建立灵活、创新和快速响应的机制，包括平台运营业务部、拼购业务部、生鲜事业部、新通路事业部和拍拍二手业务部，其核心能力包括对市场和客户行为的深刻洞察、服务客户的产品创新和精细化运营。

2018年9月，京东金融更名为京东数科。2019年4月，京东数科将原来的10多个中后台部门精简为8个。2019年9月，京东数科再次调整组织结构，在原个人服务群组和企业服务群组的基础上成立数字金融群组，以构建面向个人、企业、金融机构等不同客户的金融科技服务方案，实现闭环协同发展。2020年4月，京东数科宣布将内部组织划分为三层，即面向客户的行业层、产品服务层和核心能力层，以进一步做大做强以金融科技、数字营销、AI技术及机器人、智能城市为代表的四大核心业务。

2019年3月，京东商城正式升级为京东零售集团。2019年5月，京东整合旗下医药零售、医药批发、互联网医疗、健康城市四个业务板块，组建京东健康子集团。

[资料来源：郭云贵，薛玉平. 京东集团组织结构变革的动因与启示［J］. 管理工程师，2021，26（1）：20-24. 有改动]

任务四　员工招聘、培训与考核

一、人员招聘、组合与流动

（一）人员招聘

1. 人员招聘的方式

人员招聘的方式一般有内部选拔和外部招聘两种。

（1）内部选拔。内部选拔是指组织内部成员的能力和素质得到充分确认之后，被委以比原来责任更大、职位更高的职务，以填补组织中由于发展或其他原因而空缺了的管理职务。

内部选拔的优点是对员工的个人能力、性格等有比较深入的了解，基本可以判断候选人是否能胜任新的职位，同时内部选拔也可以打开员工晋升通道，激发员工的工作积极性，也有利于被聘者迅速开展工作。当然，内部选拔可能会导致组织内部"近亲繁殖"现象的发生，可能会引起同事之间的矛盾，等等。

（2）外部招聘。外部招聘就是组织根据制定的标准和程序，从组织外部选拔符合空缺职位要求的员工。外部招聘具有以下优势：具备难得的外部竞争优势；有利于缓和内部竞争者之间的紧张关系；能够为组织输送新鲜血液。

外部招聘也有很多的局限性，主要表现在：外聘者对组织缺乏深入了解；组织对外聘者缺乏了解；对内部员工的积极性造成打击；等等。

2. 人员招聘的基本程序

公开招聘的基本程序如下：

（1）人力资源计划与招聘决策。根据组织目标的需要，制订人力资源计划，并做出具体的招聘决策。

（2）发布招聘信息。要利用多种渠道，广泛发布招聘信息，以吸引更多的人才应聘。

（3）招聘测试。通过相应测试从满足基本要求的求职者中筛选出适合的人。

（4）审查聘用。对拟聘人员进行全面的审查评定，最后决定是否聘用。

（5）培训上岗。决定聘用后，要在新员工上岗前对其进行全面的岗前培训，以使其适应岗位工作，有些岗位还要经过试用期。

情 商

情商（Emotional Quotient，EQ）通常指情绪商数，是近年由心理学家提出的与智商相对的概念。简单来说，提高情商的基础是培养自我意识，从而增强理解自己及表达自己的能力。丹尼尔·戈尔曼（Daniel Goleman）和其他研究者认为，情商由自我意识、控制情绪、自我激励、认知他人情绪和处理相互关系这五种特征组成。情商越来越多地被应用到企业管理中。对于管理者而言，情商是个人组织管理能力的重要组成部分。

（二）人员组合

组织成员的相容性是指组织成员之间具有相同或相似的思想、志向、性格等，关系融洽，愉快共事。这是建立最佳的人员组合的基础。

组织成员的互补性是指组织成员之间具有不同的素质、能力、个性风格等，使其形成一种互补效应，从而发挥人员组合的整体优势。

要建立最佳的人员组合，就要处理好组织成员相容性与互补性的关系。组织管理者应对组织成员进行科学组合，在注意人员组合同质化的同时，寻求适度异质组合，实现组织成员相容性与互补性的结合，以建立最佳的人员组合。

管理者要善于根据组织目标、工作要求及人员特点，从以下三个方面寻求组织成员的最佳组合：

（1）实现最佳知识、技能组合，即组织成员之间在知识、技能上扬长避短，科学互补。在组织基层，主要体现为不同技术工种与专长的合理配置。

（2）实现最佳年龄组合，即组织成员的年龄实现合理搭配。合理的年龄结构应是老、中、青各占一定比例的梯形结构。

（3）实现最佳气质、性格组合，即组织成员之间在气质、性格上的相容与互补。人们通常把人的性格划分为内向型和外向型两种，也有人把人的性格划分为理智型、意志型和情绪型三种。管理者应正视人的性格差异，对组织成员进行合理组合，以使组织成员关系融洽。

（三）人员流动

行业人才竞争激烈，人员流动也就成为必然现象。人员流动有利于促进交流与发展；有利于人才的培养；有利于人才的使用与资源的节约；有利于人才的竞争与组织活力的增强。但人员流动也会造成组织人才的流失。

对人员流动应树立正确的观念，特别是人才管理的动态观念、人才培养观念、人才竞争观念；要千方百计地留住人才，全力培养更多的人才，认可必要的流动；要用优惠政策挖掘与招聘人才，在流动中管理人才，在流动中培养人才，在流动中招揽与汇集人才；要制定人才流动的有关政策法规，完善与发展人才市场。

二、员工培训

员工培训是一项重要的人力资源管理活动。随着组织发展环境的变化，岗位工作要求发生变化，员工技能也必须随之改变。实施哪种类型的员工培训、什么时候实施及应当采取什么形式，这些都属于人力资源管理的范畴。

（一）员工培训的内容

员工培训的内容很多，其中最普遍的包括专业/具体行业知识、管理/监管技能、法律信息、安全事项、客户服务等。对于许多组织来说，人际关系、沟通技能、冲突解决、团队建设等也是重要内容。

（二）员工培训的原则

1. 参与

在培训过程中，行动是基本的，如果受训者只是保持一种静止的消极状态，就不可能达到培训的目的。只有调动员工参与培训的积极性，让员工参与到培训过程中，才能取得良好的培训效果。

2. 激励

真正想要学习的人才会去学习，这种学习愿望称为动机。一般而言，动机多来自需要，所以在培训过程中可以运用各种激励方法，使受训者因需要得到满足而产生学习愿望。

3. 应用

员工培训与普通教育的根本区别在于，员工培训特别强调针对性、实践性，企业发展需要什么、员工缺什么就培训什么。要努力克服脱离实际，向学历教育靠拢的倾向，不搞形式主义的培训，讲求实效，学以致用。

4. 因人施教

企业不仅岗位繁多，员工水平参差不齐，而且员工在人格、智力、兴趣、经验、技能等方面均存在个体差异。显然，企业在进行员工培训时应因人而异，不能采用普通教育"齐步走"的方式。也就是说，企业要根据不同的对象选择不同的培训内容和培训方式，有时甚至要针对个人制订培训发展计划。

（三）员工培训制度

（1）培训服务制度：员工提出参加培训的申请，相关部门批准，企业与员工签订培训协议，约定双方的责任和义务及违约责任，培训协议签订后，员工方可参加培训。

（2）培训考核制度：主要包括对培训工作本身进行考核和对受训者进行考核。

（3）培训激励制度：培训前提出培训目标，对照培训考核结果，对培训组织者和受训者进行各种奖励和惩罚，以增强培训效果。

（四）员工培训计划的制订与实施

员工培训计划是根据企业发展战略和企业文化，结合人力资源规划及企业的实际情况，对年度、季度或月度的员工培训工作进行规划，制定出培训时间、培训地点、培训讲师、培训参与者，并进行培训经费预算的一系列工作。年度员工培训是最普遍的，在年末对当年的员工培训工作进行总结，根据企业经营情况，制订下一年的员工培训计划，在实施的过程中不断细化、修改和完善，以增强培训效果。

员工培训计划的制订与实施是通过培训需求分析进行的，还要充分考虑企业的实际情况和经费的预算约束，对培训方案进行优选，以满足企业经营管理的需要。员工的职业生涯规划是员工培训计划中最重要的一项工作。通过制订员工的发展规划，确定员工的发展区域，对不同岗位的员工进行有针对性的培养。

（五）员工培训的方法

员工培训的方法有许多种，传统的有讲授法、角色定位演示法、讲座研讨法、视听教育法、角色扮演法、案例研究法、模拟与游戏法等，创新的有借助高科技手段实现的线上培训、虚拟培训等。每种培训方法都有各自的优缺点，为了提高员工培训质量，往往需要将多种培训方法结合使用。

1. 讲座研讨法

培训讲师向众多的受训者进行讲授，并辅以问答、讨论、自由发言等形式。优点是传授的知识和技能较多、较全面，受训人数较多；培训环境简单，有利于讲师的发挥；培训费用较低。但也存在不能满足学员个性化的要求，沟通、互动有限，学员的问题不能得到及时解决等局限性。

2. 案例研究法

培训讲师向学员介绍案例研究法的基本知识及具体案例的背景，让学员分组讨论；或给出有干扰的或不全面的案例信息，这样可以锻炼学员在决策时对决策信息需求做出准确判断的能力。该方法可以帮助学员掌握分析问题和解决问题的技巧，发掘解决不同问题的可行方法，但需要较长的时间，与问题相关的资料有时可能不甚明了，从而影响分析的结果。

3. 实验练习法

实验练习法主要包括角色扮演、模拟或其他类型的面对面培训的方法。以模拟为例，模拟是为了给学员提供处理动态人际关系的机会，丰富学员团队合作和决策判定的知识与技能，鼓励学员相互学习。该方法的优点是使学习活动多元化，能激发学员的学习兴趣；以团队合作方式处理问题，更接近真实情况；可为学员提供冒险犯难的机会。但该方法也存在模拟与现实之间存在一定的差距，需要投入相当的时间、金钱和精力等局限性。

4. 敏感性训练法

敏感性训练法就是通过团队活动、观察、讨论、自我表白等程序，使学员面对自己的心理障碍，并重新建构健全的心理状态。敏感性训练法主要用于为学员提供自我表白与解析的机会、让学员了解团队形成与运作的情况等。该方法使学员能够重新认识自己并重新建构自己，但所需的时间较长，还需要专业的培训讲师及助手，也存在造成学员心理伤害的可能与风险。

5. 电子化培训方法

随着互联网技术的发展，基于先进技术的培训方法得到了更为广泛的运用，如知识付费课堂、视频会议/电话会议及基于5G网络和可穿戴设备的虚拟互动电子化学习。电子化培训方法可以配合学员的空当时间；可以减少学员花在差旅上的时间与费用；当学员数量极多时，可以降低培训的成本。但这种培训方法要求学员具备电脑、手机、应用软件等方面的基本知识；初期发展阶段需要投入相当的成本去购买设备；自行开发培训软件需要花费一定的时间，且成本较高。

小贴士

城市轨道交通服务礼仪培训

城市轨道交通服务礼仪主要包括相关工作人员的个人仪表、语言态度、业务能力、个人修养、行为举止、服务规范等。它是轨道交通工作人员进行服务的前提，工作人员是否具有一定的服务礼仪对轨道交通的服务效果和形象会造成直接影响。

城市轨道交通服务礼仪的培训主要包括以下几个方面的内容：

（1）对客运服务人员进行专业理论知识培训。教师在讲述城市轨道交通客运服务礼仪知识时，要详细说明礼仪知识的各个方面，使客运服务人员能够通过对城市轨道交通客运服务理论知识（着装、与乘客的沟通、特殊服务等）的学习，初步了解客运服务礼仪的具体做法，并对城市轨道交通运营中服务礼仪的重要性有更加深刻的认识和理解。

（2）提高客运服务人员的职业道德水平。职业道德是城市轨道交通客运服务人员必须遵守的一种道德规范，通过专业理论知识的培训，可使客运服务人员具备一定的服务意识。教师要引导城市轨道交通客运服务人员积极地为乘客进行服务，激发其对城市轨道交通客运工作的热爱，使其能够在为乘客服务的过程中细致、热情、亲切、平等地对待每一位乘客。

（3）引导客运服务人员领悟服务理念。城市轨道交通客运服务条例都是按照一般乘客的情况制定的，是客运服务人员进行正常服务的参考标准，但实际上每一位乘客都有各自的服务需求，甚至有个别乘客会有一些特别的服务要求。一些老年乘客会要求客运服务人员在满座的情况下为自己提供座位，而这就需要客运服务人员迅速做出适当的反应。教师要引导城市轨道交通客运服务人员对乘客的心理进行了解，并使其明白城市轨道交通客运中的服务是有专业知识和沟通技巧的，不能只依照服务规章制度进行。

（4）引导客运服务人员学会应用服务礼仪。城市轨道交通客运服务岗位是一个实操性很强的工作岗位，客运服务人员只掌握服务礼仪的理论知识是远远不够的，还要进一步提升自身的实践和操作能力，使自身可以在不同的工作地点、时间及不同的服务人群中灵活应用服务礼仪，提高自身对突发事件和复杂情况的应对能力。此外，客运服务人员还要对服务礼仪的应用案例进行分析和交流，吸取成功服务礼仪应用案例的经验，通过对失败服务礼仪应用案例的分析，避免此类问题在今后的服务礼仪应用中再次发生。

〔资料来源：王媛. 城市轨道交通服务礼仪培训体系探究［J］. 运输经理世界，2021（11）：37－39. 有改动〕

三、员工考核

（一）员工考核的含义与作用

员工考核是指按照一定的标准，采用科学的方法，衡量与评定员工履行岗位职责和完成工作任务的能力与效果的管理方法。员工考核是任用员工的依据，是决定员工调配和职务升降的依据，是进行员工培训的依据，是确定员工劳动报酬的依据。

（二）员工考核的内容

对员工进行考核，主要涉及德、能、勤、绩、廉五个方面。

（1）德：员工的思想政治表现与职业道德。

（2）能：员工的工作能力，主要包括员工的基本业务能力、技术能力、管理能力、创新能力等。

（3）勤：员工的工作积极性和工作态度。

（4）绩：员工的工作业绩，包括可以量化的刚性成果和不易量化的可评估成果。

（5）廉：员工认真贯彻执行党和国家有关清正廉洁的规定，严格要求自己，无违纪现象；注重自身修养，爱好健康向上，克己奉公，廉洁自律。

（三）员工考核的要求

（1）考核最基本的要求是坚持客观公正的原则。

（2）要建立由正确的考核标准、科学的考核方法和公正的考核主体组成的考核体系。

（3）要实行多层次、多渠道、全方位、制度化的考核。

（4）要注意考核结果的正确运用，包括考核结果同本人见面，同劳动报酬、工作安排、职务晋升挂钩。

（四）员工考核的程序

对员工进行考核的过程，一般可分为以下四个阶段：

第一阶段是制订考核计划、建立考核标准。对实习期考核、项目考核、晋升考核、年度考核等的频率、方式、范围等制订详细的计划是良好考核的开端。建立考核标准是企业的一项基础工作。考核标准的确定以职务分析为基础，使考核能真实全面地反馈绩效。

第二、第三阶段分别为确定考核的内容和实施考核。一般来说，员工考核的内容主要侧重于工作实绩和行为表现两个方面，由有关人员对被考核员工的实际业绩和表现做客观的记录，并确定在不同的指标上的成绩水平，最后做出综合评价。

第四阶段是确定评语及改进措施。该阶段对被考核员工进行综合评定，确定最后的评价等级，将考核结果作为员工培训、晋升或调岗的依据，并指出其优缺点和制订改进方案。

大量证据表明，在员工考核中遵循正当程序可以增强员工受到公正对待的认知，员工对考核过程的反应会更为积极，他们会认为考核结果是精确的，并愿意留在企业中工作。

苏州轨道交通智能客服系统设计

随着城市的发展及轨道交通线网规模的不断扩大，交通出行与乘客生活的联系日益密切，乘客出行所需的信息种类及信息量也随之增加，传统的乘客服务模式显然已不能满足乘客日益增长的信息服务需求。苏州市轨道交通集团有限公司（以下简称"苏州轨道交通"）在充分研究乘客信息服务需求的基础上，探索构建智能客服系统（Intelligent Customer Service System, ICSS），为乘客提供自助式、多元化信息服务，不但能提高轨道交通服务水平，还能减少车站服务人员数量，降低运营成本。

一、客服现状及需求

当前，乘客从地铁官方获取出行服务信息的主要途径为乘客信息系统（Passenger

Information System，PIS）、广播系统、导向标识系统、客服中心、服务热线、公众号、APP等。客服中心是乘客进行信息交互的重要窗口，为乘客提供票务、问询、投诉、发票等多种人工服务。该服务模式存在功能分散、时效性差、人力成本高、设备利用率低等诸多问题。其中，各系统独立建设，客运服务功能分散、内容及标准难以统一，缺乏统一的线网服务信息管理平台，建设、管理成本较高；PIS、广播、导向标识等系统为乘客提供的信息较为固定且单一，而现场工作人员业务繁忙、知识有限，难以满足乘客多样化、实时性的信息需求。同时，随着移动支付的迅速发展，地铁单程票使用率逐年走低。自动售票机（Ticket Vending Machine，TVM）、半自动售票机的票卡业务大幅下降，设备利用率较低。因此，构建线网级的智能客服系统，利用技术手段，可实现多种效果的提升。

二、智能客服系统设计

苏州轨道交通ICSS采用扁平化架构，按线网客服管理平台及服务端两级模式进行建设。客服管理平台为智能服务终端（Intelligent Service Terminal，IST）、客服坐席、热线、公众号等服务端提供后台服务，实现与客户端的远程音视频交互、语音购票后台支持、乘客问询数据收集与挖掘、系统管理等功能；服务端则主要由智能客服中心（Intelligent Service Center，ISC）、智能服务终端等智能终端及公众号、APP等网络端构成，为乘客提供各种智能化自助服务。

（一）系统功能

ICSS可通过语音、文字、图片、视频等多种方式，为ISC、IST、热线、公众号、官网等多种服务端的语音购票、票务咨询、线网信息查询、失物招领、投诉等多样化服务提供远程支持；可根据业务场景，基于深度学习的自然语言处理生成拟人化的语音或文本对乘客提出的问题进行自动回复。同时，ICSS实时接入所有轨道交通便民服务系统，如失物系统、投诉系统等，并可进行批量数据的导入及维护，确保信息的实时性和完备性。

（二）业务架构

ICSS采用"高内聚、低耦合"的软件架构，从逻辑角度划分为不同的层次，满足应用及服务的集成与扩展需要，使系统数据接入能力、分析处理能力、存储和检索能力具备良好的水平及可扩展性，以支持新的定制应用的添加。ICSS业务架构如图3-5所示。

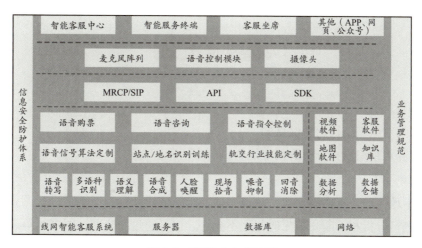

图 3-5　ICSS 业务架构图

语音服务是系统业务的核心。为了满足乘客语音交互需求，须根据轨道交通业务场景，制定语音信号的智能化算法、轨道行业技能并进行站点/地名识别训练，以提升语音服务水平。地图软件、客服软件、知识库等为模糊语音查询、地图导航、自助查询等语音交互功能的实现提供配套支持，使系统能够以图片、文字、语音等形式回复乘客问询。

（三）系统实施

ICSS 将传统人工服务转换为乘客自助服务，为了验证技术可行性、积累建设经验、培养乘客使用习惯，通过 ISC、TVM 语音购票等试点工作，梳理系统实施的难点及关键点，从调整票务规则、构建城轨知识库、制定接口标准、优化语音前端等方面，提出系统实施的具体方案及建议，以提升系统的智能化水平，满足运营管理需求。

ICSS 是提升苏州轨道交通智能化运营水平的重要手段，是整合服务资源、提高智能化服务水平及乘客满意度的重要举措。ICSS 已将乘客服务与自动售检票（Automatic Fare Collection，AFC）系统票务服务结合，为乘客提供多元化智能服务，未来可考虑进一步整合 PIS、广播、导向标识等系统，构建"一个平台，多个服务子系统"的服务体系，为乘客提供基于出行链的全过程信息服务，为苏州智慧地铁建设奠定坚实基础。

[资料来源：付保明，梁君，张宁. 苏州轨道交通集团智能客服系统设计与实现［J］. 城市轨道交通，2022（5）：53-56. 有改动]

案例思考题：

1. 结合案例材料，分析苏州轨道交通智能客服系统设计的决策依据。
2. 分析苏州轨道交通智能客服系统设计实施的要点。

项目训练

【训练目的】

1. 增强对组织结构的感性认知。
2. 培养对组织结构分析的初步能力。

【训练内容】

选择本地区的一家中小企业,对该企业的组织结构及其制度规范进行调查,并运用所学知识进行分析和诊断。如果时间上不允许,也可通过互联网、图书馆等途径收集企业相关信息。

需要收集的信息主要包括以下几个方面:

(1) 企业的组织结构图,分析其属于哪种类型的组织结构。
(2) 企业主要的职位、部门的职责与权限及职权关系。
(3) 企业的制度规范。
(4) 由组织结构、职权关系、制度规范等引起的矛盾和冲突。

【训练步骤】

1. 以小组为单位实施调研。
2. 以小组为单位进行分析与讨论。
3. 在全班进行小组交流与研讨。
4. 教师点评和总结,小组提交案例分析报告。

自测题

1. 影响集权与分权的因素主要有哪些?
2. 什么是授权?授权有哪些要求?
3. 组织变革的动因和阻力有哪些?
4. 简述实施组织变革的主要措施。
5. 员工培训的内容与方法有哪些?
6. 下面是一组国际流行的 EQ 测试题。可口可乐公司、麦当劳公司等众多世界 500 强企业,都曾以它为员工 EQ 测试的模板,帮助员工了解自己的 EQ 状况。整个测试共 33 题,时间 25 分钟,最大 EQ 值为 174 分。如果你已经准备就绪,请开始计时。

第(1)—(9)题:本组测试共 9 题,请选择一个与自己最契合的答案填入右边括号内。

(1) 我有能力克服各种困难。（　　）
A. 是的　　　　　　B. 不一定　　　　　　C. 不是的

(2) 如果我能到一个新的环境，我要把生活安排得（　　）。
A. 和从前相仿　　　B. 不一定　　　　　　C. 和从前不一样

(3) 我觉得我能在一生中实现自己预想的目标。（　　）
A. 是的　　　　　　B. 不一定　　　　　　C. 不是的

(4) 不知为什么，有些人总是回避或冷淡我。（　　）
A. 不是的　　　　　B. 不一定　　　　　　C. 是的

(5) 在大街上，我常常避开那些我不愿与其打招呼的人。（　　）
A. 从未如此　　　　B. 偶尔如此　　　　　C. 经常如此

(6) 当我集中精力工作时，假使有人在旁边高谈阔论，（　　）。
A. 我仍能用心工作　B. 介于A、C之间
C. 我不能专心且感到愤怒

(7) 我不论到什么地方，都能清晰地辨别方向。（　　）
A. 是的　　　　　　B. 不一定　　　　　　C. 不是的

(8) 我热爱所学的专业和所从事的工作。（　　）
A. 是的　　　　　　B. 不一定　　　　　　C. 不是的

(9) 气候的变化不会影响我的情绪。（　　）
A. 是的　　　　　　B. 介于A、C之间　　　C. 不是的

第(10)—(25)题：本组测试共16题，请选择一个与自己最契合的答案填入右边括号内。

(10) 我从不因流言蜚语而生气。（　　）
A. 是的　　　　　　B. 介于A、C之间　　　C. 不是的

(11) 我善于控制自己的面部表情。（　　）
A. 是的　　　　　　B. 不太确定　　　　　C. 不是的

(12) 在就寝时，我常常（　　）。
A. 极易入睡　　　　B. 介于A、C之间　　　C. 不易入睡

(13) 有人侵扰我时，我（　　）。
A. 不露声色　　　　B. 介于A、C之间　　　C. 大声抗议，以泄己愤

(14) 在和人争辩或工作出现失误后，我常常浑身震颤，精疲力竭，而不能继续安心工作。（　　）
A. 不是的　　　　　B. 介于A、C之间　　　C. 是的

(15) 我常常被一些无谓的小事困扰。（　　）
A. 不是的　　　　　B. 介于A、C之间　　　C. 是的

(16) 我宁愿住在僻静的郊区，也不愿住在嘈杂的市区。（   ）
A. 不是的   B. 不太确定   C. 是的

(17) 我被朋友、同事起过绰号、讥讽过。（   ）
A. 从来没有   B. 偶尔有过   C. 这是常有的事

(18) 有一种食物，我吃了会呕吐。（   ）
A. 没有   B. 记不清   C. 有

(19) 除去看见的世界，我的心中没有另外的世界。（   ）
A. 没有   B. 说不清   C. 有

(20) 我会想若干年后有什么事使自己极为不安。（   ）
A. 从来没有想过   B. 偶尔想想   C. 经常想到

(21) 我常常觉得自己的家人对自己不好，但我又确切地知道他们的确对我好。（   ）
A. 否   B. 说不清   C. 是

(22) 每天我一回家就马上把门关上。（   ）
A. 否   B. 不清楚   C. 是

(23) 我坐在小房间里把门关上，但我仍觉得心里不安。（   ）
A. 否   B. 偶尔是   C. 是

(24) 当一件事需要我做决定时，我常觉得很难。（   ）
A. 否   B. 偶尔是   C. 是

(25) 我常常用抛硬币、翻纸、抽签之类的游戏来猜测凶吉。（   ）
A. 否   B. 偶尔是   C. 是

第(26)—(29)题：本组测试共4题，请按实际情况如实回答，仅需回答"是"或"否"即可，在你选择的答案后面打"√"。

(26) 了工作或学习，我早出晚归，早晨起床时我常常感到疲惫不堪。
　　　　　　　　　　　　　　　　　　　　　　　　　　　　　　是___　否___

(27) 在某种心境下，我会因困惑陷入空想而将工作搁置下来。　是___　否___

(28) 我的神经脆弱，稍有刺激就会使我战栗。　　　　　　　　是___　否___

(29) 我常常被噩梦惊醒。　　　　　　　　　　　　　　　　　是___　否___

第(30)—(33)题：本组测试共4题，每题有5种答案，请选择与自己最契合的答案，在你选择的答案下打"√"。

答案标准如下：

1	2	3	4	5
从不	几乎不	一半时间	大多数时间	总是

(30) 在工作中，我愿意挑战艰巨的任务。　　　　　　1　2　3　4　5

(31) 我常发现别人好的意愿。　　　　　　　　　　1　2　3　4　5

(32) 我能听取不同的意见，包括对自己的批评。　　1　2　3　4　5

(33) 我时常勉励自己，对未来充满希望。　　　　　1　2　3　4　5

【计分评估】

计分时，请按照计分标准，先算出各部分得分，最后将几部分得分相加，加总的得分即为你的最终得分。

第(1)—(9)题，每回答一个 A 得 6 分，每回答一个 B 得 3 分，每回答一个 C 得 0 分。计＿＿＿分。

第(10)—(25)题，每回答一个 A 得 5 分，每回答一个 B 得 2 分，每回答一个 C 得 0 分。计＿＿＿分。

第(26)—(29)题，每回答一个"是"得 0 分，每回答一个"否"得 5 分。计＿＿＿分。

第(30)—(33)题，选几就得几分。计＿＿＿分。

总计＿＿＿分。

【结果分析】

如果你的得分在 90 分以下，说明你的 EQ 较低，你常常不能控制自己，极易被自己的情绪影响。很多时候，你轻易就被激怒、动火、发脾气，这是非常危险的信号——你的事业可能会毁于你的暴躁。对此，最好的解决办法是能够给不好的东西一个好的解释，保持头脑清醒，使自己心情开朗。

如果你的得分在 90—129 分，说明你的 EQ 一般，对于一件事，你不同时候的表现可能不一，这与你的意识有关，你比前者更具 EQ 意识，但这种意识不是常常都有的，因此需要你多加注意、时时提醒自己。

如果你的得分在 130—149 分，说明你的 EQ 较高，你是一个快乐的人，不易恐惧担忧，对于工作，你热情投入、敢于负责，你为人正直，有正义感和同情心，这是你的长处，你应该努力保持。

如果你的得分在 150 分及以上，说明你是个 EQ 高手，你的情绪智慧不但不会成为你事业的阻碍，反而是你事业有成的一个重要前提条件。

【延伸阅读】

霍夫曼，卡斯诺查，叶. 联盟：互联网时代的人才变革［M］. 路蒙佳，译. 北京：中信出版社，2015.

项目四 沟通能力

【学习目标与要求】

1. 理解沟通的内涵与过程
2. 熟悉沟通的主要类型
3. 理解影响有效沟通的因素
4. 了解冲突的类型及其抑制策略

引导案例

小米公司的管理沟通

小米科技有限责任公司（以下简称"小米公司"）成立于 2010 年 4 月，是一家以智能手机、智能硬件和 IoT（物联网）平台为核心的消费电子及智能制造公司，倡导"为发烧而生"的创新理念。小米公司运用互联网模式去开发手机操作系统、集合发烧友参与开发模式的改进，并利用互联网模式去除中间环节，致力让全球每个人都能享受科技带来的美好生活。2014 年，小米公司智能手机出货量已超过联想和 LG 公司，成为世界第三大智能手机品牌制造商。2017 年，小米公司利用其"创新＋质量＋交付"三大产品竞争力，迅速找回失去的市场份额，成为创新驱动型的互联网公司。2018 年 5 月 3 日，小米公司向港交所递交了上市申请，并与长江和记实业有限公司（以下简称"长和公司"）在香港宣布合组全球策略联盟，长和公司将在全球 17 700 家电信和零售店铺销售小米设备。2018 年 7 月 9 日，小米公司在香港上市。

从有效沟通的机制来看，小米公司的管理沟通主要有以下几个方面：

第一，构建扁平化的组织结构，提高沟通效率。小米公司的组织结构仅有三个层级：联合创始人—部门主管—员工。为了驱动员工与小米社群用户深入互动，小米公司通过扁平化的组织结构，形成了"以用户驱动员工，以用户考核员工"的独特管理制

度，此时满足用户的需求才是员工基本需求得到满足的保障，员工为了满足基本需求，便会拉近与用户之间的距离，加快彼此之间的决策和反馈速度，这带给公司与用户高水平的沟通开放性。同时，扁平化的组织结构有利于应对不同员工的需求，消除官僚管理模式，使员工专注于涨薪这一低层级需求，不受职位晋升等更高层级需求的干扰，由此营造人性化的沟通氛围。人性化的组织模式意味着团队成员间知识共享的时间大大缩短，协作互助显著增强。团队成员间的信息共享和知识交流使公司内部不同个体的想法、视角和思维在整个团队内得到充分的理解和思考，在这样轻松的工作氛围中，员工能够开展头脑风暴，整个团队的协作水平和默契水平得到提高，团队内部的沟通更加畅通，从而产生高效率的信息沟通路径。

第二，实现员工尊重，创新沟通机制。从管理制度来看，小米公司强调适度管理，即根据管理目的，尽量简化管理流程，降低管理成本。小米公司没有考勤制度、没有关键绩效指标（KPI）考核制度，一切以用户满意度为标准，把用户放在第一位，做到了轻管理的"适度"。这种管理制度为小米公司的经营提供了有效的管理支撑。无KPI的薪酬考核制度主观上强调员工的自我驱动，客观上信奉用户驱动，给予员工在工作上更多的尊重和自主权。

小米公司管理制度的创新带给员工的是其尊重需求得到满足，这种需求的满足促进了公司与员工之间的双向沟通。在沟通过程中，信息的发送者与接收者不断变换位置，而且发送者是用协商讨论、寻求意见和建议的方式面对接收者的。员工的信息发出以后能够及时被公司内部接收，并且公司会对信息做出反馈，信息准确传递使员工有机会反馈意见，从而产生平等感和归属感，增强自信和责任感，有助于公司与员工建立和谐关系。在工作团队中，来自组织的尊重使团队成员的个性得到尽可能的发挥，每一个人都成为愿意沟通的人，使专业技能得到最大限度的展现，他们不仅成为沟通中的主动者，而且也表现出领导力。从沟通渠道来看，无KPI的管理制度，促进了互相信任的沟通机制的建立，增强了管理者同员工之间的信任关系。尊重需求的满足，调动了员工表达自己想法的积极性，有利于公司收集到有关未来发展的建议，加强水平、垂直方向的沟通和交流，形成相互尊重和信任的沟通文化。

第三，引导需求跨越，提高沟通满意度。从员工激励制度来看，小米公司自2010年成立以来就制订并实施了"全员持股、全员投资"的计划。在小米公司的激励制度中，股权是一项重要内容，小米公司在创业初期就设计了不同的报酬方案供员工选择：与跨国公司同等水平的薪酬；2/3的薪酬＋股权；1/3的薪酬＋股权。同时，小米公司股权激励的门槛并不高，每一个员工都有机会获得股权。

总之，从组织结构来看，小米公司扁平化的组织结构消除了官僚制度，使员工专注于低层级需求的满足，由此提高了沟通效率。从管理制度来看，小米公司无KPI的适度管理模式，给予员工更多的尊重，促进了沟通机制的创新。从员工激励制度来看，小米

管理能力提升

公司的股权激励制度引导员工需求由低层级向高层级转变,营造了良好的沟通氛围,提高了沟通满意度。

资料来源:陈奕君. 基于马斯洛需求层次理论分析小米公司管理沟通案例研究[J]. 商场现代化,2018(18):116-117. 有改动

案例思考:

小米公司在管理沟通中采取了哪些措施?对你有何启示?

任务一　沟通与沟通过程

一、沟通概述

(一)沟通的定义

沟通是人们分享信息、思想和情感的过程。这种过程既包含口头语言和书面语言,也包含形体语言、个人习惯、物质环境等,即包含赋予信息含义的任何东西。

沟通包括人际沟通和组织沟通两大方面。前者是指存在于两人或多人之间的沟通;后者是指组织的成员为实现组织目标所进行的信息交流的行为和过程。整个管理工作都与沟通有关,在组织内部,有员工与员工之间的沟通、员工与工作团队之间的沟通、工作团队与工作团队之间的沟通;在组织外部,有组织与客户之间的沟通、组织与组织之间的沟通。计划、组织、领导、决策、监督、协调等管理职能的发挥都以有效的沟通为前提。

沟通的本质在于"沟"与"通"。在实际工作中,为什么经常出现"沟"而不"通"的情况呢?原因就是"沟通漏斗"在作祟。所谓"沟通漏斗",是指工作中沟通效率逐渐下降的一种现象,如图4-1所示。一个人想要表达100%的信息,但受到表达能力、文化水平、所处环境等的制约,在实际表达的过程中,通常只能传递出80%的信息;在传递信息的过程中,由于受到所处环境、心理状态、沟通方式等的影响,最终被接收的信息只有60%,而接收者所能理解的信息大约为40%;由于其他一些原因,等到最终落实的时候,往往已经降到20%的水准。信息遗失是沟通过程中一种极为常见的现象,沟通层级越多,信息消耗越大。

图 4-1　沟通漏斗

（二）沟通的作用

良好的沟通在实际工作中是必不可少的，它能够最大限度地化解工作中的各类矛盾，使管理者充分了解组织内外部与管理工作有关的各种信息或想法。具体来说，沟通在管理工作中具有以下作用：

首先，沟通可以降低管理的模糊性，提高管理的效能。组织内外存在大量模糊的不确定信息，沟通可以澄清事实、交流思想、倾诉情感，从而降低信息的模糊性，为科学决策提供依据。

其次，沟通是组织的凝聚剂和润滑剂，它可以改善组织内的工作关系，充分调动下属的积极性。通过沟通，管理者可以了解员工的需求，并满足员工的需求；可以让员工更了解组织，增进对组织目标的认同，从而建立起相互信任的、融洽的工作关系。

最后，沟通是组织与外部环境之间建立联系的桥梁。通过沟通，组织能够与外部环境建立联系，降低交易成本，提高自身的竞争能力。

（三）沟通的要素

沟通是一个过程，包括五个基本要素，即沟通主体、沟通客体、沟通介体、沟通环境和沟通渠道。

1. 沟通主体

沟通主体是指有目的地对沟通客体施加影响的个体或团体。沟通主体可以选择和决定沟通客体、沟通介体、沟通环境及沟通渠道，在沟通过程中处于主导地位。

2. 沟通客体

沟通客体即沟通对象，包括个体沟通对象和团体沟通对象，团体沟通对象还有正式群体和非正式群体之分。沟通对象是沟通过程的出发点和落脚点，因此在沟通过程中具有积极的能动作用。

3. 沟通介体

沟通介体即沟通主体用以影响、作用于沟通客体的中介，包括沟通内容和沟通方法。沟通主体与沟通客体之间的联系，是沟通过程顺利进行的保证。

4. 沟通环境

沟通环境既包括与个体间接联系的社会整体环境，也包括与个体直接联系的区域环境、对个体直接施加影响的社会情境及小型的人际群落。

5. 沟通渠道

沟通渠道即沟通介体从沟通主体传达给沟通客体的途径。沟通渠道不仅能使正确的思想观念尽可能全、准、快地传达给沟通客体，而且能广泛、及时、准确地收集沟通客体的思想动态和反馈信息，因此沟通渠道是实现沟通过程、提高沟通效率的重要环节。沟通渠道很多，如谈心、座谈等。

（四）沟通的原则

1. 尊重性原则

尊重是沟通中首先要遵循的原则。在社会群体中生活的人，都有被认可的需要和被关注、肯定、欣赏的期望。这种需要如果被满足，人的自信和成就感就会被激发；反之，则会产生被忽略感，容易没干劲。尊重性原则要求沟通者言谈举止得体，表达时顾及对方的自尊，尊重对方的文化、思想和言行，少用质疑、反问的语气，营造平等、亲切的沟通氛围。

2. 简洁性原则

由于每个人的时间和精力都是有限的，生活背景也不尽相同，烦琐的流程和毫无结果的争论对于沟通没有任何帮助，因此，沟通要遵循简洁性原则。需要注意的是，简洁性原则并不是要求沟通中过分地减少信息，或者隐瞒信息，而是要求沟通中突出重点、详略得当，保证沟通的重点内容传达到位，达到预期的沟通效果。

3. 理解性原则

在沟通中，沟通者的成长环境、兴趣爱好、想法观念、擅长领域、利益追求等各有差异，立场也不尽相同，在面对同一沟通信息时往往会有不同的看法、表现出不同的情绪和态度。如果彼此互不理解、互不相让，很有可能导致沟通失败。理解性原则就是要求沟通的双方换位思考，展现同理心，设身处地地站在对方的角度思考，采用对方可以接受的方式进行沟通，这样才能更加深刻地理解对方。

4. 包容性原则

在沟通中，产生分歧、引起争论，甚至牵涉到个人、团体、组织的利益，是极为常见的现象。沟通双方要正确地看待分歧，既要坚持原则，也要适当灵活，保持谦虚谨慎的态度，委婉耐心，与人为善。

5. 准确性原则

准确性原则是指沟通中有关的信息是准确的，不存在夸张和偏见，且这些信息还可以准确地传递给对方。为了保证沟通的准确无误，在沟通前要对信息进行核对，选择可靠的信息来源。在沟通中，沟通者要用准确的数字和凝练的语言进行表述，尽可能避免认知偏差，减少各种因素对信息的干扰。

6. 及时性原则

无论什么样的信息，都是在特定的时间和地点产生的，因此，离开特定的时间，跨出特定的范围，信息很可能变得毫无价值。这就要求沟通者及时地传达信息，避免因时间和场景的变化而导致信息价值的流失。沟通者在传达信息的过程中，既要注意主要内容的传递，又要注意留给对方足够的消化和反应时间。

二、沟通的过程

沟通发生之前，必须有一个目的，我们称之为要被传递的信息，它在信息源（发送者）与接收者之间传递。信息首先被转化为信号形式（编码），然后通过通道（媒介物）传递至接收者，由接收者将收到的信号转译过来（解码）。这样信息的含义就从一个人那里传到了另一个人那里。

美国著名管理学家斯蒂芬·P. 罗宾斯（Stephen P. Robbins）认为，一个完整的沟通过程包括以下七个部分：信息源（信息发送者）、编码、信息、通道、解码、信息接收者和反馈，此外沟通过程还会受到噪声的干扰，如图4-2所示。

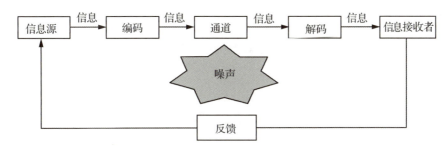

图 4-2　沟通的过程

（一）信息源（信息发送者）

信息产生于信息的发送者，它是由信息发送者经过思考或实际酝酿策划后才进入沟通过程的，信息发送者是沟通过程的起点，信息是否可靠、沟通是否有效，与信息发送者的可信度密切相关。

（二）编码

将信息以相应的语言、文字、符号、图形或其他形式表达出来的过程就是编码。信息发送者会根据沟通的实际需要选择合适的编码形式向信息接收者发出信息，以便其接收和理解信息。

（三）信息

沟通过程中的信息特指由信息源发出和传递的、供信息接收者接收和理解的、经过编码的一组符号。信息是信息发送者试图传达给信息接收者的观念和情感，但信息发送者个人的感受难以为信息接收者所接受，因此必须将它们转化为各种不同的、可为人所觉察的信号。

（四）通道

通道即信息传递的渠道。信息都是通过一定的媒介来传递的，一般来说，沟通渠道主要有口头、书面和非语言三种类型。随着通信工具的发展，信息传递的方式越来越多样化，除了通过语言进行面对面的直接交流外，还可借助电话、传真、电子邮件、视频会议等渠道来传递信息。

（五）解码

信息接收者在接收携带信息的各种特定符号后，必须根据自己已有的经验，将其转译成信息发送者试图传达的观念和情感的过程称为解码。信息接收者个人的知识、经验、主观意识、倾听技巧、文化背景等对所接收的信息具有筛选、过滤和加工作用，即对解码过程有显著影响，这就意味着信息发送者所表达的意思并不一定能被信息接收者完全理解。

（六）信息接收者

信息接收者是接收从信息源发出的信息并理解其意义的人，是沟通过程的终点。信息接收者不同的接收方式和态度会直接影响接收效果，通常人们借助听觉、视觉、触觉等的活动感知信息。

（七）反馈

反馈是信息接收者接收并翻译信息后，向信息发送者求证信息是否正确的过程。它是沟通过程的最后一个环节。当信息接收者确认信息已经收到，并向信息发送者做出反馈，表达自己对所收到信息的理解时，沟通过程便形成了一个完整的闭合回路。

另外，整个沟通过程还受到噪声的影响。所谓噪声，是指沟通过程中扰乱沟通活动正常进行的、沟通活动以外的非计划造成信息失真、理解和解释错误、沟通失效的各种环境因素。因此，为了确保有效沟通，通常要有意避开或减弱噪声源，或重复传递信息以增加信息强度。

小故事

谷歌的"接访时间"制度

谈话仍然是最主要且最有价值的沟通方式，但随着科技的发展和工作节奏的加快，谈话渐渐成为最少用的沟通方式之一。世界各地的人们无时无刻不处于联通状态，这虽然很棒，却让我们禁不住这样的诱惑：你会不会频繁通过电子邮件、网聊或短信的方式来联系距离你只有几米的人呢？没错，其实我们自己也会这样做。对于这种现象，社会学家及人类学家的用词是"懒惰"。但平心而论，对于那些热衷于用科技手段进行沟通的创意精英（尤其是那些身处大企业及入职时间较短的人）而言，他们也有苦衷。虽然许多企业高管及其他大人物都极力声称自己乐意与人沟通，但"开门政策"只有在有门可入的前提下才能奏效。对于那些对企业尚不熟悉的人来说，开启谈话可能并不容易。作为领导者，你需要为他们提供帮助。

谷歌刚成立时，借鉴了学界的一些办公传统，而"接访时间"（office hours）制度便是其中之一。玛丽莎·迈耶（Marissa Mayer）是接访时间制度的拥护者之一，就像大学教授一样，她每周都会留出几小时，欢迎任何人来找她谈心。想谈话的人可在迈耶办公室门外的白板上报名（与迈耶共用办公室的其他几个人，通常会在她的接访时间转移到其他地点去工作），等到星期三的下午，迈耶办公室门口的沙发上便坐满了年轻的产品经理，等待着与她讨论形形色色的问题。

任务二　沟通的类型

一、按沟通网络的基本形式分类

在沟通中，信息只有经过某些人和机构的传递才能流动起来，这就形成了一个由各种通道构成的网络。沟通网络的基本形式有链式沟通、轮式沟通、Y式沟通、环式沟通、全通道式沟通五种，如图4-3所示。

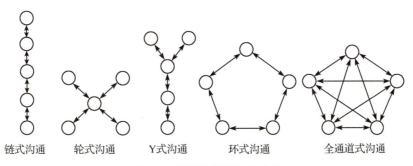

图4-3　沟通网络的基本形式

（一）链式沟通

链式沟通属于控制型结构，在组织系统中相当于纵向沟通网络。它严格按照直线职权关系和指挥链系统逐级传递信息，信息容易失真，参与成员的联系面窄，平均满意度低。

在这种组织沟通网络中，上下级信息交流采用主管领导和底层部属无直接联系，通过中间层进行联系的方法。如果一个组织系统过于庞大，需要实行分层授权管理，链式沟通是一种行之有效的方法。

链式沟通的优点如下：

（1）传递信息的速度最快。

（2）解决简单问题的时效性最强。

链式沟通的缺点如下：

（1）信息经过层层筛选，容易出现失真，导致上级不能直接了解下级的真实情况，下级不能了解上级的真实意图。

（2）每个成员接收到的信息差异很大，满意程度有很大的差距。

（3）处于最低层次的沟通只能做上行沟通，或接收失真度较大的信息，这容易给成员造成心理压力，使其产生不满足感；每个成员的沟通面狭窄，彼此沟通的内容分散，不易形成群体共同意见，最低层次的沟通者与最高层次的沟通者难以通气，不利于培养群体凝聚力。

（二）轮式沟通

轮式沟通属于控制型网络，其中只有一个成员能够与其他任何人交流，所有其他人只能与中间人交流，中间人是各种信息的汇集点与传递中心，他起着领导、支配与协调的作用。轮式沟通是加强组织控制、争时间、抢速度的一种有效方法。一般，生产机构多采用这种沟通模式以便于管理，某一组织如果接受了紧急攻关任务，要求进行严密控制，则可采用这种沟通网络。

轮式沟通的优点如下：

（1）集中化程度高，解决问题的速度快。

（2）解决问题的精确度高。

（3）对领导者的预测能力要求很高。

（4）处于中心地位的领导者的满足程度较高，他是信息沟通的核心，一切信息都得经过这个核心进行传递，所以他可以接收到所有信息，这有利于其全面了解和掌握各种情况，并迅速把自己的意见反馈出去。

轮式沟通的缺点如下：

（1）沟通渠道少。

（2）除了处于核心地位的领导者了解全面情况外，其他成员之间互不通气，平行沟通不足，不利于提高士气。

（3）组织成员心理压力大，成员平均满足程度低，影响组织的工作效率，将这种沟通网络引入组织机构中，容易滋长专制型交流网络。

（三）Y式沟通

Y式沟通是一种纵向沟通网络，其中只有一个成员处于沟通中心的地位，成为沟通的媒介。在组织中，这一网络大致相当于从参谋机构到组织领导者再到下级主管或一般成员之间的纵向关系。这种网络容易导致信息曲解或失真，影响组织成员的士气，阻碍组织提高工作效率。

Y式沟通的优缺点如下：

（1）优点：集中化程度高，较有组织性，信息传递和解决问题的速度较快，组织控制比较严格。

（2）缺点：由于组织成员之间缺少直接和横向沟通，不能越级沟通，除了处于中心地位的成员外，其他成员的满意度比较低，组织气氛大多不和谐。组织成员之间交流信息采取上情下达和下情上传的逐级传达形式，虽然信息传递的速度较快，但由于信息经过层层筛选，上级可能不能了解下级的真实情况，下级也可能不能了解上级的真正意图。信息被过多的中间环节控制，就可能造成信息失真，给组织工作带来不良影响。

（四）环式沟通

环式沟通可以看成是链式沟通的一个封闭式控制结构。对于这种沟通网络，一般有两种解释。第一种解释：它表示组织成员依次联络和沟通，每个成员都可以与两侧的成员同时沟通信息。因此，每个成员的心理满意度无明显的高低之分，处于中间状态。第二种解释：这个沟通网络可以被看成是一个具有三个层级的组织机构，第一层级与第二层级建立纵向联系，第二层级与第三层级（底层）建立纵向联系，底层单位或工作人员之间建立横向联系。这种沟通网络允许成员与邻近的成员沟通而不能与更远一些的成员沟通。

环式沟通的优缺点如下：

（1）优点：组织内民主气氛较浓，团体成员具有一定的满意度，横向沟通一般使团体士气高昂。

（2）缺点：集中化程度较低，沟通的速度较慢，沟通渠道不多，信息易于分散，往往难以形成中心。

如果要在组织中创造一种高昂的士气来实现组织目标，同时追求创新和协作，环式沟通是一种行之有效的方法。根据环式沟通的特点，组织中的决策机构、咨询机构、研发机构及小规模独立工作群体，可采取这种沟通形式。

（五）全通道式沟通

全通道式沟通是一个开放式的网络系统，并不依靠中心人物来集中和传递信息，每个成员之间都有一定的联系。这种沟通网络可表示一个民主气氛很浓的领导集体或部门，其成员之间总是互相交流情况，通过协商进行决策。

全通道式沟通的优点如下：

（1）该网络是高度分散的，组织内的每个成员都能同其他任何成员进行直接交流，没有限制。

（2）所有成员都是平等的，都能够比较自由地发表意见，提出解决问题的方案。

（3）各成员之间全面开放，彼此十分了解，所有成员的平均满足程度很高，不同成员之间满足程度的差距很小。

（4）组织内士气高昂，合作气氛浓厚，个体有主动性，可以充分发挥组织成员的创新精神。

（5）比环式沟通的沟通渠道多，弥补了环式沟通难以迅速集中各方面信息的缺陷。

全通道式沟通的缺点如下：

（1）沟通渠道太多，容易造成混乱。

（2）对较大的组织不适用，在一个较大的组织中，各成员不能都有彼此面对面的接触机会。

（3）沟通路线的数目会影响信息的接收和传递能力。

（4）信息传递费时，影响工作效率。

二、按参与沟通的人数分类

根据参与沟通的人数不同，沟通可分为个体沟通和团体沟通。

（一）个体沟通

所谓个体沟通，是指两人之间的沟通。个体沟通按沟通方式可分为面对面沟通、电话沟通和 E-mail（或书面）沟通。

1. 面对面沟通

面对面沟通是信息传递量最大的沟通方式。当管理者与下属进行面对面沟通时，他们不仅可以通过语言沟通，而且能够观察彼此的非语言暗示，如面部表情和肢体动作。有时一个专注或疑惑的表情远胜于千言万语，管理者可以立即对这些非语言信息做出反应。面对面沟通也能使管理者迅速接收到反馈信息。疑惑、含混不清和误解也能及时得到澄清，管理者能与下属进行多次反复沟通，直至双方达成共识。沟通双方如果距离不是很远，应优先采用面对面沟通的方式。

走动式管理（Management by Wandering Around）是一种对于组织中各级管理者来说都十分有效的面对面沟通方式。管理者在工作区走动，与下属就存在的问题进行非正式沟通，而不是通过正式会议进行沟通。这种非正式沟通为管理者和下属提供了重要的信息，同时还有利于二者建立良好的关系。惠普公司的创始人威廉·R. 休利特（William R. Hewlett）和戴维·帕卡德（David Packard）就发现，走动式管理是一种和员工沟通极为有效的途径。

2. 电话沟通

电话沟通是一种比较经济的沟通方式。下面几种情形宜采用电话沟通的方式：彼此之间的距离较近，但问题比较简单时；彼此之间的距离较远，很难或无法当面沟通时；彼此之间已经采用了 E-mail 的沟通方式，但问题尚未解决时。

3. E-mail（或书面）沟通

E-mail（或书面）沟通是一种最经济的沟通方式。沟通的时间一般不长，并且不受场地的限制，因此被广泛采用。这种沟通方式一般在解决较简单的问题或互相知会一些信息时采用。在计算机信息系统普及应用的今天，人们越来越少采用纸质方式进行沟通。需要特别注意的是，在 E-mail 来回多次而问题仍未得到解决甚至引起误解时，一定要及时终止这种沟通，改用电话沟通或面对面沟通的方式。

个体之间的沟通尽量采用面对面沟通的方式进行。能面对面沟通的，就不采用电话沟通方式；能电话沟通的，就不采用 E-mail 沟通方式，这是个体沟通方式的基本选用原则。

（二）团体沟通

所谓团体沟通，是指至少三人参与的沟通。团体沟通主要有以下两种常用的沟通方式：会议沟通和 E-mail（或书面）沟通。

1. 会议沟通

会议沟通是一种成本较高的沟通方式，沟通的时间一般较长，因此常用于解决较重大、较复杂的问题。下面几种情形宜采用会议沟通的方式：需要统一思想或行动时；需要当事人清楚、认可和接受时；传达重要信息时；澄清一些谣传信息，而这些谣传信息将对组织产生较大影响时；讨论复杂问题的解决方案时，如针对复杂的技术问题，讨论已收集到的解决方案。

2. E-mail（或书面）沟通

下面几种情形宜采用 E-mail 沟通的方式：针对简单问题进行小范围沟通时（如 3—5 人沟通产出物最终的评审结论等）；需要大家先思考、斟酌，短时间内不需要或很难有结果时；传达非重要信息时；澄清一些谣传信息，而这些谣传信息可能会对组织产生影响时。

三、按传递信息的方式分类

根据传递信息的方式不同，沟通可分为口头沟通、书面沟通、非语言沟通和电子沟通。

（一）口头沟通

口头沟通是指通过口头语言进行信息传递的沟通方式，它是人们最常用的一种沟通方式。口头沟通按照发生方式的不同，又可细分为演说、倾听、正式交谈、私人交谈、讨论、征询、访谈、闲聊、小组会议、小组讨论、传话、大型会议、传闻等多种具体形式。

（二）书面沟通

书面沟通是指通过书面文字进行信息传递的沟通方式，包括备忘录、报告、信函、文件、通知、内部通讯等多种具体形式。

（三）非语言沟通

非语言沟通是指不通过口头语言和书面文字，而是通过其他非语言沟通技巧进行信息传递的沟通方式，最常见的非语言沟通是体语沟通，主要包括两大类：一类是肢体语言、表情语言等动态语言；另一类是姿态语言、界域语言、服饰语言等静态体语。

（四）电子沟通

在现代社会，随着信息技术的发展，电子沟通成为企业管理沟通的重要形式。电子沟通是指将图表、文字、声音等各种管理信息通过信息技术手段转化为电子数据进行信息传递的一种沟通方式。它的主要特点和优势是可以将大量信息以较低成本快速地进行远距离传送。按照电子数据采用的具体设施和工具、媒介不同，电子沟通可分为电话沟通、电报沟通、电视沟通、电子数据沟通、网络沟通、多媒体沟通等多种形式。在新冠病毒感染疫情期间，商务旅行与面对面会谈受到客观条件的限制，腾讯会议、钉钉、Teams等即时通信软件的下载量和使用量飙升。在视频会议中，两个或更多地方的管理者通过大电视或可视屏幕相互交流，不仅可以节约时间和金钱，而且做出决策的速度也更快，因为更多的管理者能够参与到决策制定的过程中，从而在这个会议之外需要另外与之进行磋商的管理者就更少了。

四、按组织系统分类

从组织系统来看，沟通可分为正式沟通和非正式沟通。

（一）正式沟通

正式沟通是指在组织系统中，依据组织明文规定的原则或规章制度所进行的信息传递与交流。它是沟通的一种主要形式，一般通过组织正式结构或层次系统运行，如组织内传送文件、召开会议及上下级之间定期交流信息等。按照信息的流向，组织内的正式沟通可分为上行沟通、下行沟通、横向沟通和斜向沟通。

另外，正式沟通还包括组织与组织之间通过正式安排的信息渠道所进行的信息传递与交流，如组织同外部各方面（政府、企业、新闻媒体、消费者等）发生的人际沟通。组织作为社会成员之一，它的运作、目标的实现均与外部诸多方面有着千丝万缕的联系，没有外部诸多方面的配合与支持，组织的成功是不可能的。因此，组织与外部诸多方面保持良好的关系，有时关系到组织的兴衰。

正式沟通的优点是沟通效果好，比较严肃，约束力强，易于保密，可以使信息沟通保持权威性。重要信息传达、组织决策等，一般都采用这种沟通方式。其缺点是由于依靠组织系统层层传递，所以比较刻板，沟通的速度较慢。

（二）非正式沟通

非正式沟通是指不通过组织内的、组织与外部的正式沟通渠道进行的一种非官方的、私下的沟通形式。例如，组织成员私下交换看法、朋友聚会、传播谣言和小道消息等都属于非正式沟通。一般而言，在非正式沟通中，无论是沟通对象、沟通时间还是沟通内容，均存在很大的不确定性和偶然性。非正式沟通是正式沟通的有机补充，在许多组织中，决策时利用的信息大部分是由非正式信息系统传递的。与正式沟通相比，非正式沟通往往能更灵活迅速地适应事态的变化，省略许多烦琐的程序，并且常常能提供大量的通过正式沟通渠道难以获得的信息，真实地反映员工的思想、态度和动机。因此，这种沟通形式往往能够对管理决策起重要作用。

非正式沟通的优点是沟通形式不限，直接明了，速度很快，容易及时了解到正式沟通难以提供的"内幕新闻"。非正式沟通能够发挥作用的基础是组织中良好的人际关系。其缺点是沟通难以控制，传递的信息不确切，易于失真、曲解，而且可能导致小集团、小圈子的产生，影响人心稳定和组织的凝聚力。

此外，非正式沟通还有一种可以事先预知的模型。心理学研究表明，非正式沟通的内容和形式往往是能够事先被人知道的。它具有以下几个特点：① 消息越新鲜，人们谈论得就越多；② 对人们工作有影响的消息，最容易为人们所谈论；③ 最为人们所熟悉的消息，最多为人们所谈论；④ 在工作中有关系的人，往往容易被牵扯到同一传闻中；⑤ 在工作上接触多的人，最可能被牵扯到同一传闻中。对于非正式沟通的这些特点，管理者应该予以充分重视，以杜绝起消极作用的"小道消息"，利用非正式沟通来为组织目标的实现服务。

现代管理理论提出了一个新概念，称为"高度的非正式沟通"。它指的是利用各种场合，通过各种方式，排除各种干扰，来保持他们之间经常不断的信息交流，从而在一个团体、一个企业中形成一个巨大的、不拘形式的、开放的信息沟通系统。实践证明，高度的非正式沟通可以节省很多时间，避免正式场合的拘束感和谨慎感，使许多长年累月难以解决的问题在轻松的气氛中得到解决，减少组织内的人际摩擦。

小 资 料

再定向营销沟通

再定向是指与访问过产品详情页面的潜在客户进行沟通，以促进其购买转化的营销沟通策略。在数字化、智能化技术快速发展的背景下，基于企业内部数据和用户标签的营销技术及外部广告公司的广告技术越发成熟，个人级浏览数据的分析和处理方法不断创新，技术与营销结合速度日益加快，使再定向营销沟通策略的实施具有可行性。再定向营销沟通策略以消费者访问产品详情页面的行为数据为基础，以再定向广告、电子优惠券、触发电子邮件等为营销沟通工具。该营销沟通策略一方面可低成本精准触达有潜在需求的客户，有效实现供需匹配；另一方面可减少对非目标客户的打扰，避免消费者的感知侵扰、隐私顾虑等负面心理及投诉行为。

资料来源：白寅，张荣，任星耀. 再定向营销沟通研究述评与展望［J］. 管理学报，2022，19（6）：938-946. 有改动.

任务三　有效沟通

一、有效沟通的定义

有效沟通是指发送的一方准确表达了信息，而接收的一方也准确接收并理解了这些信息。可以说，有效沟通是双向的，包括信息的合理表达、顺利传播及精准理解。在复杂的社会环境中，有效沟通显示出重要的意义。德国当代最重要的哲学家之一尤尔根·哈贝马斯（Jürgen Habermas）提出了沟通有效性理论，他认为要达成共识，有"理想沟通情境"和"沟通有效性"两个前提。其中，沟通有效性包括可领会性（沟通参与者需要使用公认的语法规则）、真实性、真诚性、行为规范正确性。

由此定义可知，要确保组织内的沟通有效，就必须同时做到以下两点：

（1）信息发送者清晰地表达信息的内涵，以便信息接收者能确切理解。

（2）信息发送者重视信息接收者的反应，并根据其反应及时修正信息的传递，免除不必要的误解。

有效沟通包括很多构成要素：有意识地努力传递清晰、直接的信息；认真倾听；即使出现争执，仍保持礼貌和克制；等等。但有效沟通的关键在于共情，需要参与沟通的各方充分理解彼此的处境，了解彼此的利益诉求，并共同做出所有参与者均认可的决定。

二、影响有效沟通的因素

影响有效沟通的因素主要包括人际障碍、组织障碍和文化障碍。

（一）人际障碍

人际障碍可能来源于信息发送者，也可能来源于信息接收者，通常是由个体认知、能力、性格等方面的差异造成的。人际障碍主要有以下几种。

1. 表达能力欠佳

有的信息发送者表达能力欠佳，如用词不当、口齿不清、逻辑混乱、自相矛盾、模棱两可等，这些都会使信息接收者难以准确理解信息发送者的真实意图。

2. 知识和经验差异大

当信息发送者将自己的观点编译成信息码时，他只是在自己的知识和经验范围内进行编码。同样，信息接收者也只是在自己的知识和经验基础上译解信息发送者所传送信息的含义。沟通双方共有的知识和经验越多，沟通就越顺利；当沟通双方共有的知识和经验较少时，在信息发送者看来很简单的问题，信息接收者可能也无法理解，从而导致沟通失败。

3. 品性和人际关系差

一个诚实的、正直的、人际关系好的人，发送的信息容易使人相信；反之，一个虚伪的、狡诈的、人际关系差的人，发送的信息即便属实，也不一定使人轻易相信。

4. 极端情绪

在接收信息时，信息接收者的感觉会影响他对信息的解释。在不同的情绪状态下，个体可能对同一信息做出截然不同的解释。极端情绪很可能妨碍有效沟通，因为在极端情绪状态下，人们经常忽视理性和客观的思维活动而以情绪判断代替它。

5. 选择性知觉

在沟通过程中，信息接收者会根据自己的需要、动机、经验、背景及其他个性特征有选择地去看或去听信息。在解码的时候，信息接收者还会把自己的兴趣和期望带到所接收的信息中。符合自己观点和需要的，就容易听进去；不符合自己观点和需要的，就不大容易听进去。

6. 信息过滤

信息过滤是指信息发送者为了投信息接收者所好，故意操纵信息传递，造成信息歪曲。例如，员工常因害怕传达坏消息或想取悦上级而向上级"报喜不报忧"，这就是在过滤信息。信息过滤主要与组织结构中的层级数目有关，组织纵向层级越多，信息过滤的机会也就越多。

7. 信息过载

信息不足会影响沟通效果，信息过量同样会妨碍有效沟通。现在的人们常常抱怨信息过载，电子邮件、电话、会议、专业资料等带来的大量信息使人应接不暇。当加工和消化大量的信息变得不可能时，人们就会忽视、不注意或忘记信息，从而导致信息流失，降低沟通效率。

（二）组织障碍

正如人际障碍会降低沟通有效性一样，组织障碍也会降低沟通有效性。组织障碍的根源存在于组织的等级结构之中。无论组织的复杂程度如何，它们都有专门的职责和多层职权，这种专业化分工为沟通困难的产生提供了合适的土壤。组织障碍主要有以下几种。

1. 组织结构不合理

组织层级过多，不仅信息在层层传递的过程中容易失真，而且会浪费大量的时间，影响沟通的效率与效果。另外，如果组织臃肿、各部门之间分工不明确、机构重叠或条块分割，就会给沟通双方造成一定的心理压力，引起传递信息的歪曲，从而降低信息沟通的有效性。

2. 组织氛围不和谐

组织氛围也会对信息接收的程度产生影响。来自成员相互信赖和开诚布公的组织的信息被接收的可能性要比来自那些气氛不和谐、成员相互猜忌和提防的组织的信息大得多。另外，命令和请示是否拘泥形式的氛围也会影响沟通的有效性。如果组织内任何工作的开展都必须通过正式命令链来推动，那么非正式传达的信息则较难被接收。

（三）文化障碍

人类的沟通要在一定的文化背景下进行，而文化也不能离开沟通而存在，沟通与文化密切相关，文化会促进或阻碍沟通。信息发送者和信息接收者之间的文化相似性有助于提高沟通的有效性，文化差异会铸造人际沟通的障碍。文化差异通过自我意识、语言、穿着、饮食、时间意识、价值观、信仰、思维方式等方面表现出来。例如，一般来说，西方社会比较注重个人发展及成就，权力距离较小，因此他们的沟通方式比较直接。而东方社会比较重视团队和谐，权力距离较大，在工作时，人们不希望过分突出自己，更不愿意和上级或同事发生任何明显的冲突。

三、克服沟通障碍

为了克服人际障碍、组织障碍和文化障碍，管理者必须掌握一定的沟通技巧。有些沟通技巧对于管理者发送信息特别重要，有些对于管理者接收信息至关重要。这些沟通技巧能帮助管理者获得决策和行动所需的信息，与其他成员达成共识。

（一）学会倾听

一般来说，在沟通过程中最常用到的能力是洗耳恭听的能力和能说会道的能力。洗耳恭听，就是在听的时候要做到用耳朵去听、用头脑去思考、用心灵去感受，它强调的是倾听能力。能说会道，就是在沟通中要善于用言辞表达、以理服人，它强调的是语言表达能力。人们在实践中往往重视语言表达能力的训练而忽视倾听能力的提升，结果就是说得多、听得少。其实，沟通的最大困难不在于如何把自己的意见、观点说出来，而在于如何听出别人的心声。相对于语言表达能力而言，倾听能力更为关键。

当别人说话时，我们在听，但我们常常并不是在倾听。很多人把听与倾听混为一谈，事实上，两者是有根本区别的。听只是一个生理过程，是一种无意识的行为，只要耳朵能够听到别人说话，就表明在听。而倾听虽然也以听到声音为前提，但更重要的是，倾听不仅仅是生理意义上的听，更是一种积极的、主动的、有意识的思考。在倾听的过程中，不仅要接收、理解别人所说的话，而且要接收、理解别人的手势、体态和面部表情；不仅要从中得到信息，而且要抓住别人的思想和情感。

（二）重视反馈

反馈是指信息接收者把接收到的信息经过译码并理解后返送给信息发送者，让信息发送者对信息接收者是否正确理解信息进行核实。反馈是沟通过程的最后一个环节，往往是决定沟通目标能否实现的关键。很多沟通问题可以直接归因于误解或信息不准确。正确使用信息反馈系统，能够极大地减少沟通中出现的障碍。

反馈既可以是言语的，也可以是非言语的。例如，信息发送者可以让信息接收者用自己的话复述信息，如果信息接收者复述的内容与信息发送者的本意相符，则有利于确保沟通的准确性。销售主管要求所有下属填好上月的销售报告，当有人未能上交销售报告时，销售主管就得到了反馈。

（三）克服认知差异

认知差异可能成为沟通障碍，因此为了克服认知差异，信息发送者应该使信息清晰明了，尽可能使具有不同观点和经验的信息接收者都能够理解。只要有可能，信息发送者就应该尽力了解沟通对象的背景，尽可能设身处地地从信息接收者的角度看待问题，使用信息接收者容易理解的方式选择用词和组织信息，这样有助于提高沟通的有效性。

（四）抑制情绪化反应

情绪化反应，如愤怒、失望、戒备、爱、恐惧、嫉妒等，会使信息的传递严重受阻或失真。处理情绪因素最简单的方法就是暂停沟通直到完全恢复平静。管理者应该尽力预期员工的情绪化反应，并做好应对准备。管理者也需要关注自己情绪的变化，以及这种变化如何影响他人。

小知识

谈判和商务谈判

谈判，有狭义和广义之分。狭义的谈判，仅指在正式场合进行的谈判。而广义的谈判，则包括各种形式的交涉、洽谈、磋商等。谈判，实际上包括"谈"和"判"两个紧密联系的环节。谈，即说话或讨论，就是当事人明确阐述自己的意愿，充分发表关于各方应当承担和享有的责、权、利等的看法；判，即分辨和判定，就是当事人各方努力寻求关于各项权利和义务的一致意见，以期通过相应的协议正式予以确认。因此，谈是判的前提和基础，判是谈的结果和目的。

谈判是人们为了协调彼此的关系，满足各自的需要，通过协商而争取达到意见一致的行为和过程。商务谈判是谈判的一种，是指不同利益群体之间，以经济利益为目的，就双方的商务往来关系、各自承担的权利和义务而进行的协商。商务谈判是一项集政策性、技术性、艺术性于一体的社会经济活动。

管理能力提升

任务四　冲突及其管理

一、冲突概述

(一) 冲突的概念

冲突是一种广泛存在的社会现象，它以各种形式存在于人类社会活动的各个层面、各个领域和所有行为主体之中。冲突发生于对稀缺资源分配方式的分歧及不同的观点、信念、行为、个性的冲撞。一般认为，冲突是相互作用的主体之间存在的不相容的行为或目标。

第一，冲突是否存在不仅是一个客观问题，更是一个主观的知觉问题。客观存在的冲突必须由人去感知，如果没有人意识到冲突，那么一般就认为没有冲突存在。

第二，冲突产生的必要条件是，存在某种形式的对立或不相容及相互作用。

第三，冲突的主体可以是组织、群体或个人，冲突的客体可以是利益、权力、资源、目标、方法、意见、价值观、感情、关系等。

第四，冲突是一个过程。冲突的发生不是一蹴而就的，而是从产生、酝酿到爆发的整个过程。罗宾斯将冲突的过程分为潜在的对立或不一致、认知和个性化、行为意向、行为、结果五个阶段。

(二) 冲突的特征

1. 客观性

冲突是客观存在的、不可避免的社会现象，是组织的本质特征之一。任何组织都存在冲突，只不过冲突的来源、性质、程度存在差异。

2. 主观知觉性

冲突是指导致某种抵触或对立的可感知的差异。差异是否真实存在无关紧要，只要人们感觉到差异的存在，冲突状态也就存在。

3. 二重性

冲突对组织、群体或个人既具有建设性、有益性，有产生积极影响的可能，又具有破坏性、有害性，有产生消极影响的可能。

4. 程度性

冲突水平与组织绩效之间的关系主要表现为：当冲突水平过高时，组织会陷入混乱、对抗、甚至分裂、瓦解状态，破坏绩效，危及组织正常运转乃至生存；当冲突水平过低时，组织缺乏生机和活力，会进入变革困难时期，组织发展停滞不前，难以适应环境，绩效低下；当冲突达到最佳水平时，它可以避免组织变革的迟滞，促进员工之间相互了解、沟通和人际关系的和谐发展，增强团队内部的凝聚力，激发员工的创造力，有益于组织的变革、创新和发展，从而提高组织绩效。

二、冲突的原因与类型

（一）冲突的原因

冲突的原因大致可分为三大类：个人差异、沟通差异和结构差异。

1. 个人差异

成长经历、家庭背景、文化水平等的不同，造成不同个体在价值观、性格特征、能力、思维方式等方面存在差异。例如，有些人认为"盗亦有道"，有些人认为"为达目的可以不择手段"。

2. 沟通差异

语义理解困难、信息交流不充分、沟通渠道中的"噪声"等因素都构成了沟通障碍，并成为冲突的潜在条件。通常，很多冲突都可以被归因为沟通不足或沟通不当。例如，沟通双方的认知方式、立场不同，导致虽经过大量的沟通，但如鸡同鸭讲，最后引发冲突。

3. 结构差异

结构差异是指组织结构本身的设计不良，造成整合困难，最后导致冲突。组织本身存在水平和垂直的差异，个人会因为部门立场、目标、资源分配等的差异发生争执，这种冲突并非源自个人之间的敌意，而是对事不对人。常见的导致冲突的结构因素包括专业化、任务互依性、资源稀缺、目标差异、权力分配、职责模糊等。例如，在一家制衣工厂，如果裁剪布料的工作落后了，缝衣工的工作必然被耽误，裁剪工和缝衣工之间的冲突就产生了。

（二）冲突的类型

根据不同的分类标准，冲突可分为多种类型。常见的冲突分类有以下几种。

1. 按冲突发生的层次分类

（1）个体内部冲突。

发生在个体内部的冲突，称为个体内部冲突。它一般发生于个体面临多种选择而难以做出抉择，此时会表现得犹豫不决、茫然不知所措。个体内部冲突一般表现为三种类型：接近—接近型冲突、回避—回避型冲突、接近—回避型冲突。接近—接近型冲突是指个体必须在两个或两个以上都会产生积极结果的方案中做出选择，即个体面临着"鱼和熊掌不可兼得"的局面，如一个人既想买房又想买车，然而手头资金有限，无法同时满足这两个愿望；回避—回避型冲突是指个体必须在两个或两个以上只能产生消极结果的方案中做出选择，即所谓"两害相权取其轻"，如一个人牙疼，但又因害怕治疗带来痛苦而不肯就医，此时牙疼和治疗带来的痛苦都是想要回避的目标，但又不能同时回避；接近—回避型冲突是指个体在选择是否去做一件利弊难以权衡的事情时内心发生的冲突，如一个人既想要获得成功，又不愿付出努力。

（2）人际冲突。

发生在两个或多个人之间的冲突，称为人际冲突。许多个体差异都会导致人际冲突，如个性、价值观、目标、态度、知觉等。人际冲突通常表现为两种类型：一是在某些实质性问题上的不相容的利益冲突；二是包含负面情绪（不信任、恐惧、拒绝、愤怒等）的不相容的行为冲突。

（3）群体间冲突。

发生在群体、团队或部门之间的冲突，称为群体间冲突。目标上的差异、对稀缺资源的竞争等都可能引起群体间冲突。例如，营销部的目标是销售收入最大化，希望提供不同大小、形状、颜色、功能的产品，以满足不同顾客的需求，进而提高销售量；制造部的目标是生产成本最小化，希望大量生产少数几个品种。双方目标上的差异可能引起群体间冲突。

（4）组织间冲突。

发生在两个或多个组织之间的冲突，称为组织间冲突。企业竞争就是一种组织间冲突。除了与竞争对手之间的冲突外，组织还会因与供应商、顾客、政府机构等之间的相互依存关系而发生组织间冲突。

2. 按冲突对组织的影响分类

（1）建设性冲突。

建设性冲突又称功能正常的冲突，是指对组织有积极影响的冲突。在建设性冲突中，冲突双方都关心共同目标的实现和现有问题的解决；冲突双方愿意了解彼此的观点，并以争论问题为中心；冲突双方信息交流不断增加。建设性冲突可以促使组织发现存在的问题，并采取措施及时予以纠正；可以促进组织内部公平竞争，提高组织效率；可以激发员工的创造力，防止思想僵化。

（2）破坏性冲突。

破坏性冲突又称功能失调的冲突，是指对组织有消极影响的冲突。在破坏性冲突中，冲突双方极为关注自己的观点是否取胜；冲突双方不愿听取对方意见，而是千方百计地陈述自己的理由，抢占上风，人身攻击的现象时常发生；冲突双方互相交换意见的情况不断减少。破坏性冲突会阻碍组织达到目标，降低组织的创造力、生产力、士气、工作满意度，并增加员工的焦虑，客观上提高员工的缺勤率和离职率等。

3. 按冲突产生的原因分类

（1）目标冲突。

目标冲突是指冲突主体内部或冲突主体之间存在不一致或不相容的结果追求所引起

的冲突。

(2) 认知冲突。

认知冲突是指冲突主体内部或冲突主体之间存在不一致的看法、想法和思想所引起的冲突。

(3) 情感冲突。

情感冲突是指冲突主体内部或冲突主体之间情感上的不一致所引起的冲突。

(4) 程序冲突。

程序冲突是指冲突主体内部或冲突主体之间存在不一致或不相容的优先事件选择与过程顺序安排所引起的冲突。

三、冲突管理

现代冲突理论认为，冲突既可以给组织带来积极的影响，也可以给组织带来消极的影响，冲突水平过高和过低都会给组织带来不利影响，应当将冲突控制在一个适当的水平。因此，在冲突管理中应当注意，要对引起冲突的各种因素、冲突过程、冲突行为进行正确的分析、处理和控制，努力把已出现的冲突引向建设性轨道，尽量避免破坏性冲突的发生和发展，适度地诱发建设性冲突并把冲突维持在适当的水平，以便达到"弃其弊而用其利"的冲突管理目标。

当冲突水平过高时，管理者可采用冲突抑制的方法。美国行为科学家肯尼思·W. 托马斯（Kenneth W. Thomas）和拉尔夫·H. 基尔曼（Ralph H. Kilmann）提出了冲突处理的二维模式，用于分析冲突的可能解决方案和结果。托马斯以"合作性"（一方试图满足对方关心点的程度）为横坐标，以"坚持己见"（一方试图满足自己关心点的程度）为纵坐标，定义了冲突行为的二维空间，并组合成五种冲突处理策略，即竞争（坚持己见，不合作）、合作（坚持己见，合作）、回避（不坚持己见，不合作）、迁就（不坚持己见，合作）和妥协（中等程度的坚持己见，中等程度的合作），如图4-4所示。

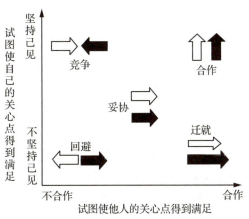

图4-4 托马斯-基尔曼的冲突处理模式

（一）竞争策略

竞争策略又称强制策略，即为了自己的利益而牺牲他人的利益，它是一种"我赢你输"的策略。这种策略很难使对方心悦诚服，并非解决冲突的好方法。但当一方在冲突中具有占绝对优势的权力和地位，是否被对方接纳不是太紧要，或者有些重要议题存在时间压力，需要立刻解决时，竞争策略往往能发挥较好的效用。

（二）合作策略

合作策略是在高度的合作精神和坚持己见的情况下所采取的策略，它代表了冲突解决的双赢局面，即最大限度地扩大合作利益，既考虑自己的利益，又考虑他人的利益。一般来说，持合作态度解决冲突的管理者具有以下特点：认为冲突是一种客观有益的现象，处理得当会使一些建设性问题得到解决，并且相信冲突双方在地位上是平等的，每个人的观点都有合理性，要创造性地解决冲突问题，突破固有的思维框架，整合双方利益。

（三）回避策略

回避策略是指既不合作又不坚持己见，将自己置身于冲突之外，忽视冲突双方之间的差异，或者保持中立态度的策略。在这种策略下，当事人不关心事态的发展，对自己的利益和他人的利益均无兴趣，回避各种紧张和挫折的局面。回避方法可以避免问题扩大化，但常常会因为忽略了某种重要的看法使对方受挫，易遭对方非议。

（四）迁就策略

迁就策略又称克制策略，即当事人为了满足他人的要求，而牺牲了自己的利益。通常，迁就策略是为了从长远角度出发换取对方的合作，或者是屈从于对方的势力和意愿。

（五）妥协策略

妥协策略又称谈判策略，即通过一系列的谈判、让步、讨价还价来部分满足冲突双方的要求。当冲突双方势均力敌、相持不下，或者急于对某些议题取得一个暂时的解决方案，或者面对很大的时间压力时，妥协策略可能为最佳策略。

当然，没有一种适合任何情况的、理想的冲突解决策略，使用哪种策略要视具体情况而定。

小知识

非暴力沟通

马歇尔·B. 卢森堡（Marshall B. Rosenberg）发现了一种沟通方式，依照它来谈话和聆听，能使人们情意相通，和谐相处，这就是"非暴力沟通"。卢森堡由于在促进人类和谐共处方面的突出成就，于 2006 年获得了地球村基金会颁发的和平之桥奖。卢森堡早年师从心理学大师卡尔·R. 罗杰斯（Carl R. Rogers），后来他发展出极具启发性和影响力的非暴力沟通的原则和方法，不仅教会人们如何使个人生活更加和谐美好，而且解决了众多世界范围内的冲突和争端。非暴力沟通被联合国教科文组织列为全球正式教育和非正式教育领域非暴力解决冲突的实践之一。

非暴力沟通强调我们对自身的感受、行为及对他人做出反应时的选择负责，以及如何致力建立协作性的人际关系。它们包括：区分观察和评论，能够不带预设地仔细观察正在发生的事情，并具体指出正影响我们的行为和事物；区分感受和想法，能够识别和表达内在的身体感觉和情感状态，而不包含评判、指责等；体会与正发生的事情和感觉相关的需要——所有人共通的需要（如食物、信任、理解等）——是否得到满足；提出具体、明确的请求（要什么，而不是不要什么），而且确实是请求而非要求（希望对方的行为是出于由衷的关心，而不是出于恐惧、内疚、惭愧、责任等）。卢森堡认为，当我们专注于澄清彼此的观察、感受、需要和请求，而不是分析和评判，我们将发现自己内在的慈悲；通过强调深入的倾听——倾听我们自己及他人，非暴力沟通有助于促进相互尊重、关注和理解，进而引发双方互助的愿望。

案例分析

苏州轨道交通指挥部征地动迁组的沟通机制

城市轨道交通建设是一个庞大的系统工程，牵扯到多个部门与利益团体，为了保证轨道交通项目建设成本和进度得到有效控制，应制定相关政策，以协调不同单位、个人的利益冲突。

苏州轨道交通外部协调工作主要集中在项目报批、征地动迁、交通土方运输等方面，需要各级政府、各职能部门的配合与支持，随着线路建设增多，市轨道交通集团前期协调单位也随之倍增。针对在建项目面广量大、接口繁多、时间紧迫、任务艰巨，社会各界的关注越来越高，群众的法治意识和维权意识越来越强的情况，为了更好更快地推进苏州轨道交通建设，贯彻落实市委、市政府建设"轨道上的苏州"战略部署，2019年10月，经市指挥部批准，指挥部征地动迁组再次成立，以突出政府部门、企业互联互动作用，起到事半功倍的效果。

指挥部征地动迁组按照市指挥部要求，组织协调各区指挥部开展轨道交通征地动迁及地块协调工作；负责组织对轨道交通工程建设中遇到的征地动迁政策、处理方式进行讨论和科学决策；对各区指挥部征收实施办法、实施细则进行指导和把关，规范操作程序；开展各区指挥部半年度考核和奖励分配工作；负责对征地动迁重大问题进行初审，并报市指挥部决策。

指挥部征地动迁组由市住建局（征收办）牵头，市财政局、市财政投资评审中心、市自然资源和规划局、市土地储备中心、各区指挥部和市轨道交通集团相关负责人组成；定期召开例会，研究解决重大前期工作问题，会议纪要经指挥部副总指挥审核后，报副市长、总指挥签发，作为执行依据。2020年7月29日，指挥部第75次会议审议完善指挥部征地动迁组例会运作机制。一是由征地动迁组组长（市征收办副主任）召开征地动迁组例会，每两个月召开一次，特殊情况可临时召集，会议纪要由指挥部副总指挥（市政府分管副秘书长）签发；二是市轨道交通工程建设指挥部征地动迁组协调范围不包括各县级市。

指挥部征地动迁组自成立以来，积极履职，加快推动轨道交通前期工作，协调解决了15个重大事项。

（资料来源：苏州市轨道交通集团有限公司内部资料）

案例思考题：
结合案例材料，分析苏州轨道交通指挥部征地动迁组沟通机制的优缺点。

项目训练

【训练内容】企业的沟通方式及其改进建议。

【训练目的】通过对企业的实地调研，进一步加深学生对沟通方式的理解。

【训练步骤】

1. 学生按5人组成一个小组，以小组为单位，选择一家本地著名企业作为调研对象。

2. 事先收集和整理该企业的业务内容、新闻报道等相关资料，梳理该企业的沟通方式及其存在的问题。

3. 结合调研资料进行小组讨论，并提出该企业沟通方式的改进建议。制作PPT及电子文档，完成实训报告。实训报告格式如下：

_____实训报告					
实训班级：		项目组：		项目组成员：	
实训时间：		实训地点：		实训成绩：	
实训目的：						
实训步骤：						
实训成果：						
实训感言：						
不足及今后改进：						
项目组长签字：			项目指导教师评定并签字：		

4. 班级小组讨论与交流，教师总结和点评并进行成绩评定。小组提交实训报告。

自 测 题

1. 简述沟通的要素。
2. 沟通中的障碍有哪些？如何在沟通中克服这些障碍？
3. 沟通的主要形式有哪些？
4. 有效沟通可采取哪些措施？
5. 冲突抑制的策略有哪些？
6. 沟通技能测试：你对管理沟通给予足够的重视了吗？

对于下面的每一个问题，请选择一个恰当的数字进行描述：

1：非常不符合；2：比较不符合；3：基本符合；4：比较符合；5：非常符合。

（1）我会与同事因意见不合而起争执、闹矛盾。_____

（2）我常会因不懂礼节而被别人提醒、教导。_____

（3）我不是很清楚电子邮件、通知、书信有怎样的规范。_____

（4）我常常不知道该如何与不熟悉的人打开话题。_____

（5）在团队任务中，我常常保持沉默。即便内心有想法，也会犹豫不决，难以表达。_____

（6）一场会议结束后，即使我有困惑，也很少主动去询问别人。_____

（7）我害怕在公共场合表达自己的想法。_____

（8）我常会在与人沟通的过程中感到紧张或窘迫。_____

【得分与解释】

将你填写的所有数字加总得到你的测试分数。

分数越高，说明你日常生活中的沟通积极性和得体性越低，越需要重视沟通。如果你在日常生活中常常遇到各种麻烦，不妨从每一次沟通开始回忆、复盘，这或许可以帮助你积累很多宝贵的经验。

【延伸阅读】

卢森堡. 非暴力沟通 [M]. 阮胤华，译. 北京：华夏出版社，2018.

项目五　时间管理能力

【学习目标与要求】

1. 理解时间管理的概念、计划阶段及其意义
2. 了解时间管理的发展过程
3. 理解时间管理的基本程序和方法
4. 掌握提高时间利用率的方法

苏州轨道交通项目进度管理

项目进度管理是指通过科学的方法确定进度目标，编制进度计划和资源供应计划，进行进度控制，在与质量、费用目标相协调的基础上，实现工期目标。城市轨道交通建设项目进度管理的主要目标是在规定的时间内，制订出合理、经济的进度计划，在该计划的实施过程中，检查实际进度与计划进度是否一致，保证项目按时完成。

项目进度管理包括两部分内容，即项目进度计划的编制和项目进度计划的控制。项目进度计划是表达项目中各项工作的开展顺序、开始和完成时间及相互衔接关系的计划，是进度控制和管理的依据。

一、项目进度计划的编制

在项目实施之前，必须先制订出一个切实可行的、科学的进度计划，然后再按进度计划逐步实施。项目进度计划的制订一般包括收集信息资料、进行项目结构分解、估算活动时间、编制进度计划等几个步骤。

以苏州轨道交通建设有限公司（以下简称"建设公司"）为例，参考以往线路的施工时间并结合苏州地质等多方面因素，制定并完善主要工序施工进度指标，分土建工程施工和机电工程施工两大类，基本涵盖了围护结构、基坑土方、主体结构、附属施工、

盾构掘进、旁通道施工及机电安装、供电系统、通信通号等主要工序。

（1）总体计划：分线路总体施工计划和标段总体施工计划。线路总体施工计划，在全线车站土建施工全面展开后，由建设公司相应的条线领导牵头编排。标段总体施工计划，组织各标段根据施工进度指标的要求，细化编制全过程施工进度计划，进一步突出节点目标、细化任务安排，形成各线路主要节点工期计划白皮书。

（2）年度计划：结合主要节点工期计划，每年细化编制当年度施工进度计划白皮书，细化至各月的施工目标，起止时间为1月1日至12月31日（新开工项目为开工日期至当年12月31日，当年完工项目为1月1日至竣工日期）。当年开工的，在开工前申报；施工期间，于每年12月底申报。

二、项目进度计划的控制

在项目进度管理中，制订出一个科学、合理的项目进度计划，为项目进度的科学管理提供了可靠的前提和依据，但是在项目实施过程中，外部环境和条件的变化往往会造成实际进度与计划进度发生偏差，如果不能及时发现这些偏差并加以纠正，项目进度管理目标的实现就一定会受到影响。因此，必须实行项目进度计划的控制。以建设公司为例，主要有以下措施。

（一）计划管理会议

进度控制管理应形成会议制度：年度计划管理会议由建设公司领导组织相关单位人员召开，对当年度进度计划执行情况进行总结，并对下一年度施工计划进行安排；月度计划管理会议由各项管部结合月度例会，定期组织召开。施工单位就当期施工计划及工程变更执行情况进行汇报；监理单位、项管部对影响进度计划执行的因素进行分析、协调，研究解决方案。其他计划管理会议根据建设公司要求组织召开。

（二）进度计划考核

每月初统计在建项目进度计划执行情况，抽查部分标段现场情况（每季度抽查覆盖所有施工标段），主要对施工单位工程产值完成情况、现场形象进度情况、施工计划保障措施等进行专项检查，并按评分细则评分，每月形成进度考核简报，分析当前进度总体情况及明确下一阶段目标和任务。每年年末结合四个季度的考核评分，整理汇总后形成各施工、监理单位年度考评成绩。

（三）其他进度管控措施

一是科学编制进度计划。完善施工进度指标，实现"土建+机电"核心工序全覆盖，提高进度控制精细化程度。对照总体工筹，充分摸排影响施工进度的因素，及时调整和优化施工计划，细化分解任务至各标段。发挥计划的龙头作用，带动现场施工组织优化，全面形成挂图作战、紧盯目标、责任到人的浓厚氛围。

二是严密跟踪计划落实。一方面，在计划执行过程中，定期开展进度计划考核，动态分析各部门、各标段进度计划执行情况，跟踪年度任务目标"进度条"，并依托进度

管理能力提升

考核简报、计划分析表、月度办公会议等手段，准确反映并集中力量解决制约工程推进的重难点问题；另一方面，依托市指挥部工作机制，围绕管线迁改、土方外运、资金保障等重点问题，同各区轨道交通工程建设指挥部建立共同推进机制，研判解决方案，进一步扫清障碍。

三是积极营造冲刺氛围。定期开展劳动竞赛，鼓励施工单位调配精兵强将，发挥党员先锋模范作用，协调利用各方优势资源，优化和创新施工管理措施，推动现场工程取得新进展，创造良好施工环境，形成"比学赶超"生动局面。

（资料来源：苏州市轨道交通集团有限公司内部资料）

案例思考：

结合案例材料，分析苏州轨道交通项目进度管理的优缺点。

任务一　认知时间管理

一、时间管理概述

时间管理是指通过事先规划和运用一定的技巧、方法和工具实现对时间的灵活及有效运用，从而实现个人或组织的既定目标的过程。人类对时间管理的研究已有相当历史，美国著名管理学大师史蒂芬·R. 柯维（Stephen R. Covey）将时间管理划分为四代。

第一代时间管理——备忘时代。特点是强调利用便条和备忘录，在忙碌中调配时间和精力，以保证不遗忘某些工作，并合理安排现有工作，避免引起混乱。优点是确保重要事情不被遗忘，而且每完成一件事情都能获得明显的成就感。缺点是比较随意，没有对事情的优先顺序进行判断，没有严谨的组织架构，做事缺乏效率，比较注重眼前，缺乏整体或长远规划，所做之事可能不符合人生的大目标。

第二代时间管理——计划时代。特点是强调通过工作计划表和日程表来安排时间，即在所有要做的工作开始之前，把清单列出来，在每一项工作开始之前定一个完成期限。一般要制订短期、中期和长期计划，此时已经注意到对未来时间的规划问题。优点是事先做好计划，将时间安排逐步条理化，具有追求效率的意识，工作效率明显提高，并结合未来，做到未雨绸缪。缺点是仍然没有对事情的轻重缓急进行判断，虽然有计划，但是计划的方向不一定正确，有时计划跟不上变化，很可能出现费力不讨好的现象。

第三代时间管理——效率时代。特点是特别注重工作的优先顺序，即按照事情的轻重缓急来设定短期、中期和长期目标，再逐日制订实现目标的计划，科学地分配与利用有限的时间和精力，争取最高的效率。优点是严格按照轻重缓急来对待各项工作，完成工作的效率极高。缺点是工作至上，拘泥逐日规划行事，缺乏灵活性，视野不够开阔，经常疲于奔命。

第四代时间管理——价值时代。特点是强调个人的自主管理和个人价值的实现。将重点放在提升个人的生活和工作品质上，强调以价值为中心，以角色为导向，帮助平衡在工作和生活中所扮演的不同角色，全盘规划日常生活，实现自我价值。优点是充分遵循人比事情重要的原则，接受内心良知的指导，针对个人独有的使命，将重心放在维持产出与产能的平衡上，每一天的时间安排都围绕着个人的价值观和长期目标进行。缺点是并非每个人都清楚自己的使命、价值观和长期目标，也不是所有人以原则为中心去面对生活和工作中的一切，所以不少人对于这种时间管理方式无所适从。

二、时间管理的计划阶段

尽管每个人的生活和工作环境不尽相同，时间管理的方式也有所不同，但是一项时间管理计划通常应包括以下阶段。

（一）分析工作任务

首先，你必须清楚地了解你自己及你所在部门和组织的目标，由此可以确定你当前所要做的事情和努力的方向。你可以编制一张时间表，记录你如何在特定的时间段内安排你的时间。对此时间安排做出评估，看看这样的安排是否明智和恰当，哪些地方应该做出改进。

（二）安排工作顺序

确定好工作任务后，接下来是将你的工作任务按照重要性和紧迫性排列好优先顺序。你可以采用日志的方式记录下未来几天、几周、几个月所安排的活动，也可以编制一张活动项目表，提醒自己，检查并监控你的进度。

（三）合理授权

任务分派在时间管理中具有关键作用。毕竟，其他人也可以做很多事情，也能把事情做得一样好，由此可为你节省许多宝贵的时间。在时间管理中，你需要充分理解这一点，包括它的好处和弊端。如果条件允许，你应该在适当的时候挑选一些工作分派给某些员工。在这个过程中，你可能要克服一些特殊困难，以保证这些工作能够按时保质地完成。

（四）处理文案

文案处理是一项十分费时的工作，会对时间管理计划的执行构成严重威胁。你应该合理安排你的工作时间，以便有效地处理文案。重要的是你要学会如何高效地书写和阅读，尽可能快速地处理各种文案。这里有一个技巧，就是了解何时利用电话来替代书写和阅读。

（五）应对会谈

你要很清楚在与同事的交往中该做什么，不该做什么。例如，待人要礼貌、友善，但不能在走廊里漫无边际地与人聊天浪费时间。你必须能够成功应对各种非正式的谈话，如在喝咖啡和吃午饭的时候。更为重要的是，你要做好正面应对部门内部和与上级的各种正式会谈的准备。

（六）控制费时活动

你必须意识到身边有许多浪费时间的活动，并要有所准备。最为重要的是，你必须能够应对各种干扰，无论是来自人的干扰还是来自电话的干扰。有时候，你可能被叫去解决别人的问题。这时候，你应尽可能快速并高效地做完这些事情。其实，对于许多这类耗时的事情，我们完全可以控制，方法很简单，就是果断拒绝，这是实行时间管理所需要掌握的一种重要技能。

（七）利用空闲时间

当你的时间管理计划初见成效时，你可能会发现多了一些闲暇时间，特别是在一天的开始或结尾。这时，你应该思考一下，如何有效地利用这些时间。同样重要的是，你必须学会放松自己，享受自己的休闲时光。如果你平时工作努力且富有成效，值得为此休息一下，而且你也确实需要恢复精力，以为再次百分之百投入工作做好准备。

三、时间管理的意义

时间管理的意义包括以下几个方面，如图5-1所示。

图5-1　时间管理的意义

（一）时间就是生命

鲁迅先生说过，浪费别人的时间等于谋财害命，浪费自己的时间等于慢性自杀。时间是组成生命的元素，时间在流逝，生命也在流逝。这一点一滴的时间就累积成了人生。假定一个人可以活80年，在这80年中，睡觉就占了30%的时间，还要减去读书成长的20年和退休后的时间，剩下可供我们工作的时间非常之少。一个人的生命是有限的，如果不能利用这有限的时间去创造价值，那么生命就会失去意义。因此，每个人都应该清楚地认识到时间的重要性，珍惜时间，对自己的时间进行有效的管理，不仅是对自己的尊重，更是对人生的负责。

（二）时间就是财富

人们常说"年轻就是资本"，为什么呢？年轻就是还有时间，而这些时间就是一笔宝贵的财富。每个人每天都有 24 小时，只要能合理地利用这些时间，朝着自己的目标去学习、去奋斗，就可以创造出名誉、地位、金钱等更多的财富。而实际上，人们通过有效地利用时间获得成功的这个过程，也是一笔非凡的精神财富，它会使人们了解到如何有效地利用每一分每一秒，才能朝着期望的方向稳步前进。

（三）时间就是效率

每个人的生命都是有限的，假设每个人的生命都为"1"，我们都希望能在这"1"单位的时间里创造更大的价值。有的人勤恳努力铸就辉煌，有的人浑浑噩噩虚度光阴。所以，合理、有序地利用自己的时间就体现了一种效率。

在企业管理中，"时间就是效率"也受到极大重视。如何利用时间、管理时间，这一点对于管理者来说尤为重要。工作是永远做不完的，但时间是有限的。如何使单位时间的产出更多，就体现了"效率"的差异。在激烈的市场竞争中，时间就是潜在的资本。有效地利用时间、管理时间，是提高效率的关键，也是赢得竞争的本源。

（四）时间就是商机

企业要想在激烈的市场竞争中取得胜利，一定要懂得"时间就是商机"这个道理。延误时间、痛失良机有时不仅仅会失去利润，甚至可能使竞争地位、竞争优势产生翻天覆地的变化。在高速运转的市场环境中，企业只有当机立断、抓住时机，才能在市场竞争中独占鳌头，将时间转化为优势和效益。

时间管理对于每个人都非常重要，对于企业的重要性更是不言而喻。有效的时间管理，可以让人发挥所长，摆脱消耗大量体力、精力及不利于心灵成长的事情，激发出更多的工作热情和获得更好的工作成果；可以为企业营造有效的工作氛围，为企业提高效率、增加收入打下坚实的基础。

任务二　时间管理的程序及方法

一、时间管理的发展过程

时间管理的发展过程分为以下三个阶段。

(一) 自然管理阶段

自然管理阶段是时间管理的初级阶段。在这一阶段，计时工具尚未发明，人们对时间的认识是从日升日落、万物枯荣中得来的。17 世纪，钟表的诞生使人们对时间有了进一步的认识。人们可以利用钟表来记录时间，但由于钟表的指针循环往复地做着类似的圆周运动，人们错误地将时间理解为一种无限重复的圆形运动。在自然管理阶段，人们对时间的管理仅限于适应性的、不自觉的、非定量的管理。

(二) 科学管理阶段

随着人们对世界的认识越来越深入，人们对时间的管理也开始进入科学管理阶段。在这一阶段，技术水平和经济水平都有了较大的提升，人们对时间的认知已不再局限于重复的圆形运动。人们开始意识到，时间具有不可逆转性、单向性等特点。20 世纪初，爱因斯坦从相对性这一角度出发，将时间分为"过去""现在""将来"，从而使人们对时间有了更为量化的认识。在这一阶段，时间管理的研究和科学管理的实践有了较快的发展。

弗雷德里克·W. 泰勒（Frederick W. Taylor）作为科学管理之父，首次将时间与管理联系起来。他通过秒表测定并制定出一套标准化的作业时间，从而避免了操作中的时间浪费，提高了工作效率。这一事件标志着时间管理取得突破性进展。

(三) 现代管理阶段

随着人类认识水平的大幅提升，人们对时间管理的理解和研究也更加深入透彻。科学化、定量化成为现代时间管理的主要特点。人们开始将系统理论、数理科学理论等应用到对企业时间和效率的研究中，通过对现实问题建立模型来寻找最优解决方案，以实现目标。

这些理论的发展标志着时间管理进入了现代管理阶段，并促进时间管理的持续快速发展。如今，时间已经成为现代管理的重要内容。

二、时间管理的基本程序

(一) 制订时间计划

如果没有制订符合自身情况的时间计划，就容易在利用时间时找不到重点，或者遗忘事项，或者缺乏目标导向。虽然看起来每天都很忙碌，但实际上耗费了大量时间在与目标毫无关联的事务上，这无疑是对时间的浪费。因此，想要做好时间管理，首先要制订合理的时间计划。

(二) 确定浪费时间的因素并列出应对策略

检查时间的使用情况，并确定浪费时间的因素。针对每一种浪费时间的因素，思考合适的应对策略。对制定的策略进行尝试，保留切合实际的那些策略。

（三）审核目标

审核个人的工作目标是否与组织的战略、目标、部门的任务及岗位职责相适应。考虑每一目标安排的优先顺序、时间资源分配和完成期限。

（四）将目标分解成可管理的任务

采用大树分解法，将工作目标分解成需要完成的多层任务，在此基础上制订自己的年度、半年度、季度、月度、周工作计划。根据任务对首要目标的支持程度，给每项任务设定优先顺序，对所有任务进行排序。

（五）实施计划

带上待办事项清单，需要时对照查询，以保证至少完成了当天的首要任务。在一天结束时，对计划进行复核。奖赏自己按计划完成了某些任务，并在一周剩下的时间内对计划进行必要的调整。

实施计划时，需要注意以下几点：

（1）集中精力。

（2）学会"一次性处理"或"即时处理"。

（3）关注他人的时间。

（4）有效控制干扰。

（5）提高沟通技巧。

（6）处理好书面工作。

（六）评估计划并进行调整

在使用相关辅助工具安排好一个月的时间之后，监督自己的执行情况及其所带来的结果。向自己提出以下问题：

（1）你能完成为一周设定的任务吗？

（2）为了实现目标，你正在取得进展吗？

（3）不做某些事情会有什么后果？

（4）你在回避浪费时间的情况吗？

（5）这是你能坚持的计划吗？

如果你在按时完成任务方面有困难，可以让你的领导、同事和下属提供反馈意见。采纳他们的意见，不断改进自己的工作，并根据你的分析调整自己的计划。

三、时间管理的方法

（一）计划管理

计划包括日计划、周计划、月度计划、季度计划、半年度计划、年度计划等。时间管理的重点是待办单、日计划、周计划、月度计划。

待办单是将每日要做的一些工作事先列出一份清单,排出优先次序,确认完成时间,以突出工作重点。要避免遗忘,尽可能做到今日事今日毕。待办单的主要内容包括非日常工作、特殊事项、行动计划中的工作、昨日未完成的事项等。使用待办单时应注意,每天在固定时间制定待办单,只制定一张待办单,完成一项工作划掉一项,待办单要为应对紧急情况留出时间,每天坚持。

每年年末制订下一年度的工作规划,每季季末制订下一季度的工作规划,每月月末制订下一个月的工作计划,每周周末制订下一周的工作计划。

(二) 时间管理四象限法

时间管理四象限法是柯维提出的一个时间管理理论,即把工作按照重要性和紧急性的不同程度分为四个"象限":既重要又紧急、重要但不紧急、紧急但不重要、不紧急也不重要,如图5-2所示。

图5-2　时间管理坐标体系

按照时间管理四象限法,我们可以从重要性和紧急性两个维度对每天面对的各种事务进行衡量,排定处理的先后顺序,以提高工作效率。下面是对四个象限的具体说明。

1. 第一象限:既重要又紧急

这个象限包含的是一些既重要又紧急的事情,如重大项目的谈判、重要的会议工作、财务危机、客户投诉等。这类事情具有影响的重大性和时间的紧迫性,无法回避也不能拖延,必须首先处理、优先解决。这是考验我们的经验、判断力的时刻,也是可以用心耕耘的园地。这个象限的本质是缺乏有效的工作计划,导致本处于第二象限(重要但不紧急)的事情转变为第一象限(既重要又紧急)的事情,这也是传统思维状态下的管理者的通常状况,就是"忙"。

2. 第二象限:重要但不紧急

这个象限的事情不具有时间的紧迫性,但是具有重大的影响,对于个人或企业的生存与发展及周围环境的建立和维护都具有重大意义。这类事情包括长期的规划、问题的发掘与预防、参加培训等。这类事情看起来不紧急,但由于具备重要性属性且有一定的时间限制，如果置之不理、听之任之，在未来的某个时刻可能发展为既重要又紧急的事情，从而使第一象限日益扩大，使我们承受更大的压力，在危机中疲于应对。反之，多投入一些时间在这个领域有利于提高实践能力，缩小第一象限的范围。

3. 第三象限：紧急但不重要

这个象限的事情紧急但不重要，通常都是一些小事，但是来得又很紧急。这类事情具有很大的迷惑性，如来了一个紧急电话、领导临时安排了一项工作、突然到访了一位朋友、不必要的邮件或短信回复等。这个象限的事情让我们产生"这件事情很重要"的错觉，实际上就算重要也是对于别人而言的。如果我们认识不清，很可能将这些事情当成既重要又紧急的事情处理，浪费了自己的宝贵时间，满足的却是别人的期望与需求。

4. 第四象限：不紧急也不重要

这个象限的事情没有时间的紧迫性，也没有任何的重要性，大多是些琐碎的杂事，如发呆、上网、打游戏、闲聊、游逛等。这类事情纯粹是在消磨和浪费时间，所以根本不值得花太多时间在这个象限。

根据"二八定律"，20%的事务起决定性作用，80%的事务起辅助性作用。由此可见，要保障第一象限有足够的时间，办成更重要的事情，因此，要确保有"20%"的关键性事务稳定在第一象限，第二、三象限分担更多日常性的重要事务，确保事务有序推进。

（三）莫法特休息法

据研究，如果人的脑力和体力长时间持续投入同一项工作，大脑活动能力就会减弱，从而使人感到疲劳、精神涣散。但如果我们在中途改变工作的内容，就会产生新的"兴奋灶"，这样身体就能得到有效的调节和放松。莫法特休息法就运用了这样的原理，它是指为了避免长时间工作导致精力不济，影响工作效率，我们可以通过变换思考模式、变换思考角度或用动静交替的方法来调节精力节奏。

莫法特休息法是詹姆斯·莫法特（James Moffatt）提出的，他工作时会在书房里放三张桌子，第一张桌子上放的是正在翻译的译稿，第二张桌子上放的是正在写的论文稿，第三张桌子上放的是正在创作的侦探小说稿。他就这样从一张桌子到另一张桌子，因为工作的性质不同，他用这种方法在长时间的工作中主动调节自己的精力节奏，既没有停止工作，又不会出现难以克服的精力匮乏。

通常，教师会建议学生在复习功课的时候，交替复习抽象的数理化科目与形象的文史类科目，两者不同的思考模式可以避免大脑疲劳。工作中同样可以借鉴这样的思路，将规划类任务与操作类任务交替进行，将沟通类任务与思考类任务交替进行，将项目类任务与事务类任务交替进行，这样做能够缓解大脑的压力，帮助我们保持精力充沛。

管理能力提升

小知识

时间管理的"20分钟法则"

"20分钟法则"是指将任务分成若干个20分钟,在每一个20分钟内高度集中精神,20分钟后停止并休息一下。如此反复,直到任务完成为止。

研究表明,成年人的注意力大约只能持续40分钟甚至更短。因此,针对专注力差的人,20分钟法则可以在短时间内帮助他们专注于工作,有效提高工作效率。在处理一项工作时,将20分钟作为一个时间段,在此期间屏蔽一切干扰,如关掉手机、电脑,专心处理工作,20分钟后停下来休息一下,然后开始第二个20分钟,直到整项工作完成为止。

20分钟法则的用法如下:

坚持20分钟,你就会进入状态。

专注20分钟,你的效率就会提高。

努力20分钟,你会变得不一样。

休息20分钟,给自己一个更好的状态。

在此法则之下,还可以进行无限扩展。总之,让20分钟法则成为你的工作习惯,你的专注力就会得到显著改善,同时工作效率也会提高。

当然,根据每个人专注时间长短的不同,也可以设置为15分钟、25分钟、30分钟等不同时间段。

[资料来源:Brent. 时间管理从入门到精通:如何击败99%的人[M]. 北京:北京大学出版社,2017:197-198. 有改动]

任务三 提高时间利用率

提高单位时间的利用率,即通过提高利用时间的质量来赢得时间,从而以质量胜过数量,这是时间运筹艺术中的精华。提高时间利用率可以通过以下几种方法来实现。

一、时间盒管理法

很多高效能人士面对的工作任务非常繁杂,他们对时间的规划往往会精确到每一个小的时间单位,检视每一个时间单位的利用情况,强制规定完成任务的时间,所以他们的工作节奏更加紧张,浪费时间的可能性较小。时间盒管理法是指在具体实践中,将时间分装在无数个"时间盒子"里，比如以 10 分钟为一个时间盒子，然后规定每项任务需要多少个时间盒子来完成，并在规定时间内完成。这种时间管理法的精髓在于，它不是按照时间顺序来安排任务，而是强制规定完成任务的时间，用任务来反向"约束"时间。

时间盒管理法的具体操作方法及需要注意的问题有以下三个方面。

（一）任务优先，为待办事项设定时限

对于需要应对繁杂且不断变化的工作的人而言，他们常常会遇到猝不及防的情况，比如任务一延误就会影响任务二；提前完成任务一，可能要等一小时才能进行任务二……在面对这些突发情况时，看似井井有条的线性计划，就显得有些脆弱。而时间盒管理法为未来需要执行的每项任务设定了明确的时限，比如任务一要在 15 分钟内完成，任务二要在 10 分钟内完成。这样一来，我们关注的焦点就不再是什么时刻做这件事，而是做这件事要花费多长时间。

当然，时间盒子切分得很细致，以 10 分钟为单位安排日程，直接把一天的时间切分成了几十个时间盒子。我们也可以根据自己的能力来设定任务完成时限。

（二）缩短时限，不要设置宽松的截止时间

管理学中有一条帕金森定律（Parkinson's Law），这条定律指出工作会占满一个人可用的所有时间。也就是说，大多数人并不会自觉地在截止时间之前结束任务，我们为任务分配的时间越多，完成任务花费的时间也就越多。例如，查资料原本只需要 30 分钟，我们却给这项任务安排了半天的时间，结果很可能真的花了半天的时间才完成。

"截止时间才是第一生产力"，给每项任务安排最少但足够的时间，就能让自己时刻处于截止时间临近的紧迫情境中，在这样的状态下工作效率最高。任务范围可以调整，但截止时间不可以随意变化。缩短任务时限可以减少我们在现实生活中常见的无谓耗时，比如会议时间原定为半小时，却因某个议题的讨论时间过长而超时。但是，如果我们强制要求会议在半小时内结束，这项议题通常也会得出结论，并不会有过多的僵持。

（三）灵活弹性，不需要按照顺序完成任务

灵活弹性方法是指我们在完成任务以后，可以立刻开始下一项最适合进行的任务，而不一定是任务清单上排第二的任务。有些任务看上去难度不高、耗时不长，其实可以见缝插针地利用碎片时间来完成，但很多人并没有这样的意识。例如，我们常遇到这样的情况——按照线性时间表，完成一项任务后，还有 10 分钟就到午餐时间了，而计划表中的下一项任务预计耗时 20 分钟。这时候，大多数人会直接放空大脑，殊不知，正是这样的习惯让我们在不知不觉中浪费了许多"小段"的时间，这样的时间积累在一起足以完成重要的任务。此时，使用时间盒管理法就会有这样的好处——我们可以立刻调取下一项可以在 10 分钟内完成的任务，这样整体的工作效率会比其他人高。

二、番茄工作法

番茄工作法是由弗朗西斯科·西里洛（Francesco Cirillo）在 20 世纪 80 年代创立的。西里洛在上大学的头一年，一直苦于无法专注学习，于是他问了自己耻辱感十足但帮助性也十足的问题："我能学习一会儿吗？真正学习 10 分钟？谁来帮我计时呢？"他找到了一枚厨房计时器，形状酷似番茄，这个计时器帮助他逐渐从专注 2 分钟，到 5 分钟、10 分钟，甚至更长的时间。后来，他将这种方法写在《番茄工作法》一书中，使之流传开来。

简单地说，番茄工作法就是将一项工作或学习任务分配到 n（$n \geq 1$）个"番茄钟工作区间"来完成。通常情况下，一个番茄钟工作区间被定义成不间断的 25 分钟。在每两个番茄钟工作区间之间，可以给自己安排 5 分钟的休息时间。在一个番茄钟工作区间内，使用者只可以选择完成一项任务，不做与这项任务无关的事情，直到番茄钟倒计时结束，响起铃声。每连续完成 4 个番茄钟工作区间，就可以多休息一会儿，比如休息 15～30 分钟。

番茄工作法的操作可分为计划、执行、应对中断、休息、记录五个步骤。下面以大家常遇到的问题——如何专注阅读图书为例来讲解。

（一）计划

选好一本准备阅读的书后，先花几分钟思考一下通常你能坚持的最长阅读时间是多少分钟，然后为其分配好番茄钟工作区间的数量，比如阅读 50 分钟，就是 2 个番茄钟工作区间。

在这个阶段，要量力而行，如果以往的阅读时间都比较短，或者已经很长时间没有阅读了，那么建议先以 1 个番茄钟工作区间开始训练阅读时的专注力，也就是每天只进行 25 分钟的训练，这样就不会因压力过大而导致执行困难。

（二）执行

大多数人可以较轻松地在 1 个番茄钟工作区间内保持基本的专注，即使在这个过程中偶尔分神，也不用太在意，第二天继续保持 1 个番茄钟工作区间的训练即可。

在这个阶段，建议不要急于给自己增加难度，如果连续几天在番茄钟的倒计时铃声响起时，你都还舍不得放下书，你就可以增加训练的时长了。毕竟，专注力训练就像肌肉训练一样，无法一蹴而就。

（三）应对中断

执行时总是被打断怎么办？如果不得已中断了番茄钟工作区间，我们也不必懊恼，只需要如实地将中断的次数和原因记录下来。"番茄 ToDo"等 APP 就提供了这样的功能，只要执行被中断，就会有用以记录原因的弹窗。如果是在容易被打扰的环境中使用番茄工作法，可以戴上耳机，尽量避免他人打断你的执行。

（四）休息

我们进入多个番茄钟工作区间的训练阶段后，就要在每一个番茄钟工作区间结束后，停下来休息 5 分钟。不过，在休息时尽量不要看手机，尤其不要刷剧或浏览购物类 APP，如果这样，不但不能让大脑和眼睛得到休息，还很容易因沉迷其中而影响下一项任务的完成。

即便觉得状态良好，也不要节省休息的时间，有意识地安排在番茄钟工作区间之间休息，能将一些诱惑进行"碎片化"处理，反而有助于我们增强抵御一些诱惑的能力。有时候，即便我们看上去还不需要休息，但由于长时间集中注意力，大脑已经处于疲劳状态，专注力也开始走下坡路，如果不休息，反而有悖于我们提升专注力的初衷。

（五）记录

最后，请不要忘记一个关键步骤——记录，比如记录自己一天总共完成了多长时间的阅读任务，其中有多少是计划内的，有多少是根据自己的状态临时增减的。通过记录，我们可以及时对自己利用番茄工作法进行专注力训练的效果进行复盘，比如阅读多长时间会开始分神，一天中哪些时间段的阅读效率最高，在怎样的环境中阅读会更容易保持专注，等等。

上述番茄工作法的五个操作步骤适用于工作与生活中的大多数情境，其目的是让我们从一个番茄钟工作区间开始，毫无压力、循序渐进地不断专注于具体的任务，经过长时间的实践获得专注力的整体提升，直到不再需要借助于工具。

三、按质用能法

所谓按质用能法，就是指按照人一天当中的精力状况来安排适当的工作。例如，可以把一个工作日分为以下三段：第一段是 8—14 点，这段时间用来做最重要且较为消耗脑力的工作；第二段是 14—18 点，这段时间用来做比较轻松的工作，如做各种笔记等；第三段是 18—24 点，这段时间用来参加一些会议或看书。这套方法就称为"按质用能法"。

研究表明，人在一天当中不同的时间里拥有不同的精力状况，因为大脑皮质细胞对外界刺激的反应能力在不同的时间是不同的。一般，在 9—13 点这个时间段内，人的大脑皮质的技能状态是最佳的，这时的工作效率最高，所以把重要的工作安排在这个时间段是比较合适的；这个高峰期过后，人的工作能力会逐渐下降，而到了 16—18 点又会有所回升，出现第二个高峰期。

但是，不同的人在相同时间段的工作效率是不同的，如何找到自己一天当中工作效率最高的时间段，需要我们不断摸索，认真分析自己的生活习惯和规律。表 5-1 可以帮助我们判断一天当中哪段时间是最佳工作时间，从 A、B 两个答案中选择更符合自己实际情况的那一个。

表 5-1　最佳工作时间的判断

序号	题目	A	B
1	你愿意在什么时间锻炼身体	上班前	下班后
2	早晨，你宁愿	好好吃一顿早餐	多睡 15 分钟
3	星期六和星期天，你起床很晚	否	是
4	你每周的社交或娱乐活动多于两个晚上	否	是
5	早晨，你在闹钟响起之前起床	否	是
6	为了振奋工作精神，你需要喝几杯咖啡或茶	否	是
7	每到吃早餐和下班时，你都很高兴	否	是
8	你每月上班迟到次数多于两次	否	是

注：黎明的"百灵鸟型"最佳工作时间在中午 12 点前，其选 A 多于选 B；夜间的"猫头鹰型"最佳工作时间在下午或晚上，其选 B 多于选 A。

四、借力法

当下，工作外包已经是公司和个人节省时间、提高效率的绝佳方法。很多大公司都会将一些非核心业务外包出去，而自己专注于核心业务。比如，苹果公司就把近百道工序外包给其他厂商来完成，而自己专注于技术研发和品牌营销。个人也一样，我们的精力和能力是有限的，要想提高工作效率，就要懂得运用借力这一重要的时间管理思维。

所谓"借力法"，就是指为了节省更多时间去做自己喜欢做、擅长做且产出高的事情，而把部分工作授权给他人去做。如果你是一名管理人员，你需要懂得合理分配任务，而不是事必躬亲。事无巨细一把抓的领导大多工作得比较累，而且整个团队的工作效率并不高，下属的成长也比较缓慢。

如果你是一名普通员工，你也可以将一些非核心的事务或一些短期的业务交给专业人才或机构，比如常见的让"跑腿"帮忙送资料、付费请人润色 PPT 或剪辑视频等。

但是，要用好借力法，首先要学会分辨哪些事情是自己必须做的，哪些事情是可以分配给他人去做的。在决定借力以前，需要先厘清以下三个问题：

第一，这件事情交给别人去做，结果会很差吗？我们有时会有一种错觉，认为现在自己在做的事情，换成别人来做一定不如我们自己完成得好、完成得快。我们如果在是否能够借力这个问题上举棋不定，可以试着反过来问自己："如果这件事情不是由我来做，结果会很差吗？"假如答案是否定的，或者虽然结果会有差异，但仍然在自己能接受的范围内，那么这件事情就可以交给别人去做，从而把时间节省出来用在更重要的事情上。

第二，这件事情交给别人去做，是否比我做得更专业？原则上，专业的事情应该交给专业的人去做。虽然我们需要为他人的专业能力及付出的劳力支付报酬，但比起自己去做并不擅长的事情，把这些事情交给专业的人去做，效率会更高。比如，打扫卫生这样的事情，请专业保洁人员来做，效果会更好；将日程安排交给秘书去做，她会安排得更细致周到；将广告海报交给设计人员去做，视觉效果会更好。

第三，这是一件需要重复做的事情吗？通常来说，只要这个问题的答案是肯定的，这件事情就应该授权给他人去做。因为重复性的事情变化不大、可控性强，即便有少许难度，我们也完全可以将自己掌握的方法和经验教给其他人。从短期来看，这样的借力会花费一些精力与金钱；但从长远来看，专注于最有价值的事情，才是对时间的高效利用。

五、电子静默法

在信息技术快速发展的时代，互联网帮助我们更快地获取资讯，给我们的工作和生活带来了极大的便利，但同时也造成信息泛滥。只要有网络，无论我们在哪里，信息都能持续"轰炸"我们的生活，但是大部分信息与我们的工作和生活目标并无关系，以至于浪费了我们的宝贵时间。因此，我们应该在必要时采用"电子静默法"，避免自己沉迷于大量无效的网络信息，从而将我们的时间与专注力聚焦到有用的信息上。

（一）固定上网浏览信息的时间

现代人不大可能切断与网络的连接，不过，除非你的工作要求你时刻关注手机信息，否则建议固定上网浏览信息的时间。比如，每天12∶00—13∶00可以随意浏览手机信息，其他时间只关注与工作有关的信息。这样一来，你会发现原来每天会漫无目的地玩好几小时手机，现在每天压缩到一两小时。而在这样的限制下，你无论是想浏览新闻，还是想购物，都必须目的明确，从而提高了获取信息的效率。

当然，刚开始你可能会不习惯，只要一会没看手机，就担心会错过重大新闻或别人的消息，心里像被猫抓似的难受。为了确保我们能真正执行自己的"固定上网时间"方案，我们可以在计算机或手机上安装一些时间管理类软件工具来辅助自己，使用时限一到，计算机或手机就会给出提醒，提示我们该停止浏览，去做点其他事情了。

（二）增加电子产品的接触障碍

很多人都有过这样的体验：在做事情的过程中一旦被打扰，再想回到专注状态，就至少需要花几分钟，这在无形之中浪费了宝贵的时间。因此，当我们要完成一项需要较长时间保持专注的工作时，最好将容易干扰我们的电子产品放置在自己不容易接触到的地方，离开了电子产品，大量的信息自然就不容易进入我们的注意力范围。

我们用来接触网络信息的首要电子产品是手机。研究表明，只要把手机放在我们的视线范围内，即便屏幕是黑的，也会使我们的专注力受到影响。

工作时，不妨将手机锁进办公室的抽屉中，这样要看手机，还得找钥匙开锁，就提高了拿到手机的麻烦程度。这会降低我们去找手机的频率，进而可以让我们免受手机信息的干扰，但又不会使我们错过重要电话。

如果你的工作场所是家中的书房，不妨将手机留在卧室里；在公共场所伏案工作时，手机可以放在包里，不要摆在桌面上。

有的人还会在手机上安装辅助电子产品"静默"的软件工具，这样只要设置了静默时间，除非关机重启，否则设置就不能被取消。在静默时间段内，只要手机开屏，它就会发出刺耳的鸣响，逼得你不得不放下手机，关闭屏幕。

固定上网浏览信息的时间和增加电子产品的接触障碍，目的都是减少信息的干扰。但是，我们也要明白，外界的干扰只是影响专注力的一方面因素，我们要想真正提升专注力，还应该学会其他一些方法，以帮助自己在工作和学习中快速进入专注状态。

小贴士

科学管理时间的几点建议

（1）明确目标。目标能最大限度地聚集你的时间，目标明确有利于节约时间。

（2）制订计划。写成清单，相信笔记，养成"凡事预则立"的习惯。

（3）设定先后顺序，分出轻重缓急。面对每天大大小小、纷繁复杂的事情，成功人士都用分清主次的办法来统筹时间。

（4）遇事马上做，现在就做。这是克服拖延习惯的好办法，因为拖延者的口头禅是"有空再做""明天再说"等，他们总会找借口将要做的事往后推，这是一种浪费时间的坏习惯。

（5）第一次做好，次次做好。要100%认真地工作，每次都做好，一次没做好，也就浪费了做这件事情的时间。

（6）专心致志，不要有头无尾。工作时，浪费时间最多的是时断时续的工作方式，不只停下来费时，重新工作时还需花时间调整情绪、思路和心理状态，才能在停顿的地方接下去干，而有头无尾更是明显的浪费时间。

（7）珍惜今天，当日事当日毕。制定每天的工作进度表，每天都有目标、有结果，做到日清日新。

（8）养成整洁和有条理的习惯。

（9）养成快速的节奏感。克服做事缓慢的习惯，调整你的步伐和行动。

（10）设定完成期限。有期限才有紧迫感，也才能珍惜时间。

（11）善用零碎时间。将零碎时间用于从事零碎的工作，从而最大限度地提高工作效率。比如，坐车的时间、等待的时间可用于学习、用于思考、用于简短地计划下一个行动等。充分利用零碎时间，短期内也许没有明显的感觉，但日积月累将会有惊人的成效。

[资料来源：曾莺，孙萍，王晋迎. 时间资本［M］. 北京：中国时代经济出版社，2002：64-65. 有改动]

 案例分析

京东物流的速度提升

从次日达到当日达再到半日达，京东物流的"快"已经深入用户心中。

一、京东物流的发展经历了三个阶段

早在2007年，京东集团就决定自建物流系统，以追求更快的物流速度，提升用户体验。2007年到2017年的十年，是京东物流的积累阶段。其间，京东物流建立了广泛的物流网络，依托京东集团提供的优质资源，不断提升客户体验。

为了让各地的用户更快地拿到快递，京东物流根据订单情况总结经验，将库存放置在距离潜在消费者较近的仓库中，极大地提高了快递配送效率。2010年，京东物流在全球范围内率先推出当日达服务，这一标准放在当下依然是物流行业服务的标杆。回过头看，当时的京东物流可以说是"领跑行业十年"。

2017年到2020年，是京东物流的第二个发展阶段。在此期间，京东物流将高效的物流基础设施向整个社会开放，战略性地向外部客户开放物流能力及资源，完成搭建包括"211限时达""极速达""快递到车""京准达""京尊达"等在内的多元化服务体系，将物流服务带入按需服务时代。2019年，京东物流推出"千县万镇24小时达"时效升级计划，更是让24小时送达成为惠及县镇级消费者的物流服务。

2021年，京东物流上市，进入新的发展阶段。京东物流将重点布局一体化供应链，包括升级和扩展六大物流网络、开发与供应链解决方案和物流服务相关的先进技术、拓展一体化解决方案的广度和深度、帮助客户提升供应链效率和用户体验及降低运营成本等。

二、京东物流提速背后的技术融合

提到物流，人们总习惯将其纳入劳动密集型产业的范畴，但在现代物流系统下，京东物流不断提速离不开科技的发展。

京东物流的"快"，首先"快"在了分拣速度上。据了解，京东物流99.99%的分拣工作是由预分拣完成的，只有0.01%的分拣工作是由人工分拣完成的。青龙系统利用大数据技术对地址库、关键字库、特殊配置库、GIS（Geographic Information System，地理信息系统）地图库等的数据进行分析并使用，使订单能够自动分拣，且保证7天×24小时服务，能够满足各类订单的接入要求，提供稳定准确的预分拣接口。除了分拣快外，GIS系统也为配送过程按下了加速键。

管理能力提升

对于京东物流而言，运单信息的匹配及物流资源的调度都与地理位置有关，其中就会涉及地理信息数据库的建设，包括信息点数据、道路数据、面状数据，以及一些传统地图厂商无法获取的深度垂直领域的信息。京东物流建立了完善的数据获取、更新、管理体系，并且能够实现较少人力介入的数据生产体系。

在提高物流效率方面，京东物流的逻辑与其他行业企业有所不同：传统的物流快递企业追求让货物快速流动，通过扩展加盟网络或提升运力来实现高效配送；京东物流走了一条不同的路，其核心是减少货物搬运次数，利用算法进行预测，提前把商品配置到距离目标消费者更近的仓库，用距离换时间，运营的仓库越多，商品离消费者越近，移动距离越短，速度就越快，用户体验就越好。

2014年，京东物流首座"亚洲一号"智能物流园区在上海投用，智能化、规模化的物流基础设施升级拉开序幕，到2020年年底，"亚洲一号"数量已达到32座。

自2016年起，京东物流智能快递车逐步完成封闭园区、社会化道路、规模化组队运营的三步走计划。在江苏常熟，京东物流打造了全球首个"智能配送城"，快递员通过与智能快递车组成"人机CP"，每日可完成的配送订单量是原来的1.5倍以上，为居民提供便捷的服务体验和多元的收货选择。接下来，京东物流将通过一体化供应链服务和技术能力助力合作伙伴降本增效，提升用户体验，持续为客户创造价值。

[资料来源：素晴. 朝发夕至，是什么成就了京东速度？[J]. 中国测绘，2021（8）：16－19. 有改动]

案例思考题：

1. 结合京东物流发展的三个阶段，谈谈提高时间管理能力对于公司发展的意义。
2. 京东物流的智慧物流建设对你有何启示？

项目训练

【训练内容】时间管理四象限法的运用。

【训练目的】根据训练材料，学习如何有效安排一天的工作。

【训练材料】

某公司综合管理部刘经理为人诚恳、工作勤奋，但总觉得没有做自己应该做的事情，每天都很忙，却忙不出成绩。下面是刘经理一天的活动：

8：30，总经理找刘经理谈有关公司物流规划的问题，一直到10：00。

10：00，正准备工作，又有电话打进来询问有关新员工调职的问题，解释了20分钟。10：20，给下属布置招聘工作，中间不断有人进来请示和汇报工作，一直到11：00。

11：00，处理文件等，到12：00，还有一部分文件没有处理。

吃过午饭，看了一会儿报纸，聊了一会儿天，猛然想起总经理交代的关于公司物流规划的报告还没有完成，急忙赶回办公室。

14：00，与销售经理约好讨论出口订单货物配送的事宜，由于对主管不放心，本应是主管的职责，刘经理又全部包了下来，包括拟订计划、制订具体实施方案等都由自己负责，这项工作又花了2小时。

16：00，刚要写公司物流规划报告，一个下属又进来请示工作，顺便聊了一会儿私事和公司最近的传闻。

16：30，召集下属开会，因为下属反映部门内部不团结已经影响到工作的开展，会议不但没有达到预期目的，还拖延了时间，一直持续到18：00。

会议结束后已经没有时间写报告，只好把未完成的报告和需要处理的文件带回家。晚上又得加班了。

【训练时间】45分钟。

【训练步骤】

1. 分组。
2. 小组讨论后画出事情重要性/紧急性四象限图。
3. 各小组分别派代表汇报交流。
4. 全班讨论，教师总结和点评并评定成绩。

自 测 题

1. 时间管理的方法有哪些？
2. 简述时间管理的发展过程。
3. 时间管理的基本程序是什么？
4. 简述时间管理四象限法的内容。
5. 提高时间利用率的方法有哪些？

【延伸阅读】

马盛楠. 高效时间管理术［M］. 北京：中国纺织出版社，2020.

项目六 领导力

【学习目标与要求】

1. 理解领导与领导力的内涵
2. 理解四种有影响力的领导方式
3. 掌握领导力开发的条件及领导力开发项目的设计

马斯克的领导力法则

对于埃隆·R. 马斯克（Elon R. Musk），相信大部分人都不陌生。特别是 2019 年 1 月，上海有史以来最大的外资制造业项目——特斯拉超级工厂，在上海临港产业区正式开工。这个项目意义重大，马斯克所领导的特斯拉更是成为第一家在中国独资建厂的外国车企。马斯克的身份可不仅仅是特斯拉的 CEO，他先后创建了多家高科技公司，被誉为现实版的"钢铁侠"。马斯克在领导力方面的成就可以总结为一句话：将革命性的想法付诸行动，并且带领大家去信服对未来的宏大构想和愿景。

一、始终追求自己的兴趣，沉迷于现在正在做的事情

马斯克是自我驱动型人格的典型代表。12 岁时，他用自己的 BASIC 语言知识，编写了 Blastar（一款自制的电子游戏），后来，他将这款游戏以 500 美元的价格，卖给了《电脑与办公技术》（PC and Office Technology）杂志。马斯克还修了物理学和经济学双学位。今天，马斯克作为全球首位身价突破 3 000 亿美元的超级富豪，他所经营的各项业务之间似乎没有联系，但其实都是马斯克感兴趣的领域。

马斯克对自己所做的事充满激情，甚至可以用"沉迷于此"来形容。工作几乎就是他的氧气，除了睡觉外，他几乎每分每秒都在构思和执行自己的想法。他执着于那些即使是最小的细节，并对自己、团队和产品都有着极高的要求与期望。有些人会认为马

斯克不懂妥协，甚至不近人情，因为他会把自己认为不满意的工作成果推倒重来，并从不讳于批评自己身边表现不好的同事。

二、始终清楚自己的目标，相信失败是一种选择

在他出售 PayPal 业务和成为我们喜爱的亿万富翁发明家之前，马斯克决定去尝试读一下研究生。他注册了斯坦福大学的一个博士项目，但仅仅两天就退学了。因为仅两天时间，他就意识到：在学校里，学不到自己需要的知识。对于大多数人来说，如果有足够的天赋并有幸被斯坦福大学的博士项目录取，可能都会去参加。但马斯克不去，因为当他知道自己已经掌握那些课程所教授的知识时，他要做的事是如何将那些知识转化为产品。他专注于自己的兴趣，清楚自己的目标，并拥有强烈的好奇心、不懈的乐观精神，对失败无所畏惧。

马斯克相信他所做的事对世界很有意义，而且它们正在产生积极的影响。对于马斯克正在做和未来想做的事，无数人包括一些业内专家，都告诉过他："你的想法很荒谬，一定会失败。"然而，马斯克总是想方设法忽略所有质疑，并以他想要的方式去做事。当然，他的很多想法还没有真正实现。但是，他已获得很多成功，并屡次让投资方和客户都感到惊艳。在马斯克看来，失败，只是一种选择；如果没有失败，就不会有足够的创造力；大部分人都乐于规避风险，而不是承担风险，但创造力往往都伴随着风险。

三、像宗教信仰一样热爱自己的品牌，无视泼冷水的人

马斯克对自己的品牌有一种狂热，或者说是一种信仰。这种信仰激发了更多人对特斯拉和马斯克创造的其他品牌的信任，甚至是崇拜。作为一位领导者，你如何通过自己对品牌的态度来引导别人认知，并让别人"同你一样"热爱你的品牌？如果你希望别人喜欢你的品牌，你自己就必须喜欢它。如果你想让你的品牌走进客户的心中，你自己必须对你的品牌绝对忠诚和笃信。有一位粉丝录制了一段名为"Fireflies"的视频，来证明粉丝们对特斯拉品牌的热情。这比任何付费广告都来得有效，因为用户自发生成的内容带着"爱和忠诚"。马斯克正是通过将自己全身心地投入工作中，并把自己的愿景展示给更多人，来传播自己的品牌的。如果你对自己的品牌和产品也有着同样的信仰，你自然会吸引更多的粉丝。

马斯克从不在意那些质疑之声，尽管有相当多的人对他所做的事持怀疑态度，但他一直在坚持为自己的信念而战，并挑战反对者。正因如此，他吸引了一大波信任并支持他每一步行动的粉丝。以马斯克对特斯拉 Model S 在大火中爆炸的反应为例。马斯克亲自撰写文章，发表在特斯拉的博客上，详细解释了技术事故的细节，并进一步探讨了汽车的安全措施。马斯克在文章结尾表示：相比于装满一油箱易燃燃料的车，用电池的新能源车是绝对安全的，自燃的风险可以说是能忽略不计的。通过直面任何危机和质疑，用客观和事实来捍卫自己的立场和公司的利益，这个比任何营销主张都要有效得多。

四、尝试将"不可能"变成"可能"，成为行业内的稀有品种

用穆罕默德·阿里（Muhammad Ali）的话说，"不可能，只是小人物随便说的一个

管理能力提升

词；因为对于不断探索和改变的人来说，他们永远不会待在自己的舒适区"。马斯克想要不断完成"不可能之事"的雄心，远远超过周围其他人。做不可能的事，首先要有一个看起来有点疯狂的远大目标。很多公司都有自己的愿景和蓝图，但鲜有真正有远见的领导者。缺乏有远见的领导者，就无法真正激励团队、持续提高业绩或创造真正的价值。模糊、狭隘或根本不存在的愿景，会导致领导者和企业最终走向失败。

马斯克坚信"做产品"就要成为行业的一个"稀有品种"，特斯拉正是一家不甘平庸的公司。它利用线上营销，比如交互式的产品体验和视频推荐，向潜在客户进行推广。在这个大部分企业都"主动销售"的行业里，这种营销方式使特斯拉脱颖而出。美国汽车产业顾问公司 Pied Piper 的一项研究表明，在所有领先的汽车品牌中，特斯拉的汽车销售员最"差"，因为他们从不把将车卖给客户作为他们的最终目的。马斯克在谈到销售人员时说道："衡量销售目标实现与否的唯一标准，就是是否让消费者充分享受到参观的体验，并期待再次光临。"将公司打造成一家与众不同的具有强烈品牌主张的公司，让消费者一眼就能将它和市场上的其他品牌区分开来，就已经树立了成功的品牌形象。

资料来源：① 李洪文. 中外名人企业家传奇［M］. 北京：台海出版社，2017：271 - 275；② 姚凯. 职业责任与领导力［M］. 上海：复旦大学出版社，2020：161 - 163. 有改动

案例思考：
1. 结合案例材料，谈谈马斯克的领导力体现在哪些方面。
2. 在现代企业发展中，优秀的领导者应该具备哪些特质？

任务一　领导与领导力

一、领导概述

（一）领导的定义

"领导"一词在日常工作和生活中经常出现，但到底什么是"领导"至今没有统一、权威的定义。在西方的领导学文献中，学者们根据自己的认知和兴趣对"领导"一词给出了众多不同的定义，如将其定义为行政职位、行为、品质、影响、角色关系、互动模式等。加里·尤克尔（Gary Yukl）在他的著作《组织领导学》中总结了一些具有代表性的定义，如表 6-1 所示。

表 6-1 领导的定义

提出者	年份	主要观点
亨普希尔（Hemphill）和孔斯（Coons）	1957	一种引导团体行动实现共同目标的个体行为
伯恩斯（Burns）	1978	人们通过运用制度、政治、心理及其他方法来激发、鼓舞和满足追随者的动机
卡茨（Katz）和卡恩（Kahn）	1978	对机械服从组织日常指令额外施加的影响
劳赫（Rauch）和贝林（Behling）	1984	影响组织团体活动达成目标的过程
理查兹（Richards）和恩格尔（Engel）	1986	在可完成的事项范围内阐明愿景、赋予价值和创造情景
雅各布斯（Jacobs）和贾克斯（Jaques）	1990	为集体行动指明目的（提供有意义的指导），并激发自愿积极实现目的的过程
沙因（Schein）	1992	一种能力，即跳出企业文化着手进行更具适应性的渐进式变革过程的能力
德莱斯（Drath）和帕拉斯（Palus）	1994	为人们在一起共同工作赋予意义，从而使人们能够理解并承担这些工作的过程
豪斯（House）等	1999	一种影响、激励及使他人为实现组织效能和成就而做出贡献的个人能力
尤克尔（Yukl）	2010	对他人施加影响，从而使他人理解需要完成的任务及如何完成任务，并就此达成共识的过程，同时也是促使个人和集体努力实现共同目标的过程

[资料来源：尤克尔. 组织领导学：第 7 版［M］. 丰俊功，译. 北京：中国人民大学出版社，2015：3，8. 有改动]

综合借鉴学者们对领导的界定，本书认为，领导是指对一个有组织的群体施加影响，以推动其实现目标的过程。领导者、被领导者、组织结构、领导目标、环境条件等要素之间相互影响、相互作用，共同构成了领导活动的结构性基础，这些要素的状况及其相互之间的关系决定了领导效能的发挥程度。领导过程中领导的主要目标是实现组织的使命和目标，领导的本质在于有效地影响他人并发挥领导效能。正如社会认同理论所指出的，领导可以通过引导和激励员工，使其认同并支持企业的发展目标，为实现企业发展目标做出努力和贡献。

领导的职能就是指导和影响群体或组织成员为实现群体或组织目标而做出努力和贡献。它包含以下四个方面的基本含义：① 领导一定要与所领导的群体或组织中的其他成员发生联系；② 权力在领导者和其他成员中的分配是不平等的；③ 领导者能对被领导者产生各种影响；④ 领导的目的是影响被领导者为实现组织的目标做出努力和贡献，而不是体现领导者个人的权威。

(二) 领导的作用

在带领、引导和鼓舞下属为实现组织目标而努力的过程中，领导者要发挥指挥、协调和激励三个方面的作用。

1. 指挥作用

在组织活动中，需要有头脑清醒、胸怀全局，能高瞻远瞩、运筹帷幄的领导者帮助组织成员认清所处的环境和形势，指明活动的目标和达到目标的途径。领导者只有站在群众的前面，用自己的行动带领他们为实现组织目标而努力，才能真正起到指挥作用。

2. 协调作用

在许多成员协同工作的组织活动中，即使有了明确的目标，但由于各个成员的才能、理解能力、工作态度、进取精神、性格、作风、地位等不同，加上外部各种因素的干扰，组织成员之间在思想上发生各种分歧、在行动上出现偏离目标的情况也是不可避免的。因此，就需要领导者来协调组织成员之间的关系和活动，把大家团结起来，朝着共同的目标前进。

3. 激励作用

在现代组织中，尽管大多数人都具有积极工作的愿望和热情，但是这种愿望并不能自然地变成现实的行动，这种热情也未必能自动地长久保持下去。那么，如何使组织中的每位成员都保持旺盛的工作热情，最大限度地调动他们的工作积极性呢？这就需要有通情达理、关心群众的领导者来为他们排忧解难，激发和鼓舞他们的斗志，发掘、充实和加强他们积极进取的动力。

引导所有员工朝同一个目标努力，协调这些员工在不同工作岗位上所做的贡献，激发员工的工作热情，使他们在企业经营活动中保持高昂的积极性，这就是领导者在组织和率领员工为实现企业目标而努力工作的过程中必须发挥的具体作用。

(三) 领导者的权力

领导者重要的任务是影响个体或群体的行为，而领导者对个体或群体施加影响的基础是权力，即指挥下级的权和促使下级服从的力。权力是指为了达到组织目标所拥有的影响、指挥他人行动的能力。领导者的影响力主要来自两个方面：一是职位权力（也称正式权力）；二是个人权力（也称非正式权力）。

1. 职位权力

职位权力是由于领导者在正式组织中所处的职位而由上级和组织赋予的权力，这样的权力随职位的变动而改变。出于职权的压力，下级不得不服从这种权力，如士兵必须服从长官的命令。职位权力一般包括合法权、奖赏权和惩罚权。

合法权是在组织正式层级结构中某一职位的权力。领导者在其分管的工作范围内具有确定工作目标、建立相应组织、制定规章制度、组织开展活动的决策权和对下属的工作调配权，组织赋予领导者一定的职务，从而使领导者占据权势地位和支配地位，使其有权对下属发号施令。合法权来源于组织成员对某一职位权力的接受，组织成员通常会遵照合法权的指示行事。

奖赏权是领导者通过给予一定的奖励来诱使下属做出组织所希望的行动的权力。在下属完成一定的任务时，领导者承诺给予相应的奖励，可激发下属的积极性。奖赏权包括对下属的加薪、升职、表扬、认可等。但值得注意的是，奖励必须是下属所需要的，否则就难以对下属的行为产生预期的作用。

惩罚权是指领导者通过精神、情感或物质上的威胁，强迫下属服从的权力。当下属没有能够按照要求履行其应该履行的职责时，领导者可以通过惩罚威胁来迫使其履行职责，从而保证组织分派的各项任务顺利完成。惩罚权的实施手段主要有批评、训斥、降级、减薪、解雇等，其作用主要是禁止某些行为的发生，它的运用容易导致反感、抵制，甚至引发冲突和反抗。

2. 个人权力

个人权力不是由于领导者在组织中的职位，而是由于领导者自身的某些特质对追随者的影响而产生的权力。个人权力一般包括专长权和感召权。

专长权是由于领导者具有某种专业知识和特殊技能而赢得下级尊敬和服从的权力。律师、医生、大学教授和企业中的工程师可能拥有相当大的影响力。例如，某学生通过钢琴专业八级，被其他学生一致拥护担任音乐协会的会长；某位权威医生指出某种生活习惯对健康有害，我们往往会设法改变这种生活习惯。掌握的知识、信息越多，拥有的专长权就越大。专长权与职位没有直接的联系，许多专家、学者虽然没有行政职位，但是在组织和群体中具有很大的影响力。

感召权是由于领导者具有好的思想品质、作风等而受到下级的敬佩和赞誉，使下级愿意模仿和追随的权力。这就是常说的领导者的个人魅力。感召权体现在领导者的人格、背景、关系、感情等方面。作为一名领导者，在危急的困境中要保持乐观的心态，因为领导者的一举一动都可以感染到他所接触的人。

二、领导力的定义和特征

领导力是组织最重要的资源和核心竞争力之一。它在很大程度上决定着组织目标能否实现，以及组织目标能够实现的程度。不同的学者对领导力的定义有不同的理解，对领导力的内涵做出了不同的界定，并提出了测量领导力的不同方法和模型，以解释生活和工作中的各种领导现象。例如，有些学者从领导者个体或领导者群体的角度来解释领导现象，有些学者则从关系、群体或下属的角度来探究领导力的建构，而有些学者关注领导者的特质和行为，或者从认知、情感等方面研究领导力及其影响。领导力研究中形成的不同视角正好反映了各种不同的领导力建构方式，可以帮助人们从广度和深度上进一步理解领导力。

国内外许多管理学者对领导力的概念进行了不同的阐释。其中，哈罗德·孔茨（Harold Koontz）认为，领导力是一种影响力，是一种获得追随者并使之甘心为实现组织目标而努力奋斗的能力，这一概念得到学者们较为一致的认可。彼得·F. 德鲁克认为，领导能力是把握组织的使命及动员人们围绕这个使命奋斗的一种能力。沃伦·G. 本尼斯（Warren G. Bennis）认为，领导力是领导者将愿景转化为现实的能力。也有些学者认为，世界上任何人都是影响别人和被别人影响的。影响别人行为的行为，谓之"领导"；影响别人行为的能力，则谓之"领导力"。领导力与领导最本质的区别在于，领导是一种行为或一个过程，领导力则是胜任这种行为或实现这个过程的能力。

综合以上几种具有代表性的观点，可以归纳出领导力的几个特征：一是领导力与领导密切相关，领导力是在领导过程中形成、发展并服务于领导过程的能力体系，领导力是领导的派生概念，领导力的内涵是由领导的内涵决定的；二是领导力不同于领导，领导是指一种行为或一个过程，而领导力是指胜任这种行为或实现这个过程的能力；三是领导力是组织最重要的资源和核心竞争力之一，领导力在很大程度上决定着组织目标能否实现，以及组织目标能够实现的程度。

透析领导力的定义和特征，本书认为，所谓领导力，是指领导者在特定的情境中吸引和影响被领导者与利益相关者并持续实现群体或组织目标的能力。

领导力之父——沃伦·G. 本尼斯

沃伦·G. 本尼斯是麻省理工学院的博士、组织发展理论的先驱，他使领导学成为一门学科，为领导学建立学术规则，被誉为"领导力之父"。他曾是四任美国总统的顾问团成员，并担任过多家《财富》世界500强企业的顾问。1993年和1996年两度被《华尔街日报》誉为"管理学十大发言人"，被《福布斯》杂志称为"领导学大师们的院长"。

首先，本尼斯是组织发展理论的先驱，对组织理论的发展有很大的贡献。本尼斯在20世纪60年代就对组织变革的趋势进行了大胆的预测，如授权、扁平化等的发展已被事实证明。在研究过程中，他从事了广泛的组织咨询工作，对组织理论中关于组织发展新方向和传统官僚制的灭亡提出了创造性设想。

其次，本尼斯对领导理论的贡献也有目共睹。他对领导的本质、领导行为的特征、领导团体的信任关系、影响领导行为的因素等进行了卓有成效的研究，得出了许多科学结论。他认为领导在本质上是相同的，领导行为不是天生的，可以后天获得。也就是说，领导不但是一门艺术，还是一门科学，是科学就有内在规律，通过正式教育也能引发与诱导。

本尼斯最负盛名的作品主要有《领导者》《成为领导者》《七个天才团队的故事》《经营梦想》等。

{资料来源：昀熙. 沃伦·本尼斯：领导学大师们的院长[J]. 现代企业文化，2012（4）：46－47. 有改动}

三、领导力模型

理解领导力要从与领导力最相关的三个方面着手，即领导者、追随者和情境。这三个方面环环相扣，构成了领导力的基本分析模型，即领导力三环模型，如图6-1所示。

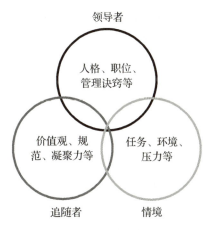

图6-1 领导力三环模型

{资料来源：姚凯. 职业责任与领导力[M]. 上海：复旦大学出版社，2020：194. 有改动}

首先，领导者要认清自己的人格特质、拥有的职位权力和已有的管理经验；其次，领导者要根据不同的工作情境（任务量、任务难度、时间、资源、压力等），以及追随者的特质（价值观、工作能力、团队凝聚力等）来设定目标、发起讨论并安排任务。工作情境是不断变化的，所以领导力中很重要的一项能力就是适应能力，领导者要根据不同的工作情境来调整自己的领导风格，根据自己与下属之间的关系采用不同的沟通与激励方式。

任务二　有影响力的领导方式

从理论研究来看，有很多关于领导有效性的探究，形成了各种领导理论。除了领导特性理论外，领导行为理论和领导情境理论也对领导方式进行了深入的研究。选择恰当的领导方式，是管理者提高领导效率的重要途径。

从管理实践来看，领导者的权力是通过组织中领导者的职位来体现的。然而，领导者所拥有的权力并不完全局限于职权，他们还可以通过各种方式影响人们。基于领导者的个人特点及其与他人的关系，可以划分出四种有影响力的领导方式，即变革型领导、魅力型领导、联盟型领导和权谋型领导。

一、变革型领导

变革型领导的本质在于变革，目的在于创新。变革型领导者有能力指明组织的价值观和规范的变革方向，通过激励和授权等方式使组织成员认同新理念，并以这种新的组织成员共享的理念去创造某种新的形态或结构。对于领导者来说，变革能力十分重要。世间的成功很大程度来源于连续的变化，所以组织也需要变革型领导。变革型领导关注的不是利用规则、指导和激励来分析和控制与追随者之间的具体交换，而是利用注入愿景、共享价值观和想法等无形方式来与追随者建立联系，并提供共同的立场使追随者参与到变革中。变革型领导是以个人价值观、信仰和领导者的素质为基础，而不是以领导者与追随者的相互交换为基础。

变革型领导的特征主要体现在以下四个方面：

（1）变革型领导描绘了一幅未来的宏伟蓝图，并以这种方式让改变所带来的痛苦变得值得。变革型领导者最重要的作用是为组织找到一个新的愿景，这个愿景要明显优于现有愿景，并且使其他人愿意分享这个愿景。这个愿景激励人们采取行动，为变革型领导者的其他行动奠定基础。没有愿景，就没有变革。

（2）变革型领导激励追随者超越自身利益，以便增加组织的利益。变革型领导者会激励追随者做比期望更多的事情，会让追随者清醒地认识到改变目标和结果可能使整个组织获得更多的利益。

（3）变革型领导能够将追随者的担忧从最基础的物质需求（如生理需求）提升到高层次的心理需求（如尊重和自我实现需求）。虽然低层次的需求可以通过优厚的待遇、安全的工作条件和其他条件得到满足，但变革型领导者还注重每个人成长和发展的必要性，因此，不但会满足追随者当前需求，还把追随者的需求和能力提升到一个更高的水平，并与组织的使命联系在一起。

（4）变革型领导者的追随者也会成长为领袖。与严格控制人不同，变革型领导者能够努力找到最好的追随者。他们把追随者团结在使命和愿景周围，为其规定行动范围，使其有更大的自由来实现目标。他们招募追随者并帮助其识别问题和以新的方式看待事情，这样这些追随者就可以对生产力产生更大的影响，以便实现变革型领导者的愿景。

卓有成效的领导者往往同时展现出交换型和变革型两种领导风格。他们不仅强调以自己的能力来建立愿景、授权和激励他人，而且运用交换型领导技巧来设计任务结构、控制系统和奖励系统，从而可以帮助人们实现愿景。

二、魅力型领导

魅力是点燃追随者激情和奉献精神的烈火，能够带来远远超过职责的成果。魅力型领导强调感情与理性一样重要，符号行动与制度行为一样重要。魅力型领导者对人们有感情影响力，会激励人们做比他们通常会做的更多的事情，尽管这个过程可能遇到障碍和有个人牺牲。魅力型领导者对使命的热情激励人们跟随他们，激发人们超越自己的利益，以便实现组织目标。变革型领导寻求的是增加追随者参与和赋权，而魅力型领导则通常给追随者灌输敬畏和服从的思想。

魅力型领导的特征主要体现在以下三个方面：

（1）魅力型领导者能够将他们的情感应用在日常工作和生活中，这使他们精力充沛、热情和充满魅力。例如，维珍集团的创始人和董事长理查德·布兰森（Richard Branson）在对一项新业务十分感兴趣的时候，就会参与进去，他的热情感染着他身边的每个人。苹果公司联合创始人史蒂夫·乔布斯（Steve Jobs），一个赢得无数拥护而且不止一次被称作"魅力型领导的楷模"的人，对苹果公司及其产品有着非常强烈的热情。大量研究指出，魅力型领导者的独特品质，证明了他们对追随者的影响，描述了帮助他们取得卓越成果的行为。

（2）魅力型领导者能将美好的未来清楚地表达成一种理想化境界。他们有能力用一种清楚的、引人入胜的方法传达复杂的想法和目标，这样人们就能够明白并且认同他们的信息。魅力型领导者还以独特的方式行事，并以独特的意义超越现状、创造变化。

（3）魅力型领导者的影响力来源于个人特征而非权威的正式地位。人们羡慕、尊重、认同领导者，并且希望能够像他们一样。尽管魅力型领导者可能处于权威的正式地位，但是魅力型领导者能够超越组织中的正式地位，因为他们的影响力是建立在个人品质的基础上的，而不是来自组织授予的权力和地位。

小知识

企业家能力

企业家所掌握的知识和技能对于企业的发展至关重要。企业家能力在一定程度上决定了企业成长的潜力。1982年，理查德·博亚兹（Richard Boyatzis）率先提出能力理论（Competency Theory），他认为个体能够胜任工作角色或完成任务是其人格特征、专业知识和技能等各因素综合作用的结果，并且这种能力可以通过个体的行为进行观测。

20世纪90年代，逐渐有学者将能力理论引入对企业家的研究之中，认为企业家能力是企业家胜任所有工作角色的各种能力的总和。企业家的能力大体可分为企业家的核心能力和企业家的必备能力两类。企业家的核心能力包括创造性破坏能力、承担风险能力、学习能力等；企业家的必备能力包括人际关系能力、指挥领导能力、组织能力、表达能力等。马克·卡森（Mark Casson）认为企业家的核心能力是判断性决策能力，并指出判断性决策是指在不确定的环境下，能够利用已有的信息做出判断、进行决策。企业家的核心能力在构建企业核心竞争力方面起着十分显著的作用。

三、联盟型领导

变革型领导和魅力型领导都认为是领导者个人起了催化作用，在接近实现组织目标或愿景的过程中为组织带来有价值的变化。然而，在大多数案例中，成功的变革结果来自人们的联盟，而不是单一领导者的努力。

联盟型领导者在组织内外都发展积极的关系，他们花时间去了解别人的观点，建立互利互惠的联盟关系。无法与他人合作会使领导者的决策因冲突而脱离正轨，特别是当反对派组成强大的联盟的时候。

领导者建立有效联盟通常包括以下四个步骤：

（1）联盟型领导者要做很多访谈。联盟型领导者通过与整个组织的成员进行正式谈话来获取信息，对他们所面临的挑战和机遇有一个清晰的认识。除了正式谈话外，组织成员无论何时得到一个机遇，领导者都要与他们进行非正式谈话。

（2）联盟型领导者要拜访客户和其他利益相关者。联盟型领导者要征求客户的意见和获取客户相关数据信息，要争取其他有影响力的利益相关者（如董事会、政府机构、债权人等）的支持。这些人的支持对于联盟型领导者为组织争取的资源至关重要。

（3）联盟型领导者要制定利益相关者情况示意图。联盟型领导者通常会发现有些人强烈支持他们的目标和计划，有些人坚定地反对他们的目标和计划，还有大部分人在二者之间摇摆。

（4）联盟型领导者要排除障碍，推进跨部门合作。建立有效联盟中关键的一步是领导者要不断排除各种阻碍，推进不同层级、部门之间的分工和合作。

四、权谋型领导

意大利政治思想家和历史学家尼科洛·马基雅弗利（Niccolò Machiavelli）在1532年出版了一本指导当时的政治领导者怎样争取和使用权力的书——《君主论》。马基雅弗利主义也因此成为权术和谋略的代名词，人们常将"权谋"（Machiavellian）与不择手段的行为相联系。马基雅弗利在《君主论》中重点讨论的就是国家利益必须放在第一位且是最重要的，这也是政治领导者必须注重的，即使使用权谋也要维护国家利益。

美国斯坦福商学研究生院组织行为学教授杰弗里·普费弗（Jeffrey Pfeffer）认为领导者需要使用"赤膊上阵"策略去获取完成伟大事业所需的影响力。普费弗相信尽管个人成就值得赞赏，但权力和政治行为作为影响力的关键来源，其重要性常常胜过绩效，所以领导者要善于争取和使用这些工具。对于今天的企业而言，领导者比之前需要更多的权力去影响他人。

许多类型的领导方式都会对人们产生影响。不同的领导风格如变革型、魅力型、联盟型、权谋型等依赖不同的假设和行为。在权谋型领导风格下，领导者愿意用任何必要的手段去维护组织的利益。

权谋型领导的特征体现在以下四个方面：

（1）权谋型领导者对威胁自己权力的事情十分警惕。权谋型领导者认为大多数人都是浮躁、贪婪且虚伪的，所以这类领导者一直都非常看重忠诚度，会通过操纵他人或使他人之间相互对立以保持或获得更多的权力来实现目标。

（2）权谋型领导者不担心被惧怕。马基雅弗利告诫人们：在困难时期需要强硬的行动时，努力想要成为最受欢迎的领导者往往会弄巧成拙，如果太过慷慨、仁慈，领导者最终会让这种混乱破坏组织。

（3）权谋型领导者会在必要的时候使用骗术。权谋型领导者完全可以接受使用欺骗的行为或利用权力来维护或确保组织的安全。

（4）权谋型领导者会用奖励和惩罚来塑造行为。权谋型领导者不介意利用人们的欲望和恐惧来使他们遵守规则，并且做对组织整体有利的事情。

与联盟型领导者一样，权谋型领导者也高度政治化。联盟型领导者注重与他人合作，而典型的权谋型领导者关注获取和使用权力。他们会努力获得对信息和资源（工作、报酬、经济援助、材料等）的控制权，好让人们为了他们需要的去依赖他们，从而增加他们的权力，但他们那么做是因为他们相信组织只有在有强有力的领导者的时候才会安全。

管理能力提升

小知识

权变领导理论

权变领导理论形成于20世纪60年代末70年代初。该理论认为,不存在一种绝对的最佳领导方式。领导是领导者、被领导者及其环境因素相互作用的动态过程。领导有效性 $=f$(领导者,被领导者,环境)。领导的效果与领导者所处的具体情境和环境有关,所以要根据具体情况来确定领导方式。具有代表性的权变领导理论包括菲德勒权变模型、赫西和布兰查德的情境领导理论、豪斯的路径—目标理论、弗鲁姆和耶顿的领导—参与模型、卡曼的领导生命周期理论、瑞丁的三维领导理论、波渥斯和西肖尔的四维领导理论等。

资料来源:罗宾斯,德森佐,库尔特. 管理的常识[M]. 赵晶媛,译. 成都:四川人民出版社,2020:375-383. 有改动

任务三　领导力开发

一、领导力开发的条件

(一)内外部支持

领导力开发不仅需要参与项目建设的人员(如人力资源部门)的全情投入,更需要企业多部门的配合,以及外部专业人员的支持。

1. 组织内部支持

第一,在确定领导力开发项目的框架(包括时间线、参与人员、评价标准、内部及外部的教练等)之前,开发人员需要向高级人力资源主管汇报该项目从初始框架搭建到最终实施的具体方案,确保该项目与企业人力资源战略目标的一致性和协同性,并且得到管理层的认可与支持。

第二,开发人员需要提前与财务部门协商项目开发所需要的资金,明确资金的预算范围、年限、账户等。

第三,开发人员需要根据项目的适用范围来联系各部门或分公司的负责人,进行统一或单独的通知和培训。

第四,开发出的项目必须符合企业发展的生命周期,培养出的人才必须能够匹配企业的发展步伐。

第五，参与项目的各部门经理需要参与评价标准的设计及备选人员的选拔，提出自己的意见和建议。

第六，对于自我开发的团队领导力项目，开发人员应该酌情考虑是否为这类团队配置外部管理员或经理人。领导力开发项目的开发人员这一角色与团队内部选拔的领导者不同，是来自企业内部、有相似管理经验的员工，他负责对项目的大体方向和目标进行把控，必要时可以参与团队的决策和危机管理。

此外，对于员工来说，最重要的内部支持来自自己的直属上级。上级领导为培训与发展活动给予鼓励和支持的程度，也会影响到下属在学习与应用领导技能方面的意愿。

下列情形可能会对员工领导力的培养产生负面影响：① 上级领导未能认识到个人辅导与指导的重要意义；② 上级领导将主要精力放在应对眼前危机和实现个人职业晋升上；③ 上级领导缺乏安全感，将下属视为潜在竞争者；④ 当遭遇失败或打击时，上级领导更愿意将其视为个人失败而非学习经历；⑤ 上级领导无法在提供指导与鼓励下属独立解决问题之间找到合适的平衡点；⑥ 上级领导对下属保护欲过强，无法为下属提供足够的挑战或向下属反馈真实的信息。

为了更好地支持下属学习与应用领导技能，上级领导可以采取表 6-2 中的支持行为。

表 6-2　领导力开发中的上级领导支持行为

培训前上级领导支持行为	培训后上级领导支持行为
(1) 向下属阐述培训的重要性与必要性 (2) 邀请已受训者分享受训心得与收获 (3) 向下属说明如何获取受训机会 (4) 协调培训时间，为下属培训创造条件 (5) 支持培训的准备工作 (6) 明确要求受训者报告学习情况	(1) 与下属交流学习与应用情况 (2) 为下属安排需要应用新掌握技能的工作任务，并鼓励下属参与制定具体目标与行动方案，以应用所学 (3) 定期对下属的学习与应用情况进行评估 (4) 正向强化应用技能的行为，并在下属遇到困难时，给予鼓励与支持 (5) 通过自身示范作用，为受训者树立行为标杆

2. 组织外部支持

从组织外部来说，在开发项目之前，开发人员需要考察并借鉴本企业所在行业的类似项目或竞争者的项目，确保自己设计的项目是专业的、有针对性的且有前瞻性的。在这个过程中，人力资源部门有时需要寻求外部专业人力资本或咨询公司的帮助，来了解行业情况并挖掘本企业内部的实际需求，设计出符合企业现状和发展计划的领导力开发项目。有了这些支持和条件，领导力开发项目才能顺利开展。

（二）组织氛围

组织氛围是组织中对领导力开发的主流态度与价值观，在一定程度上影响着组织领导力开发项目的数量。在一个普遍认同个人培训与学习至关重要的组织氛围中，决策者会将更多的资源配置到员工培训与发展上，并会为推动员工学习的测评与奖励工作付出更多的努力。在这样的组织氛围中，就会有更多的领导力开发项目。与此同时，由于组织对培训与发展活动具有明确的测评与奖励制度，这将有利于上级领导提供更多的个人辅导与指导，进一步鼓励员工寻求个人成长并获得技能提升的机会。进一步说，支持性的组织氛围和文化也会鼓励受训者将在培训与发展活动中学到的技能应用到实践工作中，从而促进组织绩效的提高。

领导力开发已成为国内外众多企业发展历程中的重要课题。要设计一个卓有成效且经得住时间考验的领导力开发项目，首先，需要组织内部自上而下的认可和支持，而要实现这一点，就需要人力资源部门会同其他部门经理进行周密而严谨的人才追踪和反馈，突出领导力开发的重要性和迫切性。其次，企业文化也是重要的一环。一个积极向上、有竞争力且对人才有长远战略规划的企业，会更加主动地认识到领导力开发项目的重要性，这有利于开发团队获得需要的资源，逐步展开计划；同时，员工也会因此对自己的职业规划有更明确的目标，认识到领导力开发项目对自己的好处，对企业的发展更有信心，从而更加配合或积极参与到领导力开发的各个环节。最后，成熟的人力资源部门能够借鉴并灵活运用多种人力资源规划工具和模型来设计领导力开发项目，调动企业员工受训的积极性。

（三）评价标准

虽然超过半数的领导力开发项目的参与者都是大型企业的高级人才，但中小型企业也可以根据自身实际为自己设计相应的领导力开发项目，而且中小型企业的人员数量通常较少、人员管理相对集中，这样以领导者竞争力为核心的培训项目可以为每个参与者投入更多、更集中的时间和精力，取得的效果也会更好。由于不同企业对人才的需求存在差异，设计出的领导力开发项目也各不相同，因此不同的领导力开发项目或相同或类似的领导力开发项目在不同企业中运用时，会采用不同或不同组合的计测工具，对参与者竞争力是否提升及提升的程度进行评估，并且会持续追踪参与者的成长情况。

但是，只利用某些单独的指标去测评领导力开发项目的成效并不总是有效的。不同的领导者有不同的领导风格和专业技能，有时仅用一些单独的指标去测评他们的成长情况，并不能显示出他们整体竞争力的提升状况。为此，南加利福尼亚大学教授摩根·麦考尔（Morgan McCall）设计出了五项领导力需求来衡量领导力开发项目是否帮助员工提升了竞争力。参与项目后，员工是否达到以下要求：第一，学会自己设定目标，并且和组织内部相关人员沟通，确保与组织的愿景和使命相一致；第二，快速有效地找到在各个层级的自己的支持者，以及解决阻碍达成目标的反对者；第三，有能力且有自信去高效处理组织内部的压力及各种不明确的因素；第四，为自己的职业（作为领导者）和人生设定合理的价值观，并且为之坚持；第五，找到自己的不足，并且保持学习的习惯，更加适应多变的商业环境。这五个维度可以帮助企业去测评领导力开发项目的成效，并且及时根据现实情况对项目内容和进度进行调整。

二、领导力开发项目

(一) 领导力开发项目的类型

根据参与者的层级及项目培养的技能内容，领导力开发项目可分为以下几类。

1. 初级员工

这类项目的主要目的在于通过项目领导者的带领，员工能更好地融入工作团队，对工作内容、方法及职业道路有更多的了解；能学会转换思维，不只是把自己当作组织内的独立贡献者，而且是团队的重要成员甚至是小组领导者，去思考自己的角色和使命，了解自己的优缺点，并且学会寻找在现阶段发扬长处、弥补短板的方法。更重要的是，作为后备领导者，员工需要进一步提升自己的沟通能力和团队管理能力，学会激励自己和组员。最终，员工要开阔自己的视野，学习如何预计与衡量自己和团队的成果，为自己和团队做好长期规划。在这类项目中，表现良好的员工有机会成为组织内部后备干部人才库的一员。

2. 中级员工

这类项目的参与者基本达到部门经理或类似的级别。这类项目的主要目的在于通过更专业的 360 度反馈帮助员工进一步确定自己在领导力方面的优势与不足；让员工学会合理应对更多的变化和挑战，并且形成成熟的问题处理机制；为员工结合自己应用领导技能的实践案例，与内部或外部教练进行细致的探讨提供机会，使员工的领导模式逐步从"监管＋纠错"模式过渡到"合理定位＋适时支持"模式。在这个过程中，员工也要学会挑战常规，对老旧的工作方式和冗余的工作程序提出新的改进思路。员工还要对自己带领的团队的工作进程和结果负责，要有全局意识，保持自己部门的目标和组织的大方向一致。

3. 高级管理者

这类项目的主要目的在于帮助高级管理者审视自己的领导风格，学会面对和领导不同类型（如存在代际差异）的员工；站在企业的角度，对自己负责的职能部门进行战略规划；促进企业文化的良性发展；面对外部市场的竞争，有效带领自己的团队协同一致应对挑战；在全球化背景下，实现高效的跨文化沟通与合作；等等。

以上项目并不一定是分开进行的。它们可以被整合为一个周期性的、可持续的领导力开发计划。员工可以通过该计划逐步提升自己的领导力，从初级员工走向高级管理者。

另外，根据培养内容和受训者的特征，领导力开发项目还有以下几种类型：① 领导继任者培养项目；② 女性领导力培养项目；③ 专项领导力培养项目（根据具体职能来分）；④ 自我开发领导力项目（一般以团队方式进行）；⑤ 大学生领导力培养项目；等等。其中，女性领导力培养项目在全球范围内受到越来越多的重视。

（二）领导力开发项目的设计

领导力开发项目包括一系列正式与非正式、日常与定期活动形式的课程或实战训练。在项目设计过程中，人力资源部门需要确定：该项目是否有利于企业业务战略的实现，而不只是单纯提升个别员工的能力；是否有助于企业长期的运营和发展；是否需要业务部门的领导作为发起人或加入负责团队等问题。为了设计好这些内容，人力资源部门需要协同其他部门做好调查和反馈工作。第一，需要通过正式的会议来与高层商议项目的推进与实施，时时关注企业的发展方向与重要项目的进程，从而了解企业对人才的需求和具体要求；第二，财务和人力资源支持也是项目设计的重点之一；第三，项目设计好后，要注意将参与员工的工作绩效考核与领导力开发测评挂钩，注意不同类型的员工可能需要不同的培养方式，要将领导继任者培养项目与领导力开发项目挂钩，为企业持续发展提供充足的人力资源保障。

在项目设计过程中，人力资源部门可能会遇到各种各样的阻碍。了解这些阻碍，有利于做好准备工作和补救工作。从组织角度来看，可能会遇到的阻碍包括：缺少资金和时间；缺少高层支持；项目太个性化，无法在整个企业推行；没有针对中层以下员工的领导力开发项目的经验；缺少内部线上学习系统的支持；很难将新员工纳入现有领导力开发计划；缺少长远眼光；测量工具不够科学或过于复杂；过于重视项目的有形产出而忽视它们的真正价值；等等。从个人角度来看，可能会遇到的阻碍包括：在多变的商业环境中，很难将学到的领导力知识和技能应用到实践中；难以持之以恒，坚持完成全部的项目内容；代际的沟通问题；工作太忙而没有时间去提升自我；将高效领导与有效管理混为一谈；等等。

在项目设计、试行和实施的整个过程中，人力资源部门需要从整个企业收集各类数据，来预估和控制项目的成本，并衡量个人的成长和项目的成效。这些数据包括：项目的范围和体量，参与者的满意度，领导力知识和技能的学习过程、学习成果和实际应用情况，项目的商业影响，项目的回报率，项目的无形产出（如企业文化得到改善、员工工作态度更积极等）。通过对这些数据的分析，可以识别出具有潜力的领导者或领导候选人，以便进行更有针对性的培养。

此外，从组织发展的角度来考虑，领导力培训项目的开发不能只是人力资源部门在唱独角戏，要从业务部门的需求出发，寻求业务部门的最大支持，并且与具体情境相结合，充分利用网络技术来搭建可持续的交互式学习平台。如果企业有人力资源转型的打算或正处于这个过程中，要考虑领导力开发项目该如何与企业人力资源转型不同阶段的需求相匹配。

（三）领导力开发项目的模拟与指导

在项目试行期间，或者在初级员工或大学生领导力培养项目中，小型的项目模拟是一种常见的训练方式。除了团队成员和自我反馈外，培训师或教练也会在这个过程中给予实时的指导和反馈，帮助参与者认识到自己的潜力和问题，并且找到合适的解决方案。

项目模拟的形式有很多。借助于现代网络设备，参与者可以通过线上沟通与合作的形式来完成模拟任务。比如，在哈佛商学院根据真实事件创建的线上团队模拟登上珠穆朗玛峰的训练项目中，每个参与者都有各自不同的角色和不同的信息，大家根据每日的天气和物资决定是否及谁可以继续登山，最终会显示是否登顶成功。整个线上模拟用时不超过 2 小时。

在这个过程中，参与者锻炼了团队合作、处理纷争、沟通、激励等提升领导力所需要的各种技能；同时，每一轮的决策后，队员们将对每个队员的表现打分；最终小组也将进行项目总结，来对自己和团队的言行进行反思并提出建议。如果有多个小组同时进行模拟，该项目还支持多组数据对比，并且由培训师或教练来对数据进行进一步的分析和汇报，再加上跨组交流，参与者可以更清晰地认识到自己在实践中所表现出的优势和不足。

三、领导力开发的系统视角

（一）多种开发方法的结合使用

领导力开发的方法有很多，既有各种外部的辅助，也有很多自我开发和学习的途径。在工作实践中，内外部开发往往是同步或协同进行的。参与者在每一项领导力开发活动中进行自我反思和行为修正，在汲取知识的同时也在不断内化、不断完善。所以，领导力开发的多种方法是相辅相成的。比如，正式培训与经验学习相结合的行动学习项目，就鼓励参与者通过自助活动和同级辅导来获得项目所需的知识。正式领导发展课程将组织成员提供的针对参与者的行为反馈作为重要依据。

与此同时，组织还可以为从事发展性工作的成员安排专业导师，或借助互联网手段获取相关辅导资源，为成员提供发展所需的建议与指导。当然，偶尔也会出现因个人经验和背景的多样性而导致个人经历与领导力课程内容不符合的情况。但是，正如情境领导理论所提到的，领导力是依托情境的，在不同的情况下可能有不同的合适的处理方式；只有对这些领导力的条件进行深入分析，才能真正了解其中的关联和差异。

（二）多种开发活动的有效整合

领导力开发活动多种多样，比如上文提到的课堂授课（包括传授专业知识和进行实际案例分析）、课外小组模拟训练、领导力教练一对一辅导等。这些活动有可能成为某个领导力开发项目的一个组成部分，也可能穿插在日常工作中成为小型的日常训练。与之相辅相成的就是不同类型的测量方法和工具（如 360 度测评）。没有这些测评工作，就不能有效评价各项领导力开发活动的有效性。这些活动和方法的有机整合，构成了不同形式的领导力开发项目，服务于不同性质的组织。

最新研究成果表明，通过整合的方法能够提升领导发展效能，包括系统的需求分析、高度相关的领导发展与继任计划、高层管理者的支持、强调个人发展的文化价值观、使各项发展活动高度协同的项目安排、认可并鼓励个人提升的制度、评估发展活动效能的系统等。

(三) 组织层面的领导力开发

组织层面的领导力开发依托各层级的领导力开发。以美的、海尔等大型企业为例进行分析。这些企业除了集团总公司外，还有各个分开的事业部分公司，各个分公司被授权进行自己的领导力开发或人才培养项目，但是培训的目的不能背离总公司的战略方向。同时，总公司也会有定期的横跨几大事业部的综合性领导力开发项目，从各个分公司选取人才进行培训，培训的内容根据职级划分为几个等级，目的是向下为各个岗位特别是管理岗输送合适的备选人才。而中小型企业更容易管控，上下沟通更为顺畅，员工的发展空间更大，也更有机会在实际工作中对领导力知识和技能进行应用和创新。

小资料

西点军校领导力培训模式

西点军校是美国第一所军校，也是美国陆军的军官培养机构。西点军校的校训是"责任、荣誉、国家"。西点军校多年来培养了很多优秀的领导人才，包括美国第 34 任总统德怀特·D. 艾森豪威尔（Dwight D. Eisenhower）、美国著名军事将领小乔治·S. 巴顿（George S. Patton Jr.）等各界杰出人物。20 世纪以来，西点军校的领导力培养项目也因为其独特而卓有成效的培养方式闻名海外。西点军校领导力培训的载体是西点军校社区，该社区包括所有学员、教职工、教练、士官及其他工作人员。

西点军校的领导力培训主要的培训方式是采用西点效能模型。西点效能模型提供阶段性、制度层面的人员和系统测评，预测未来的变化趋势，为西点军校的战略规划提供参考。该模型的五大要素是计划、资源、执行、测评和提升。① 提升：该模块提供了各种领导力指南和行动计划，具体包括学术课程中的个人发展经历，军事化内训，校际团队教练的指导，甚至高级军官和领导也会参与进来。② 计划：该模块根据层级和项目内容来设定统一标准的目标和方向。③ 资源：该模块运用领导力指导方案来调动从个人到制度层面的各方面所需资源，发掘能力提升的途径。④ 执行：各层级的人要确保计划中的各种改进和变化都能够被及时执行。⑤ 测评：每个课程、小组团队和项目都有相应的阶段性的测评需要完成。个人提升计划的指导员（教练、导师等）负责综合运用多种测评手段来完成整体测评工作。测评包括学员表现、自我反馈、自我感知讨论、学员互评、下属长官评价及其他相关内容。另外，每个层级的人还需要完成对测评过程的测评，以提高这个环节的质量。通过持续追踪和仔细审核，最终测评的结果可以帮助西点军校修改战略规划和执行计划。

[资料来源：姚凯. 职业责任与领导力 [M]. 上海：复旦大学出版社，2020：242 – 244. 有改动]

董明珠的女性领导力

"好空调,格力造",这句广告语传遍大街小巷。不可否认,董明珠对格力的发展具有非常大的作用。她曾被《哈佛商业评论》评为"全球100位最佳CEO",被联合国正式聘为"城市可持续发展宣传大使",位居《福布斯》发布的"2017中国最杰出商界女性排行榜"首位。在她的领导下,格力连续9年登上美国《财富》杂志"中国上市强势公司100强排行榜",这些成就无不是对董明珠女性领导力的一种肯定。

作为中国知名的成功女性领导者,董明珠突破性别角色偏见认知的固有思维泥沼,展现出刚柔并济的领导力特征。这些领导力特征既包括独断专行、说一不二的现实导向型领导特征,也包括情感关怀、民主参与的关系导向型领导特征。

一、刚性管理

董明珠是一个非常强调制度的人,在领导格力进行组织文化构建的初期,便体现出独断专行的领导力特征。她对法家学派和以制度为中心的管理非常推崇,她坚持"制度是刚性的,一旦制定,就要严格执行,任何人和事都概莫能外",她从来不搞特殊化,公平公正,绝无例外。当然,由此也可以看出,刚性的管理必然离不开制度的规范。根据实施惩罚的方式不同,制度可分为正式制度和非正式制度。

(一)正式制度

董明珠在格力制定了一套完整的管理制度,从员工的选聘开始,到任用、培养、保留和考核都有着详细系统的规定。不只在员工管理方面,在产品制度上,董明珠也有着三个指标:以质量取胜、以技术取胜和以专业化取胜。格力内部的质量指标已超国家指标的三倍,董明珠在格力颁布了一系列质量保证制度,以确保员工按生产线的标准流程规范操作并具备适当的操作技能,对产品进行全面质量管理。

(二)非正式制度

董明珠是一个原则性很强的人,她对自身的要求近乎苛刻。例如,进入格力工作的20多年,她"从来没有休过年假"。在裙带关系上,她不会以公谋私,并且将借助亲属关系、利用利益投机取巧的经销商直接拉入黑名单,断掉供货;明确要求大学刚毕业的儿子不得出现在自己的职权范围内。同时,她推崇军事化管理,在格力严格推行军队文化。董明珠保有了男性领导者所偏向的刚性管理领导特征,以严格的自我要求,将独断专行、说一不二的形象植入组织。

二、柔性领导

柔性领导是指在研究人们心理和行为的基础上,依靠领导者的非权力影响力,使人们产生一种潜在的认同感,引导其服从组织意志进行活动的领导行为。董明珠将这种领导力很好地嵌入格力的管理模式之中。

管理能力提升

首先是"情感关怀"。前面提到董明珠在格力建立了一套系统的人才管理制度,同时,董明珠在格力"先后建立了 6 所研究院,联手德国达姆施塔特工业大学,共建了培养国际化创新型人才的中德学院",之所以有这些举措,是因为她力求做到关注格力的人才培养,使其能力得到最大限度的发挥,切实让各类人才有用武之地。

其次是"民主参与"。董明珠坚持不聘请外部专家,争取激发内部员工的潜力,培养其领导力。董明珠在人才的物质激励方面也是不遗余力,鼓励员工建言献策,丰厚的奖励可达 100 万元。

在董明珠的理念里,高薪挖来的专家无法做到对企业寄托全部的感情,而对于企业内部的员工,"这些员工是与企业一起成长的,是舍不得走的",这句话体现了格力人才培养的价值理念。董明珠将创新人才的成长与企业的发展进行了"情感捆绑",使两者的命运紧紧相连。凡是真心实意为格力贡献的员工,均有机会得到相应的物质回报。由此可以看出,董明珠在发挥其女性领导力的过程中,体现出女性特有的民主性管理风格与情感关怀特质。

董明珠在格力的创新型组织文化构建中,不但没有陷入性别文化认知的固有思维泥沼,反而利用性别特质优势,展现了自己作为女性领导者特有的领导力特征。在她在任的 20 多年时间里,格力的发展令世界瞩目。她依靠以制度为中心的刚性管理与以人际关系为导向的柔性领导,得到员工的认可,并引导格力飞速发展。所以,作为女性领导者,一方面应注意女性领导力特征的动态变化性,应跳出性别文化认知赋予自身的固有领导力特征,制定合理、有效的制度,严格执行,以身作则;另一方面也无须秉持男性领导力特征的一贯风格,可以学习董明珠的人性化"情感束缚",从而实现双赢。

[资料来源:孙红霞. 女性领导力是怎样炼成的:以格力电器董明珠为例 [J]. 商场现代化,2018(13):115-116. 有改动]

案例思考题:
1. 结合案例材料,分析董明珠的女性领导力是怎样炼成的。
2. 结合案例材料,谈谈如何借鉴董明珠的女性领导力。

项目训练

【训练内容】设计领导力开发项目。

【训练目的】加深学生对领导力及领导力开发的理解。

【训练步骤】

1. 学生按 4—6 人组成一个小组,以小组为单位,选择一家企业(可选小组成员所在企业或上市企业)作为调研对象,收集和整理该企业与领导力相关的资料。

2. 各小组根据收集到的资料,对案例企业的人力资源状况、领导力开发需求等进行分析和讨论，并为案例企业设计领导力开发项目。

3. 各小组汇报，可采用小组相互提问的方式进一步讨论，各小组互评打分。

4. 教师总结和点评。

5. 小组提交案例分析报告。

自测题

1. 领导与领导力的区别是什么？

2. 什么是领导力？领导力三环模型是什么？

3. 简述有影响力的四种领导方式。

4. 领导力开发的条件有哪些？

5. 领导力开发项目有哪些？

6. 下面一组题目用于测试你的领导方向，要求你描述作为领导者的自己。对于每个题目中的四个选项，对形容你最贴切的给4分，稍有偏离的依次给3分和2分，形容你最不贴切的给1分。

（1）我最强的技能是（　　）。

A．分析技能

B．人际交往技能

C．政治技能

D．表演技能

（2）形容我最贴切的是（　　）。

A．技术专家

B．好的聆听者

C．技术高超的谈判者

D．鼓舞人心的领导者

（3）对我的成功帮助最大的能力是（　　）。

A．做好的决策

B．指导和训练他人

C．建立强大的联盟和权力基础

D．鼓舞和激励他人

（4）人们最有可能注意到我（　　）。

A．注重细节

B．关心他人

C. 成功应对矛盾和冲突

D. 很有魅力

（5）我最重要的领导力是（　　）。

A. 合理清晰的见解

B. 对他人的关心和支持

C. 性格强韧和进取精神

D. 想象力和创造力

（6）对我最好的形容是（　　）。

A. 分析家

B. 人道主义者

C. 政治家

D. 有远见卓识的人

【得分与解释】

按照以下方法来计算分数：

结构性 = 1A + 2A + 3A + 4A + 5A + 6A =

人力资源 = 1B + 2B + 3B + 4B + 5B + 6B =

政治 = 1C + 2C + 3C + 4C + 5C + 6C =

象征 = 1D + 2D + 3D + 4D + 5D + 6D =

你的答案显示了你在四种独特的领导方向上的偏向，得分越高，偏向程度越大。

【延伸阅读】

本尼斯. 成为领导者（纪念版）［M］. 徐中，姜文波，译. 杭州：浙江人民出版社，2016.

项目七 团队建设与管理

【学习目标与要求】

1. 了解团队的含义及其类型
2. 了解团队的发展阶段
3. 理解高效团队的特征
4. 掌握团队建设的方法
5. 掌握团队制度建设和文化建设的步骤
6. 掌握团队管理的内容

无锡地铁检修班组精细化管理

无锡地铁集团有限公司前身为无锡市轨道交通发展有限公司，成立于 2008 年 11 月，与无锡市轨道交通规划建设领导小组（指挥部）办公室"两块牌子、一套班子"合署办公。2012 年 7 月，经无锡市人民政府批准，无锡市轨道交通发展有限公司更名为无锡地铁集团有限公司（以下简称"无锡地铁"）。无锡地铁主要从事城市地铁及其周边资源综合开发利用与附属工程的投资、融资、建设、运营、管理等工作；承担政府下达的其他城市基础设施建设和运营管理职能。本案例结合无锡地铁的发展，以自动化部自动化车间为对象，从轨道交通运营基层管理细胞——班组管理出发，探索班组精细化管理的实施。

一、班组精细化管理的背景

（一）班组设立状况

自动化车间成立之初，班组是按照员工专业能力分专业设立的，即以综合监控、BAS（Building Automatic System，环境与设备监控系统）、FAS（Fire Alarm System，火灾自动报警系统)、安防门禁四个不同专业为单位分别设立工班，每个专业每条线在车辆段和停车场分别设立工班，两条线共设立15个工班。在这种班组架构下，工班占用了15个工班驻点，对应需要配备办公房间、办公电脑等相应的办公配套设施；同时，每个工班各配备了1个材料间，总计15个材料间。

（二）检修模式

每个专业分别设置了日巡检、月检、季检、年检。每个工班作为一个单独的最小管理单元，工班长作为工班的负责人，行使管理职责，独立安排检修，互不干涉。

随着检修的深入，这种检修模式带来了两个问题：首先，同一个检修地点在同一天会有四个专业不同的检修人员出入四次，不仅增加了属地管理的难度，而且浪费了人力资源；其次，在进行专业内季检、年检等深度检修时，由于人员相对分散，不可能投入很多的人力。设备投入使用的前五年，状况相对稳定，不充分检修作业的缺陷被暂时隐藏了。工班架构调整之后，原有的检修模式必然无法适应新的班组构架，检修模式的调整和创新势在必行。

二、班组精细化管理的实施

（一）第一阶段：工班轮岗，强化技能

该阶段进行工班融合前的技能准备，为期12个月。以3个月为一个小周期，共分4个周期。每一个周期轮岗人员进行更换，最终轮岗人员覆盖面大于工班总人数的50%。具体实施措施包括以下几个方面：

（1）员工轮岗。专业工程师于月初制定轮岗班组配置表，包括每月轮岗人员名单、现岗位名称、原所在工班、所去工班及相应的带训人名单。

（2）工程师对员工进行培训。专业工程师于月初制订本专业轮岗培训计划，包括轮岗培训内容、培训目的。轮岗期间，轮岗人员根据专业工程师制订的轮岗培训计划进行系统学习，完成当天计划任务后，由带训人评估是否按要求完成，并在轮岗计划完成情况一栏内填写相应内容。每位专业工程师按照轮岗培训计划每月至少开展一次培训，有针对性地指导并释疑。专业工程师将根据本月轮岗培训的实际情况，对下月的轮岗培训计划做出相应调整。

（3）员工能力考核。通过轮岗培训，轮岗人员能对车间四大专业的理论知识、检修内容有系统的了解，对四大专业日常检修流程、内容有全面的掌握。员工从事四大专业检修作业、排除故障的能力会有显著提升。针对员工学习的知识，每月末车间组织工班轮岗培训考试。

（二）第二阶段：制定综合工班的各类管理制度、台账

该阶段进行工班融合前的各类管理制度、台账的调整和修订，为期6个月。除了控制中心工班外，原14个工班员工划分到6个工班，融合后各工班平均为13人，每班设正、副工长各一名。工班融合促使车间原本的四个专业整合成一个大专业，统称自动化

专业，大工班的生产计划根据不同专业的检修周期和站点进行整合，确保完成生产任务；大工班的班制由原先的长白班调整为四班两运转与长白班相结合，保证白天与夜间故障排除和检修作业的顺利进行。工班融合后，车间生产检修站点被重新分配，每条线分3个工班，分别管辖8—9个站点。通过对管理制度和台账的调整，未来综合工班的运转将更加顺畅，人员调配将更加合理，自动化各专业间的联系将更加紧密，从而可以达到降本增效的目的。

（三）第三阶段：工器具、备品备件、耗材的整合与管理

该阶段进行大工班的工器具、备品备件、耗材的整合与管理，为期3个月。首先，汇总各工班所有物资及工器具台账，根据新的班组架构，将原先所有工班的物资平均发放到各新工班。除了控制中心工班库房不变外，其余每条线各重新设立3个库房。其次，按照移库单进行实地移库，全部移库动作完成后，所有新库房根据物资台账进行盘点，做到物账统一。最后，班组6S宣传栏上的工班简介等内容需重新编写。通过调配物资、合并库房、账实同步一系列动作，现有物资能够满足大工班各项日常生产需要。

（四）第四阶段：综合工班试运转

该阶段进行自动化大工班试运转。根据员工在前期轮岗中体现出来的能力，对工班员工进行均衡分配，使其投入生产运行。在新的工班中，针对部分新员工缺少专业技能工作经验、业务不精的情况，安排班组中工作责任心强、实际工作经验丰富、技术能力较强的员工，在检修作业过程中发挥带头作用，通过以身作则、亲力亲为来激励新员工勤思考、用心学、大胆做，形成新老员工互帮互学、取长补短、相互促进的良好局面。

[资料来源：刘德武，施永华，熊清晨. 基于轨道交通检修班组精细化管理的研究与探索［J］. 隧道与轨道交通，2019（S2）：214-217. 有改动]

案例思考：

1. 无锡地铁检修班组是如何实施精细化管理的？
2. 结合案例材料，谈谈对团队和团队管理的理解。

任务一　认知团队

一、团队概述

（一）团队的定义

团队是指一种为了实现某一目标而由相互协作的个体组成的正式群体，群体里成员协同工作，解决问题，实现共同的目标。斯蒂芬·P. 罗宾斯认为，团队就是由两个或

两个以上相互作用、相互依赖的个体，为了特定目标而按照一定规则结合在一起的组织。团队和群体有着根本的区别，群体可以向团队过渡。

（二）团队的构成要素

团队的构成要素有五个基本方面，简称"5P"，即目标（Purpose）、人（People）、定位（Place）、权限（Power）和计划（Plan）。

1. 目标

团队应该有一个既定的目标，为团队成员导航，令他们知道要向何处去。没有目标，团队就没有存在的价值。团队的目标必须跟组织的目标一致。团队的目标可以具体分解到各个团队成员身上，团队成员合力实现这个共同的目标。

2. 人

人是构成团队最核心的力量，两个或两个以上的人就可以组成团队。目标是通过人来实现的，所以人员选择是团队中非常重要的一个部分。不同的人通过分工协作共同实现团队的目标，在人员选择方面要考虑人员的能力如何、技能是否互补、经验如何等。

3. 定位

团队的定位包含两层意思：① 团队的定位，即团队在组织中处于什么位置，由谁选择和决定团队的成员，团队最终应对谁负责，团队采用什么方式激励成员；② 个体的定位，即作为成员在团队中扮演什么角色。

4. 权限

团队中领导者的权力大小与团队的发展阶段相关。一般来说，团队越成熟，团队中领导者所拥有的权力就越小，在团队发展初期，领导权相对比较集中。

5. 计划

计划有两层含义：① 目标的最终实现需要一系列具体的行动方案，可以把计划理解成实现目标的具体工作程序；② 按计划进行，可以保证团队工作的进度。有了计划，团队就能通过执行，一步一步地靠近目标，最终实现目标。

二、团队的类型

（一）按团队存在的目的和形态分类

根据团队存在的目的和形态不同，可将团队分为问题解决型团队、自我管理型团队、多功能团队和虚拟团队。

1. 问题解决型团队

问题解决型团队（Problem-solving Team）常常是为了解决组织中的某些专门问题而设立的。问题解决型团队一般由5—12名员工组成，团队成员通常每周利用几小时讨论改进工作程序和工作方法的问题，并提出建议，但他们通常没有权力根据这些建议单方面采取行动。例如，他们讨论如何提高产品质量、生产效率和改善工作环境等问题，并提出具体措施，但无法决定是否实施这些措施。问题解决型团队的结构如图7-1所示。

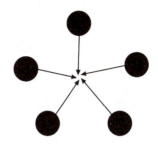

图 7-1　问题解决型团队的结构

2. 自我管理型团队

自我管理型团队（Self-managed Team）又称自我指导团队，是与传统的工作群体相对的一种团队形式。传统的工作群体通常是由领导来决策，群体成员遵循领导的指令。而自我管理型团队的成员则承担了很多过去由他们的领导来承担的职责，如进行工作分配、决定工作节奏、决定团队的质量如何评估，甚至决定谁可以加入团队等。自我管理型团队能够很好地提高员工的满意度，但是与传统的工作群体相比，自我管理型团队的离职率和流动率较高。自我管理型团队与传统的工作群体的主要区别如表7-1所示。

表 7-1　自我管理型团队与传统的工作群体的主要区别

自我管理型团队	传统的工作群体
多种技能的团队成员	一群独立的专业人员
信息得到广泛分享	信息有限
管理层次很少	管理层次多
覆盖完整的业务过程	覆盖业务过程中的一种功能
目标共享	目标割裂
看上去混乱	看上去组织有序
强调实现目标	强调解决问题
高员工承诺	高管理者承诺
自我控制	管理者控制
以价值观/原则为基础	以政策/程序为基础

自我管理型团队一般由5—30名员工组成，这些员工拥有不同的技能，轮换工作，生产整个产品或提供整个服务，承担管理任务，如安排工作和假期、订购原材料、雇用新成员等。自我管理型团队保留了工作群体的基本性质，但在运行模式方面增加了自我管理、自我负责、自我领导的特征。自我管理型团队的结构如图7-2所示。

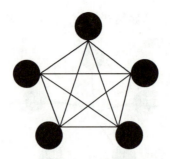

图 7-2　自我管理型团队的结构

3. 多功能团队

有的团队是由来自组织内部同一层次、不同部门或工作领域的员工组成的，他们合作完成一个包含多样化任务的大型项目，这样的团队就是多功能团队，也称跨职能型团队（Cross-functional Team）。多功能团队打破了部门之间的界限，使来自不同工作领域的员工能够交流和沟通，有利于激发新观点，协调解决复杂的问题。多功能团队的结构如图 7-3 所示。

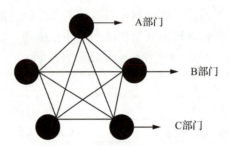

图 7-3　多功能团队的结构

4. 虚拟团队

前面三种团队形式都是基于我们的传统理解的，即团队的活动是面对面进行的。由于现代科技的发展，如互联网、可视电话会议等，协同性的工作不再需要面对面进行。这种利用计算机和网络技术把实际上分散的成员联系起来，以实现一个共同目标的工作团队，即为虚拟团队（Virtual Team）。虚拟团队的结构如图 7-4 所示。

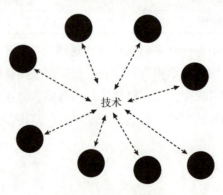

图 7-4　虚拟团队的结构

虚拟团队同样可以完成传统团队能够完成的所有工作任务，如分享信息、做出决策等。与传统团队相比，虚拟团队表现出以下几个方面的特点：一是缺少副语言和非言语沟通线索；二是有限的社会背景；三是克服了时间和空间上的制约。这些特点既创造了虚拟团队的工作优势，也带来了一些新问题，如情感问题等。

（二）按团队在组织中的功能分类

根据团队在组织中的功能不同，可将团队分为生产服务团队、行动磋商团队、计划发展团队和建议参与团队。

1. 生产服务团队

生产服务团队通常由专职人员组成，从事的工作是按部就班的，在很大程度上是自我管理的。常见的生产服务团队有生产线上的装配团队、民航客机的机组人员、计算机数据处理团队等。

2. 行动磋商团队

行动磋商团队由一些拥有较高技能的人员组成，他们共同参与专门的活动，每个人的作用都有明确的界定。这种团队以任务为中心，具有不同专门技能的团队成员都对成功完成任务做出贡献。团队面临的任务十分复杂，有时是不可预测的。常见的行动磋商团队有医疗队、乐队、谈判团队、运动队等。

3. 计划发展团队

计划发展团队由技术十分娴熟的科技人员或专业人员组成，并且团队成员来自不同的专业。这类团队的工作时间跨度一般较大。他们可能需要很多年才能完成一项发展计划，如设计一种新型汽车，他们也可能是组织中承担研究工作的永久性团队。常见的计划发展团队有科研团队、生产研发团队等。

4. 建议参与团队

建议参与团队主要是提供组织性建议和决策的团队。大多数建议参与团队的工作范围都比较窄，不占用大量的工作时间，团队成员在组织中还有其他任务。常见的建议参与团队有董事会、人事或财务的专业顾问团队、质量控制小组等。

三、团队的发展阶段

团队的发展通常要经历形成阶段、波动阶段、稳定阶段、成熟阶段和调整阶段五个阶段，如图 7-5 所示。

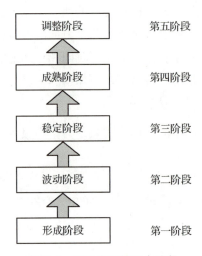

图 7-5　团队发展的五个阶段

（一）形成阶段

在团队形成阶段，要有团队创建人，要完成一系列的准备工作，要得到上级领导的支持。在这个阶段，首先要考虑团队的定位问题，形成团队的内部结构框架，包括是否需要创建这个团队、要创建一个什么样的团队、团队的主要任务是什么、团队应该包括哪些成员、如何进行团队角色分配、团队规模控制在多大等。对于这些问题，创建人必须拿出一个明确的规划来。其次要建立起团队与外界的初步联系，包括建立起团队与组织的联系；确定团队的权限；建立与团队运作相适应的制度体系，如人事制度、考评制度、奖惩制度等；建立团队与组织外部的联系与协调关系，如建立与顾客、协作者的联系，努力与社会制度和文化取得协调，等等。在团队创建初期，组织内部的职能部门与团队的关系是非常重要的。

（二）波动阶段

在这个阶段，团队成员开始熟悉和适应团队工作的方式，并且确定各自的存在价值。但在这个阶段，矛盾层出不穷，主要包括团队成员之间的矛盾、团队成员与管理者之间的矛盾、团队规则与组织规则之间的矛盾等。因此，团队管理者应该通过以下办法帮助成员顺利度过波动阶段：首先，管理者要安抚人心，要认识并能够处理冲突，平衡关系；其次，管理者要鼓励团队成员对有争议的问题发表自己的看法，积极进行有效的沟通；再次，管理者要建立团队的工作规范，并且以身作则；最后，管理者要适时调整角色，对团队成员进行适度授权，鼓励团队成员参与决策，提高团队成员的自主性和积极性。

（三）稳定阶段

经过一段时间的震荡，团队开始走向稳定和成熟。在这个阶段，团队成员产生了强烈的团队认同感和归属感，团队表现出一定的凝聚力。团队成员的人际关系由分散、矛盾逐步走向凝聚、合作，彼此之间表现出理解、关心和友爱，并再次把注意力转移到工作任务和团队目标上，关心彼此的合作和团队的发展，并开始建立工作规范和流程，团队的工作特色逐渐形成，团队成员的工作技能也有所提高。表 7-2 是团队稳定阶段的特征与变化。

表 7-2　团队稳定阶段的特征与变化

特征	变化
整体性	"我们感"或团队感增强，团队成员之间交往的友情发展，团队认同的发展
稳定性	积极参加团队活动，对团队活动的投入性和参与性增加
满意度	对团队生活感到愉快，自尊感和安全感增强，焦虑和紧张减少
动力性	团队影响力提高，团队成员对团队目标、团队决策和团队规范的接受程度增加，团队一致性行为增加

在这个阶段，团队管理者的主要任务就是协调成员之间的矛盾和竞争关系，建立起流畅的合作模式。此阶段要让成员意识到团队的决策过程是大家共同参与的，应当充分尊重各自的差异，重视彼此之间的依赖关系。合作成为团队的基本规范，而这时团队应该不断充实自己，努力让自己成为学习型团队。

（四）成熟阶段

在这个阶段，团队成员开始忠实于自己的团队，并且减少了对上级领导的依赖。团队成员信心增强，具备多种技能，能协力解决各种问题；团队成员相互鼓励，通过合理的方式进行平等沟通，化解冲突，分配资源；团队成员有成就事业的高峰体验，有完成任务的使命感和荣誉感。

在这个阶段，团队管理者应该进行以下工作：① 思考和推动变革，更新业务流程与工作方法；② 提出更具挑战性的团队目标，鼓励和推动员工不断成长；③ 监控工作的进展，通过承诺而非管理达到更佳的效果；④ 肯定团队的整体成就，承认团队成员的个人贡献。

（五）调整阶段

随着工作任务的完成，很多团队都会进入调整阶段。对于团队而言，可能有以下几种结局。

1. 团队解散

为了完成某项特定任务而组建的任务型团队会伴随着任务的完成而解散。在这一阶段，团队成员的反应差异很大，有的很乐观，沉浸于团队的成就中；有的则很伤感，惋惜团队中建立起的合作关系不能再继续。

2. 团队休整

有些团队如大公司的执行委员会在完成阶段性工作任务之后会休整一段时间，以准备进入下一个工作周期，其间可能会有团队成员的更替，即可能会有新成员加入或原成员退出。

3. 团队整顿

对于表现差强人意的团队，进入休整期后可能会被勒令整顿，整顿的一项重要内容就是优化团队规范。

团队发展的五个阶段只是一个理想模型，现实情况会和该模型存在一定的差异，各个阶段之间可能没有明显的分界线，如有些团队没有进入波动阶段就直接进入了稳定阶段，而有些团队在进入稳定阶段后又再次回到波动阶段。

团队角色理论之父——R. 梅雷迪思·贝尔宾

R. 梅雷迪思·贝尔宾（R. Meredith Belbin）毕业于英国剑桥大学卡莱尔学院，获古希腊罗马文学和心理学学位，被称为"团队角色理论之父"。贝尔宾曾以咨询顾问的身份，向经济合作与发展组织（OECD）、美国劳工部、欧洲共同体（欧洲联盟前身）委员会及多家大型企业与公共机构提供决策咨询。贝尔宾作为团队角色理论的创始人和奠基者，现为贝尔宾协会全球合伙人之一。

1981年，贝尔宾在他的开创性著作《管理团队：成败启示录》中详细阐述了团队角色理论。这本书后来被评为史上最优秀的50本管理书籍之一。1987年，贝尔宾协会的成立使团队角色理论在全球范围内被企业、非营利组织甚至政府机构广泛使用。1993年，贝尔宾出版了《团队角色：在工作中的应用》一书，为团队角色理论在工作场所提供了更多的实际应用。

贝尔宾将团队角色定义为，个体在群体内的行为、贡献及人际互动的倾向性。一个结构合理的团队应该由九种角色组成。这九种团队角色分别为：①智多星。智多星创造力强，充当创新者和发明者的角色。他们为团队的发展和完善出谋划策。②外交家。外交家是热情的、行动力强的、外向的人。无论在公司内外，他们都善于和人打交道。他们与生俱来是谈判的高手，并且善于挖掘新的机遇、发展人际关系。③审议员。审议员是态度严肃的、谨慎理智的人。他们有着与生俱来对过分热情的免疫力。他们倾向于三思而后行，做决定较慢。通常，他们非常具有批判性思维。④协调者。协调者最突出的特征就是能够凝聚团队的力量，使团队成员向着共同的目标努力。⑤鞭策者。鞭策者是充满干劲的、精力充沛的、渴望成功的人。通常，他们非常有进取心，性格外向，拥有强大的驱动力。⑥凝聚者。凝聚者是在团队中给予最大支持的成员。他们性格温和，观察力强，擅长人际交往并关心他人。⑦执行者。执行者是实用主义者，有强大的自控力及强烈的纪律意识。他们偏好努力工作，并系统地解决问题。⑧完成者。

完成者是坚持不懈的、注重细节的。一般来说，大多数完成者都性格内向，并不太需要外部的激励或推动。⑨ 专业师。专业师是专注的，他们会为自己获得专业技能和知识而感到骄傲。他们将维持自己的专业度摆在第一位，专注于对专业知识的不断探究。

任务二　团队建设

一、团队建设概述

（一）团队建设的含义

团队建设是指在组织管理中有目的、有计划、有步骤地组织团队，加强团队成员间的沟通及增进团队成员间的信任，并对团队成员进行训练、总结、提高的活动。组织通过团队建设可以迅速而有效地解决一些在岗位职责与工作标准中没有遇到过的新问题，推行一些正式规范中尚未列出的新工作方法，增加组织的凝聚力，提高人力资源的整体素质。因此，无论是对于营利组织还是非营利组织，团队建设都有着非常重要的意义。

（二）高效团队的特征

高效团队是指发展目标清晰，任务完成前后对比效果显著增加，团队成员在有效的领导下相互信任、沟通良好、积极协同工作，工作效率相对于一般团队更高的团队。高效团队是一个能够满足团队内外部利益相关者的要求的协作性群体。

罗宾斯认为，一个高效的团队应具备以下八个基本特征：

（1）清晰的目标。团队成员清楚地了解所要实现的目标，以及目标所包含的重大现实意义。

（2）相关的技能。团队成员具备实现目标所需要的基本技能，并能够实现良好的合作。

（3）相互的信任。团队成员间的相互信任是高效团队的显著特征。

（4）一致的承诺。这是团队成员对实现目标的奉献精神。

（5）良好的沟通。确保团队成员间拥有畅通的信息交流渠道。

（6）谈判的技能。高效团队的成员角色经常发生变化，这就要求团队成员具有充分的谈判技能。

（7）合适的领导。高效团队的领导者往往担任的是教练的角色或起着后盾的作用，他们对团队提供指导和支持，而不是试图去控制它。

（8）内部与外部的支持。既包括内部合理的基础结构，也包括外部给予必要的资源。

(三) 团队建设的方法

团队建设是组织发展的根本保障，团队的发展取决于团队的建设。团队建设应从以下几个方面进行。

1. 组建核心层

团队建设的重点是培养团队的核心成员。领导者是团队的建设者，应通过组建智囊团或执行团，形成团队的核心层，充分发挥核心成员的作用，使团队的目标变成行动计划，团队的业绩快速增长。团队核心层成员应具备领导者的基本素质和能力，不仅要知道团队发展的规划，而且还要参与团队目标的制定与实施，使团队成员既了解团队发展的方向，又能在行动上与团队发展的方向保持一致。

2. 制定团队目标

团队目标来自组织的发展方向和团队成员的共同追求。它是全体成员奋斗的方向和动力，也是感召全体成员精诚合作的一面旗帜。团队核心层成员在制定团队目标前，需要明确本团队目前的实际情况，如团队处在哪个发展阶段？是形成阶段、波动阶段，还是稳定阶段、成熟阶段？团队成员存在哪些不足，需要什么帮助，斗志如何？等等。在制定目标时，需要遵循 SMART 原则：S（Specific）——明确性；M（Measurable）——可衡量性；A（Attainable）——可实现性；R（Relevant）——相关性；T（Time-based）——时限性。

3. 训练团队精英

训练精英是团队建设中非常重要的一个环节。建立一支训练有素的队伍，能给团队带来很多益处：提升个人能力、提高整体素质、改进服务质量、稳定销售业绩等。一个没有精英的团队，犹如无本之木，一支未经训练的队伍，犹如散兵游勇，难以维持长久的繁荣。训练团队精英的重点在于：

（1）建立学习型组织：让每一个人都认识到学习的重要性，尽力为他们创造学习机会，提供学习场地，表扬学习进步快的人，并通过一对一沟通、讨论会、培训课、共同工作的方式营造学习氛围，使团队成员在持续的学习过程中逐步成长为精英。

（2）搭建成长平台：团队精英的产生和成长与他们所在的平台有直接关系，一个好的平台能够营造良好的成长氛围，提供更多的锻炼和施展才华的机会。

4. 培育团队精神

团队精神是指团队成员为了实现团队的利益和目标而相互协作、尽心尽力的意愿和作风，包括团队的凝聚力、合作意识及士气。团队精神强调的是团队成员的紧密合作。要培育这种精神，首先，领导者要以身作则，做一个团队精神的楷模；其次，在团队培训中要加强团队精神的理念教育，最重要的是，要将这种理念落实到团队工作的实践中。一个没有团队精神的人难以成为真正的领导者，一支没有团队精神的队伍是经不起考验的队伍，团队精神是优秀团队的灵魂、成功团队的特质。

5. 做好团队激励

团队在运行过程中会遇到各种问题和挫折,需要保持积极乐观的精神面貌。因此,每个团队成员都需要被激励,领导者的激励工作做得好坏,直接影响到团队的士气,最终影响到团队的发展。激励是指通过一定的手段使团队成员的需要和愿望得到满足,以调动他们的积极性,使其主动自发地把个人的潜能发挥出来,从而确保既定目标的实现。激励的方式多种多样,如树立榜样、培训、表扬、奖励、团建、联欢等。

小故事

一日厂长制

韩国精密机械株式会社实行一日厂长制,即让职工轮流当厂长管理厂务。一日厂长和真正的厂长一样,拥有处理公务的权力。当一日厂长对工人有批评意见时,要详细记录在工作日记上,并让各部门的员工收阅。各部门、各车间的主管依据批评意见随时改正自己的工作。实行"一日厂长制"后,工厂的向心力增强,工厂管理成效显著。

[资料来源:陈静. 国外知名企业的管理绝活[J]. 财务与会计(理财版),2010(5):68. 有改动]

二、团队制度建设

(一)团队制度建设的流程

为了切实规范团队成员的工作行为,量化团队成员的工作业绩,团队管理者必须加强团队制度建设。团队制度建设的流程如图7-6所示。

图7-6　团队制度建设的流程

(1)在制定制度前,一定要深入基层调研,本着尊重成员、理解成员、相信成员的原则,增强制度的可操作性,使制度运行上下畅通。

(2)建立统一的制度管理部门。由统一的制度管理部门牵头,协调部门间的管理制度,对其进行统一汇编和梳理,提高管理制度的协调性和指导性。

(3)团队管理者要高度重视制度建设工作,经常组织召开管理工作总结和提升研讨会,及时对管理制度进行修订,使其为团队发展更好地保驾护航。

(4)加大宣传和导向力度。在条件允许的情况下,组织全体成员学习,加强宣传报道工作,营造良好的宣传氛围。

(二）确保团队制度的实施效果

为了切实保证团队制度的实施效果，形成团队凝聚力和战斗力，团队管理者和团队成员在制度实施过程中应从以下几个方面着手：

(1) 团队管理者的凝聚力是保证团队制度有效贯彻实施的灵魂。
(2) 团队制度要保障成员分工明确、职责清晰。
(3) 团队制度应涵盖清晰的工作标准。
(4) 团队制度要体现明确的团队管理秩序。
(5) 团队制度应能够体现优胜劣汰机制。

三、团队文化建设

（一）团队文化概述

1. 团队文化的概念

团队文化是指团队成员为完成团队共同的目标并实现各自的人生价值，在相互合作的过程中形成的一种潜意识文化，包括价值观、最高目标、行为准则、管理制度、道德风尚等内容。它以全体成员为工作对象，通过宣传、教育、培训、文化娱乐等方式，最大限度地统一成员意志、规范成员行为、凝聚成员力量，为团队总目标的实现服务。

2. 团队文化的结构

团队文化的结构包括精神文化层、制度文化层、行为文化层和物质文化层四个层次，如图 7-7 所示。其中，精神文化层是团队文化的核心层，是团队在发展中形成的独具团队特征的意识形态和文化观念；制度文化层又称团队文化的制度层，它在团队文化中居中层，是具有团队文化特色的各种规章制度、道德规范和团队成员行为准则的总称，是团队为实现自身目标对成员的行为给予一定限制的文化，具有共性和强有力的行为规范的要求；行为文化层又称团队文化的行为层，是团队成员在工作、学习和娱乐中产生的活动文化；物质文化层又称团队文化的物质层，是由团队成员创造的产品和各种物质设施等构成的器物文化，是团队成员的理想、价值观、精神面貌的具体反映。

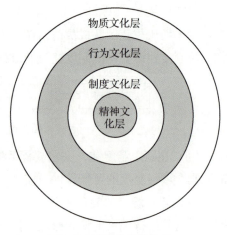

图 7-7 团队文化的结构

3. 团队文化的主要表现

(1) 团队精神。

团队精神就是团队成员共同认可的一种集体意识，显现团队成员的工作心理状态和士气,是团队成员共同价值观和理想信念的体现,是凝聚团队成员、推动团队发展的精神力量。它通过塑造可以成长,通过教育可以传播,通过激励机制可以发扬光大,通过行为人这一载体可以生生不息、延续不断。

(2)团队情绪。

团队在发展过程中经常遇到困难与挫折,但高级团队能够使团队成员愉悦相处并享受作为团队一员的乐趣,团队里不乏幽默的氛围。团队内部士气高昂,团队成员不畏艰难、不畏挫折,时刻保持昂扬的斗志。团队在文化氛围上既强调团队精神,又鼓励个人自我完善与发展,杜绝过于强调团队精神而压倒个性的文化倾向,由此激发个人的积极性、主动性和创造性。

(3)团队效率。

在一个好的团队中,团队成员不断提高自己的能力、素质与觉悟,整个团队弥漫着终身学习的氛围。团队目标统一,分工明确,权责分明,办事积极果断。团队不墨守成规,经常能创造性地解决问题,并且有着很好的对变化实时检测的预警系统与习惯,能对技术的变迁迅速做出反应,对价值观的变化做出调整。团队民主、平等的氛围使成员畅所欲言,能够从不同角度提出不同的意见和方案,使决策科学、合理。团队内部及团队与组织其他部门之间建立密切的联系,信息沟通顺畅,决策效率提高。

(二)团队文化建设的步骤

1. 设立共同目标

共同目标既是团队的核心文化,又是团队的共同价值观。目标是对远景的规划,它使团队成员团结在同一面旗帜下,并在心理上对团队目标产生认同,从而形成团队文化。

2. 确立核心价值观

核心价值观是团队在追求目标实现的过程中所推崇的基本信念和所奉行的行为准则,确立核心价值观对于凝聚团队力量、激励团队成员十分必要。事实上,核心价值观决定着团队的前途与命运。

3. 分析团队文化

让组织文化在团队内部先扎根,成为团队成员日常工作的思维指引、行为指引。做到这一点后,才能着手建立团队文化,也就是带有团队领导者烙印的团队文化。先组织文化,后团队文化,这个顺序不能颠倒。

4. 树立团队理念

团队的工作理念与工作作风,与团队领导者的工作理念与工作作风息息相关。团队的工作理念与工作作风可以通过团队标语(Slogan)来体现,如《士兵突击》中钢七连的口号"不抛弃,不放弃"。团队领导者凝聚团队共识,并在团队成员共同参与的基础上,通过自上而下、自下而上的沟通与研讨,形成团队标语,并在日常工作中贯彻和强化，最终形成团队文化。

5. 论证团队文化

团队核心价值观、团队理念是团队的精神文化，只有将精神文化落实到工作实践中，通过实际行为来践行精神文化，才能把团队文化真正落到实处。只有做到"知行合一"，才能真正建立团队文化。否则，团队标语就是放在抽屉里的档案，沦为一纸空文。

6. 宣传与传播团队文化

团队文化是团队价值观的载体，团队价值观最初就是团队创始人的价值取向，而要让团队成员接受团队的价值观，既要团队不断灌输与宣传，使团队成员在潜移默化中将其内化为自己的价值追求，又要团队健全配套机制，将团队的价值观渗透到团队日常经营管理过程中的每一个环节。

7. 评估与调整团队文化

团队要在日常工作中评估团队文化在团队中的适应性，根据团队发展、组织变化及市场环境变化适时调整团队文化。

任务三　团队管理

一、团队管理概述

（一）团队管理的含义

团队管理是指一个组织中，依照成员工作性质、能力组成各种小组，参与组织各项决策和问题解决等事务，以提高组织生产力和实现组织目标。团队管理是发挥成员专长，鼓励成员参与及相互合作，致力组织发展，所以可以说是一种合作式管理，亦是一种参与式管理。随着组织工作日益复杂，很多工作难以靠个人独立完成，必须依赖团队合作，所以团队管理具有时代需求性。组织若能善用团队管理，对于激发成员潜能、协同解决问题、增进成员对组织的认同、提高组织效率等具有一定的功能。

团队管理的基础在于团队，团队成员一般为2—25人，理论上少于10人较佳。团队建立适当与否，直接影响到团队管理的成效。为了充分发挥团队管理的效能，团队中的每个成员都必须了解团队的目标与使命及个人的角色与责任；团队管理者必须充分了解团队成员的专业背景、专业技能等，才能更有效、更清晰地定义团队成员的角色和职责，并且要让每个成员的职责相互关联，让他们懂得"一双筷子易折断，十双筷子抱成团"的道理。团队角色范例如表7-3所示。

表7-3 团队角色范例

角色类型	行为（谈话）方式示例
谋士（创新）	"试试……怎么样？" "关于这个问题，我有一个新的想法……"
推动者（聚焦）	"注意，只剩20分钟了，我们开始干吧……" "现在的问题有点棘手，因为……"
挑战者（完成）	"这样是最好的方法吗？" "我们为什么要做这件事呢？"
关心细节者（评估）	"可是，经济上我们能承受吗？" "这一环节由谁负责呢？"
实施人员（实施）	做好工作 处理未完成的事情 检查每个人的行为
资源调查者（调查）	寻找并获得信息和其他资源
协调人员（协作）	帮助人们相处 解决棘手问题
领导者（支持）	推动和指挥所有角色行动

[资料来源：郭霖. 职业潜能［M］. 重庆：重庆大学出版社，2018：63. 有改动]

（二）团队管理的兴起

现代管理如今越来越重视团队这一概念，管理专家建议重新构建组织，以便于团队工作，领导者也向组织阐述团队工作方法的好处和重要性。

我们每个人时时刻刻处在各种团队中，而实践证明团队有着巨大的潜力。越来越多的组织发现，相比于其他工作方式，以团队为基础的工作模式取得了巨大的成绩。在企业，实行团队管理后，生产水平提高了，利润增加了，同时也提高了销售额并改进了经营战略；在公共部门，实行团队管理后，任务完成得更彻底和更有效率了，对客户的服务也更好了。研究表明，无论是企业还是公共部门，团队工作提高了员工的道德水平。

团队管理是柔性化管理的典型形式，是未来管理的新趋向，但那种认为所有的团队都是好的，成员在一起就是一种团队、彼此会相互喜欢等，都不是务实的看法。只有在一个开放、沟通顺畅的环境下，才能发挥团队管理的功能。

小资料

阿希从众实验

从众心理是指个体在群体的影响或压力下，放弃自己的意见或违背自己的观点，使自己的言论、行为与群体保持一致的现象，即通常所说的"随大流"。而从众行为一般是指群体成员的跟从群体的倾向行为，即当他发现自己的行为和意见与群体不一致或与群体中大多数人有分歧时，会感受到一种压力，这会促使他采取与群体一致的行为。

1956年的阿希从众实验旨在研究从众现象的具体表现、产生及其原因。该实验以大学生为被试者，每组7人，坐成一排，其中6人为事先安排好的实验合作者，只有1人为真实被试者。实验者每次向大家出示两张卡片，其中一张画有标准线X，另一张画有三条直线A、B、C。X的长度明显地与A、B、C三条直线中的一条相等。实验者要求被试者判断X线与A、B、C三条线中哪一条线等长。实验者总是把真实被试者安排在最后。第一至第二次测试大家没有区别，第三至第十二次前六名被试者按事先要求故意说错，借此观察真实被试者的反应是否发生从众行为。

实验结果很有趣，被试者的反应多种多样，有25%的被试者从头到尾都坚持自己的判断，没有受到影响，而有50%以上的被试者在超过六次的实验中都听从了实验合作者的错误判断，甚至还有5%的被试者在每一次实验中都展示出了对错误判断的盲从。将从众行为出现的总次数除以被试者数目再除以实验次数，得到的从众行为发生率约为33%，也就是三分之一。

二、团队冲突及其解决方法

（一）团队冲突的内涵及类型

为了实现团队目标，团队应建立和谐的人际关系。团队成员只有协调和合作，才能行动一致。但是，由于种种原因，团队内部和团队之间存在冲突也是不可避免的。所谓团队冲突，是指团队内部或团队之间在目标、利益、认识等方面互不相容或互相排斥，从而产生心理或行为上的矛盾，导致抵触、争执或攻击事件的发生。团队冲突是一个动态过程，是冲突的相关主体的潜在矛盾映射为彼此的冲突意识，再酝酿成彼此的冲突行为意向，然后表现出彼此显性的冲突行为，最终造成冲突的结果与影响的一个逐步演进和变化的互动过程。

按照不同的分类方法，团队冲突可分为以下类型。

1. 按冲突的原因分类

根据冲突原因的不同，团队冲突可分为意见冲突、利益冲突和权力冲突。

（1）意见冲突。团队成员皆有自己的价值观、意见及需求，如果团队成员各持己见，便形成意见冲突。

（2）利益冲突。团队成员之间争夺稀缺资源，便形成利益冲突，团队成员与团队之间也会发生利益冲突。

（3）权力冲突。团队成员之间为了争夺职位而发生的冲突，即为权力冲突。

2. 按冲突主体的关系分类

根据冲突主体关系的不同，团队冲突可分为内在心理冲突、人际冲突和团体间冲突。

(1) 内在心理冲突。团队成员个体内部两种或多种不同的需要、欲望、情感、信念、价值观之间发生冲突，会使团队成员个体感到困惑、焦虑、痛苦和无助。

(2) 人际冲突。团队成员之间或团队成员与领导者之间因意见、利益、权力或价值观的不同所发生的冲突。

(3) 团体间冲突。现实社会中各种团队间利益、权力或意见上的相互制约与冲突，便属于团体间冲突。

3. 按冲突的性质分类

根据冲突性质的不同，团队冲突可分为建设性冲突和破坏性冲突。

(1) 建设性冲突的主要特点：冲突双方对实现共同的目标都十分关心；彼此乐意了解对方的观点、意见；大家以争论问题为中心；互相交换意见、看法的情况不断增加。

(2) 破坏性冲突的主要特点：冲突双方对赢得自己观点的胜利十分关心；不愿听取对方的观点、意见；由问题的争论转向人身攻击；互相交换意见、看法的情况不断减少，直至完全停止。

一般来说，组织内部的团队之间需要适当的建设性冲突，破坏性冲突则应该被减少到最低限度。

(二) 解决团队问题的方法

1. 成员之间不相互尊重的解决方法

(1) 深入了解团队中的每个成员，明白他们的感受及想法，并承认每个成员对团队发展所做的贡献。

(2) 通过社交活动（如周末聚餐）加强成员之间的了解。

(3) 表明自己相信所有的成员都可以实现自身的价值，并欣赏他们做出的贡献。

(4) 指出人与人的观点可能不同，因此即使不赞同他人的观点也要尊重他人。

2. 成员之间分歧和误解的解决方法

当人们意识到自己被别人误解时，情绪可能会变得急躁。产生分歧和误解的原因可能有：交谈过程中没有认真倾听；对同一个问题的看法不同；侧重于问题的不同方面；沟通出现障碍。团队管理者可以采用六项思考帽法来处理团队成员之间的分歧和误解。

六项思考帽法将人的思考方式分为六种不同的类别，如果团队成员能在同一时间把所有的思考全部聚焦在一种思考方式上，团队就能够有效避免群体思考陷入混乱，并确保从一开始就使误解最小化。六项思考帽的含义和范例如表7-4所示。

表 7-4　六顶思考帽的含义和范例

帽子颜色	含义		范例
白色	事实	中性信息（如从计算机中获得的信息）	民以食为天
红色	情感与感觉	包括预感和直觉	我感到很生气，因为我们失去了很多客户
黑色	否定	评估思想或情形的不妥之处	这个建议不会起任何作用
黄色	肯定	评估思想或情形的有利之处	这是个好主意
绿色	创造力	产生思想	你可以尝试换个角度
蓝色	控制	正如管弦乐队中的指挥一样，可控制帽子的使用	我们需要戴上黄色帽子思考

在使用这种方法时，应当允许每个成员每次集中思考问题的一个方面，如事实、感觉等，同时也应当允许每个成员在思考中转变角色，如从黑色代表的思考方式（否定）转变为黄色代表的思考方式（肯定），当然也可以让团队中的每个成员都利用同一种颜色的帽子代表的思考方式思考问题。

3. 成员之间不健康冲突的解决方法

团队成员所具有的多样性能够为团队带来不同的见解、经验和技能，但是多样性也具有负面影响——成员的不同个性可能会导致团队内部产生冲突。并不是所有的冲突都是负面的，它有健康和不健康之分，如表 7-5 所示。

表 7-5　健康和不健康冲突的特征

健康冲突的特征	不健康冲突的特征
事实性	情绪性
建设性	破坏性
公开性	压抑性

当冲突过于激烈时，团队管理者应该采取一定的措施和方法来减缓和削弱冲突，具体有五种策略可供选择，如表 7-6 所示。

（1）回避。如果冲突双方情绪过于激动而暂时无法理性思考，或者采取行动后所带来的负面影响超过冲突解决后所获得的利益，在不会给团队工作带来影响时，回避就是最好的策略。

（2）合作。合作是一种理想的解决冲突的策略，但并不是在任何条件下均可适用。一般而言，当没有时间限制时，当冲突双方均希望互利时，当问题十分重要且不宜回避或妥协时，合作是最佳策略。

（3）妥协。这种策略要求冲突的每一方均做出一定的让步，取得各方均有所赢、有所输的效果。当冲突双方势均力敌，且均愿意放弃一些观点，以求保全大局时，或者当时间要求过紧而需要一个权宜之计时，妥协能给团队带来更多利益。

（4）迁就。这种策略要求冲突的其中一方做出让步，一般在和谐及稳定特别重要时或冲突的其中一方有明显过错的情况下使用，可以使团队成员从错误中学习，以提高今后的工作质量。

（5）强制。当团队管理者需要对冲突做出迅速的处理时，或者当冲突一方或双方存在严重错误时，强制不失为解决冲突的方法。

表 7-6　解决团队冲突的策略

策略	说明
回避	推迟冲突的解决
合作	可以得到最好的解决结果和很高的团队承诺，但可能耗时
妥协	虽不能得到很好的解决结果，但冲突双方都有所收获、有所损失
迁就	以一方的妥协解决，需要明辨是非，以免误判
强制	能快速获得结果，但团队成员未必从内心认同

三、团队管理的内容

在现代企业中，团队是以部门形式出现的，也可以将企业比作一个大团队，最高管理层就是这个团队的领导者。团队是由不止一个成员组成的，团队成员在性格、才能、思维方式、行为方式等方面都存在差异。团队管理者需要从以下几个方面着手做好团队管理工作。

（一）要分清每个成员的定位和职责

这样可以避免团队成员之间职能混乱、工作交叉、重复建设等现象的出现。定位和职责尽可能细化到点，具体到单项工作。这样虽然有些费功夫，但是一定会看到效果。特别是一些组织架构复杂的企业，定位和职责模糊，很容易出现踢皮球、重复建设等现象。例如，一个团队中，既有企划，又有策划，还有策略、文案，这些岗位工作内容有些相似，如果团队管理者不明确这些岗位的定位和职责，那么就有可能出现成员工作积极性不高、工作方向盲目、重复建设严重等现象。

（二）要了解每个成员的性格、才能

团队管理者必须了解每个成员能做什么，有什么特长，行为方式有哪些特征。团队管理者可以从生活和工作两个方面去了解团队成员，生活中可以通过闲聊、团建等方式去了解，工作中可以通过团队成员以往的工作经历、当前的工作表现等入手去了解。一个经验丰富的团队管理者在经过短暂的接触和沟通后很快便能对团队成员的性格、才能了解得十分清楚。

（三）要有团队目标的引导

团队要有一个清晰的定位，即要明确团队为什么会存在，围绕什么事情在运行。目标是团队存在的前提，没有目标就谈不上团队，因为先有了目标才会有团队，所以目标是十分重要的团队构成要素。有了团队目标只是团队目标管理的第一步，更重要的是第二步统一团队的目标，就是要让团队的每个成员都认同团队的目标，并为实现团队的目标而努力工作。如果是单个项目组成的团队，团队管理者应该清楚地向团队成员阐述项目的目标。

（四）要有一套管理制度和工作流程

俗话说：“不以规矩，不能成方圆。”团队要建立一套管理制度和工作流程。很多团队管理者比较讨厌管理制度建设，觉得有些冗余，其实不然，管理制度是一套附属的判断标准和一个工作有序进行的保障体系。智能机器即使没有人去操作也会自行处理，这是因为植入了固定程序操作的指引系统。同样地，有了规章制度，团队成员可以遵循共同的行为规范，从而使团队顺利运行。

（五）要有一套合适的绩效激励体系

每个团队的管理模式都不同，但是要驱动团队成员前进，就必须让他们产生动力。值得注意的是，绩效激励体系是个性化的，用市场的眼光看待，就是将每个成员当作团队管理者的消费者，实际上每个消费者的需求是不一样的，因此，绩效激励体系应该是在了解每个成员需求的基础上制定的。一个团队要想保持持久的动力与活力，就必须引入竞争机制；同时，一个团队在从不稳定到稳定的发展过程中，必须通过激励考核，来优胜劣汰，来奖优罚劣。合理的激励考核包括以下几个方面：

（1）建立合理而有挑战性的薪酬考核体系。在具备竞争力的前提下，按贡献大小予以合理分配。只有建立一套公平、公正、公开的薪酬体系，团队成员才能在同一套制度下，施展才华，建功立业。

（2）在团队组建阶段，要多奖励，少惩治。奖励是激扬人性，惩治是压抑个性。因此，为了避免团队成员离心离德，甚至分崩离析，就必须多正面激励。比如，多奖励，不断地树立榜样和标杆，让团队形成一种学、赶、帮、超的氛围，少处罚，即使处罚，也要采用人性化的处罚方式。

（3）在团队成长、成熟阶段，要多规范，用制度来管理与约束。团队的快速成长、成熟，促使团队管理者摒弃"人治"而走向"法治"，靠流程、组织、制度来管理，做到有法可依，违法必究，执法必严，真正实现法治化。

总之，团队建设与管理是一项系统工程，团队必须有一个大家信得过的领导者，在其指引下，制定未来发展的远景与使命，制定清晰而可行的奋斗目标，选聘具有互补性的团队成员，通过合理的激励考核、系统的学习提升，全面提升团队的核心战斗力。只有这样，团队才能战无不胜，才能产生核聚效应，才能获得更大的发展。

小资料

南京地铁的"细胞体班组"

"细胞体班组"是江苏大任智库有限公司于2010年开始为南京地铁运营有限责任公司（以下简称"南京地铁"）提供班组建设咨询服务过程中，结合互联网时代下组织发展趋势及自组织等前沿管理理论，所创建的一线业务团队建设模式。该模式以实现一线班组自身的"能动自主自发"的特性为核心目标，研发了"六化"（标准化、标杆化、机制化、知识化、自主化、社会化）建设路径，并基于组织管理成熟度理论，创制了"细胞体班组成熟度量表"作为关键评价工具，为南京地铁在线网规模、基层员工和基层班组数量都快速增长的情况下，提供了班组管理与作业质量提升、业务稳定开展的系统化保障，创新实践了地铁运营企业一线业务团队建设模式。

苏州轨道交通"五型"班组星级建设

班组是企业最小的细胞，也是员工步入职业生涯的起点。班组作为落实决策、执行任务、推动发展的落脚点，其工作质量直接关系到企业生产管理的成效。苏州市轨道交通集团有限公司运营一分公司（以下简称"运营一分公司"）2014年后全面启动"五型"班组星级建设评定、授牌、授星工作。截至2022年年底，星级班组覆盖率达91.2%。

一、"五型"班组建设理念

为了实现班组管理工作的科学化、民主化、制度化、规范化，运营一分公司实施"五型"班组标准化建设，致力建设以"安全型"为基础，以"学习型、融合型、创新型"为主体，以"服务型、效率型、技能型或保障型"等为导向的"五型"班组。不同班组以专业为特色、以主题为导向，加强与实际生产工作的结合，科学规划班组建设工作。

运营一分公司将"五型"班组建设全面覆盖到组织、人员和技术三个层面，从安全、质量、效率等多个方面引导班组管理工作，同时将班组业务专项指标与分公司、部门（中心）的经营目标相关联，使班组建设与企业管理紧密联系，充分调动班组人员的主动性和创造性。

二、"五型"班组建设历程

运营一分公司"五型"班组建设工作已有十年历程，每年还会结合年度主题工作对班组提出不同的建设目标和要求。2014年印发《班组建设实施方案》，确定了"五

管理能力提升

型"班组星级建设的基本要求和星级认定的内容。2015年在星级班组认定的基础上，加大对班组安全、物资、质量、技术等动态管理的要求。2016年对班组提出"指标和效率"的建设要求，班组各项效率指标得到大幅提升。2017年围绕"流程和标准"建设，对星级班组认定方案持续做出优化，不断塑造标杆班组形象。2018年围绕"减员增效，作风效能"主题，修订班组评分标准，增加通用类指标（10分）和个性化指标（20分），增加一票否决项和加分项的项目类别。2019年围绕"全要素提升效率，全方位提高保障"主题，对主题工作完成情况进行评分；优化跨星级晋评的要求，合理设置提报跨星班组的数量；进一步完善降星标准，对高星级班组的业务指标完成情况提出更高要求；新增晋评（复审）的班组业务指标项及格线要求，提高对班组业务指标的达标要求。2020年围绕"全寿命周期管理"主题，优化班组验收模式和细则，新增卓越五星班组流动红旗评比规则。2021年、2022年进一步优化调整班组验收实施细则，引导班组在质量提高、安全生产、人员培养、成本管控等方面深耕有为。

三、"五型"班组建设成效

（一）建立完善的制度体系

通过发布《"五型"班组星级建设实施细则》《"五型"班组星级建设晋评（复审）验收实施方案》《部门（中心）"五型"班组建设指南》等规范性文件，逐步建立了完善的班组建设与管理制度，有效指导了班组建设与管理活动。

（二）建立常态的监督机制

通过将班组建设标准纳入日常的自查互查、职能检查、绩效检查、内部审查和外部审查等专项检查中，对班组建设情况做好日常的跟踪了解。通过每年组织一次班组评审验收工作，对班组建设情况进行全面的评价，对班组建设的优势和劣势进行分析总结，持续提高班组建设质量。

（三）建立有效的激励机制

依据班组管理的发展状况，对"五型"班组进行星级评定，用星的数量来衡量班组建设与管理水平和所处等级。对得到三星及以上的班组给予一定的奖励，鼓励班组不断提升管理能力。通过引导高星级班组发挥标杆作用，带领其他班组互联共建，实现优秀班组复制，以点带面加快班组建设步伐。通过组织班组交流、班组长培训等活动，实现班组管理经验分享，鼓励班组长提炼先进的管理思路和模式，提升班组人员整体素质。

通过多年的班组建设，运营一分公司目前已有8个班组获得"全国工人先锋号"、全国城市轨道交通行业劳动竞赛"先进班组"、中国设备管理协会"金牌班组"、江苏省现场管理星级评价"五星级现场"等多项荣誉称号，11名员工在全国"新誉杯""捷安杯"职业技能大赛中崭露头角，全国交通技术能手、江苏省五一劳动奖状、苏州市五一劳动奖状等国家级、省级、市级荣誉获得者累计达263人次。由高星级班组研究并申请国家新型专利达 22 项,班组在技术创新、技能培训、精益化管理等方面取得丰硕成果。

(资料来源:苏州市轨道交通集团有限公司内部资料)

案例思考题:

结合案例材料,谈谈苏州轨道交通"五型"班组星级建设的改进建议。

项目训练

训练一

【训练内容】企业团队建设中存在的问题及其改进建议。

【训练目的】通过对企业的实地调研,进一步加深学生对团队建设的理解。

【训练步骤】

1. 学生按 4—6 人组成一个小组,以小组为单位,选择一家本地著名企业的管理团队作为调研对象。

2. 事先收集和整理该企业管理团队的信息、新闻报道等相关资料,梳理该企业管理团队建设中存在的问题。

3. 结合调研资料进行小组讨论,并提出该企业管理团队建设的改进建议。制作 PPT 及电子文档,完成实训报告。实训报告格式如下:

_____实训报告		
实训班级:	项目组:	项目组成员:
实训时间:	实训地点:	实训成绩:
实训目的:		
实训步骤:		
实训成果:		
实训感言:		
不足及今后改进:		
项目组长签字:	项目指导教师评定并签字:	

4. 班级小组讨论与交流,教师总结和点评并进行成绩评定。小组提交实训报告。

训练二

【训练目的】检查与增强团队的凝聚力，为团队制定一组指导性价值观。

【训练时间】25 分钟。

【训练内容】

1．学生按 5—8 人组成一个团队。

2．确认每个成员都有一整套价值观卡片（7 张不同卡片），如图 7-8 所示。

3．每个成员选择 3 张卡片，上面显示的价值观是自己认为必须在团队里持续体现的，或者在现在是非常重要的。花点时间考虑这些价值观。将剩余的 4 张卡片正面朝下。

4．将选中的 3 张卡片正面朝上。

5．解释自己对所选卡片上价值观的理解。举出团队中的特定例子来证明价值观的存在与否。

6．对所有团队成员选中的每一价值观给出 10 个要点，并且能有持久的理解（参照图 7-9 得分卡）。

7．对那些不太一致的价值观尝试得到一致的认可。通过讨论达成一致的价值观给 5 分（参照图 7-9 得分卡）。

8．计算得分。

交流	参与	敏感	质量
承担任务	诚实	实施	

图 7-8　价值观卡片

凝聚力得分卡

价值一	得分
迅速达成一致	10
讨论达成一致	5
价值二	得分
迅速达成一致	10
讨论达成一致	5
价值三	得分
迅速达成一致	10
讨论达成一致	5

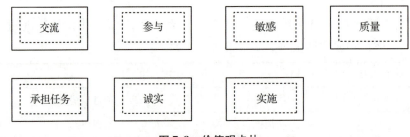

图 7-9　得分卡

讨论题：

1. 团队的凝聚力是不是天生的？思维方式相似的人组成的团队是否具有较强的凝聚力？
2. 为团队制定一组指导性价值观对增强团队凝聚力有什么作用？

自 测 题

1. 团队的构成要素有哪些？
2. 团队可以分为哪几种类型？
3. 团队文化的主要表现是什么？
4. 团队冲突分为哪几种类型？
5. 解决团队问题的方法有哪些？

【延伸阅读】

贝尔宾. 管理团队：成败启示录［M］. 袁征，李和庆，蔺红云，译. 北京：机械工业出版社，2017.

> 管理能力提升

项目八　控制能力

【学习目标与要求】

1. 掌握控制的含义和基本类型
2. 理解控制的过程
3. 了解管理信息系统的基本内容

苏州轨道交通运营能耗分析及节能管理措施

近年来，我国城市轨道交通规模显著增长。随着开通运营线路的增多，既有线路的成本管控问题逐渐突显。城市轨道交通系统电能消耗量巨大，同时拥有较大的节能空间。

苏州轨道交通1号、2号、3号、4号线总长度约165.87 km，共设7座主所、135座车站（包括15座换乘车站）、1个控制中心、4个车辆段、3个停车场（桑田岛停车场目前已拆除待重建）。电能消耗可分为牵引用电和动力照明用电两类，分别为列车提供牵引电能，为车站、车辆段提供生活、办公、生产、服务所需的动力及照明用电。其中，动力照明用电能耗主要分布在通风空调、照明、自动扶梯等设备上，通风空调系统能耗约占车站能耗的40%，它是车站的主要用电设备，也是节能工作的重点。

一、苏州轨道交通电能消耗情况分析

（一）牵引用电能耗对标情况

目前，中国城市轨道交通协会统计发布的反映牵引用电能耗表现情况的指标包括网络牵引总能耗、网络每车公里牵引能耗、网络每人次牵引能耗及网络每人公里牵引能耗，主要受线路规模、车辆型号、车辆编组、车站间距、客流、运输组织等因素的影响。

结合行业数据分析，2012—2020 年苏州轨道交通牵引用电能耗指标值及在全国城市轨道交通中的排名情况如表 8-1 所示。

表 8-1　2012—2020 年苏州轨道交通牵引用电能耗指标值及在全国城市轨道交通中的排名情况

年度	网络牵引总能耗		网络每车公里牵引能耗		网络每人次牵引能耗		网络每人公里牵引能耗	
	指标值/万度	排名	指标值/(度·车公里$^{-1}$)	排名	指标值/(度·人次$^{-1}$)	排名	指标值/(度·人公里$^{-1}$)	排名
2012	990	1/16	1.66	3/16	0.39	4/16	0.049	12/16
2013	1 702	1/17	1.62	3/17	0.35	6/17	0.044	15/17
2014	3 838	6/19	1.55	4/19	0.41	11/19	0.048	18/19
2015	4 143	6/21	1.53	3/21	0.38	7/21	0.043	18/21
2016	4 785	10/31	1.46	2/31	0.41	7/31	0.045	15/31
2017	9 726	17/30	1.55	4/30	0.56	20/30	0.055	21/30
2018	11 453	19/32	1.55	3/32	0.52	15/32	0.050	18/32
2019	12 084	22/37	1.60	6/37	0.49	11/37	0.046	17/37
2020	15 716	30/42	1.53	5/42	0.80	20/42	0.071	18/42

注：排名中，"/"前的数字为苏州排名，"/"后的数字为全国参与排名的总城市数。

2012—2020 年，随着新线路的开通、运营里程的增加，苏州轨道交通网络牵引总能耗逐年上升，同时，随着全国开通轨道交通的城市越来越多及部分城市线网规模越来越大，苏州轨道交通网络牵引总能耗在全国的行业内排名逐年下降。但总体来看，网络牵引总能耗与苏州轨道交通网络运营里程的排名情况基本一致。苏州轨道交通网络每人次牵引能耗、网络每人公里牵引能耗在全国的行业内排名处于中等水平。

由于全国各城市开通轨道交通的时间不同，城市规模、线路总里程、客运量、先期开通线路设备选型等多种因素差异巨大，无法形成统一的对标标准。以苏州轨道交通城市规模、线路总里程、客运量、车辆选型为参考点，从 2020 年中国城市轨道交通运营企业运营数据报告来看，苏州轨道交通牵引用电能耗稳定且优于同等运营规模的其他城市轨道交通运营企业。

（二）动力照明用电能耗对标情况

目前，中国城市轨道交通协会统计发布的反映动力照明用电能耗表现情况的指标仅有网络动力照明能耗 1 项，该指标反映统计期内，线网每站每日平均消耗的动力照明能耗，不包含车辆段、停车场、控制中心及商业的动力照明能耗。结合行业数据分析 2012—2020 年苏州轨道交通网络动力照明能耗指标值及在全国城市轨道交通运营企业中的排名情况发现，苏州轨道交通历年网络动力照明能耗在全国的行业内排名处于中等偏下位置，且历年排名情况波动较大。在气候条件近似的 8 个城市轨道交通中，苏州轨道交通网络动力照明能耗一、二、四季度排名与城市规模近似的杭州、西安、成都相比，较高；与周边地区相比，高于上海、杭州、宁波、常州，与南京接近，明显低于无锡。

二、苏州轨道交通历年节能管理措施

（一）牵引用电节能管理措施

牵引用电量的消耗主要与电客车选型、牵引供电系统供电臂设计距离、行车密度有关。苏州轨道交通充分挖掘牵引用电节能管理空间，对电客车客室空调、停放段场内的用电管理制定相关措施，同时，在车辆选型上，对节能的标准也逐年提高。苏州轨道交通历年牵引用电节能管理措施主要包括管理节能和技术节能两个方面。

（二）动力照明用电节能管理措施

动力照明用电量的消耗主要与车站的通风、照明及各段场、控制中心的办公用电情况有关。在管理节能方面，通过建立节能机制，加大能源管理力度。编制《能源管理要求》，制定节能制度，规范能源管理。同时，根据苏州气候特点、环控设备选型，积极借鉴其他城市轨道交通企业管理手段，结合运行经验，编制并持续优化《环控机电等系统节能运行优化实施方案》，实现通风空调系统、照明系统运行管理优化。在技术节能方面，积极开展节能改造项目，并在新线建设上采用节能新设备。

当前，在碳达峰、碳中和背景下，城市轨道交通行业应不断深入研究节能措施，提高运营的节能效率，降低运营成本，提高能源管理精细化水平。

资料来源：张英楠. 苏州市轨道交通运营能耗分析及节能措施管控［J］. 现代城市轨道交通，2022（S1）：148-153. 有改动

案例思考：

结合案例材料，分析苏州轨道交通运营节能管理措施的实施效果。

任务一　认知控制

一、控制与管理控制

（一）控制的概念

控制是指控制主体向控制对象施加一种主动影响或作用，使控制对象保持稳定状态或由一种状态向另一种状态转变的过程。控制论是由美国数学家、通信工程师诺伯特·维纳（Norbert Wiener）于1948年创立的。"控制"一词，最初被应用于技术工程系统。自控制论问世以来，控制的内涵更加丰富，它也被广泛应用于生命机体、人类社会和管理系统。

管理中的控制职能是指管理主体为了实现一定的组织目标，运用一定的控制机制和控制手段，对管理客体施加影响的过程。在管理中，构成控制活动必须满足以下三个条件：① 要有明确的目的或目标，没有目的或目标就无所谓控制；② 受控客体必须具有多种发展可能性，如果事物发展的未来方向和结果是唯一的、确定的，就谈不上控制；③ 控制主体可以在受控客体的多种发展可能性中通过一定的手段进行选择，如果这种选择不成立，控制也就无法实现。

（二）管理控制的概念

管理控制是指依据组织目标和既定计划，通过对组织实际工作的衡量与评价，针对出现的偏差，采取有效措施，确保组织目标实现的过程。管理控制是控制在管理领域的应用。

管理控制的概念可以从以下四个方面来理解：第一，控制是有目的的。控制的目的是使组织的管理系统以更加符合组织需要的方式运行，使它更可靠、更便利、更经济。第二，对实际工作的衡量与评价及对偏差的纠正，是实现控制的主要手段。对于管理者来说，重要的不是工作有无偏差或是否可能出现偏差，而是能否预测和及时发现偏差。预测到可能出现偏差或及时发现偏差，才能分析造成偏差的原因、环节，采取针对性措施及时纠正偏差。第三，控制是一个内容丰富的复杂过程，控制职能的完成需要一个科学的程序。控制过程包括三个基本环节，即确立标准、衡量成效和纠正偏差。第四，控制与计划密不可分。从定义可以看出，管理控制既包括按照既定计划标准衡量和纠正工作中出现的偏差，还包括在必要时修改计划标准，使计划更加符合实际情况这一层含义。

（三）管理控制与一般控制的关系（表8-2）

表8-2 管理控制与一般控制的关系

共同之处	都是一个信息反馈过程。通过信息反馈，发现管理活动中存在的不足，促进系统进行不断的调整和改革，使其逐渐趋于稳定、完善，直至达到优化状态
	都有两个前提条件：计划指标在控制工作中转化为控制标准；有相应的监督机构和人员
	都包括三个基本环节：确立标准、衡量成效和纠正偏差
	都是一个有组织的系统
不同之处	一般控制所面对的往往是非社会系统，如机械系统。其衡量成效和纠正偏差的过程往往可以按照给定程序自动进行。其纠正措施往往是在接收到反馈信息后即刻就付诸实施的。而在管理控制中，主管人员面对的是一个社会系统，其信息反馈、识别偏差原因、制定和采取纠正措施的过程比较复杂
	一般控制的目的在于使系统运行的偏差不超出允许范围，将系统活动维持在某一平衡点上。管理控制不仅要维持系统活动的平衡，而且力求使组织活动有所前进、有所创新，使组织活动达到新的高度和状态，或者实现更高的组织目标

二、控制的基本类型

按照不同的标准，控制可分为多种类型。但是，管理中最基本的控制有三种类型，即预先控制、同步控制和反馈控制。

（一）预先控制

预先控制是指在行动之前，为了保证未来实际与计划目标一致所做的努力。预先控制所要解决的中心问题是组织所使用的资源在数量和质量上可能产生的偏差。其基本形式是合理配置资源。

（二）同步控制

同步控制是指在计划执行的过程中，管理者指导、监督下属工作，保证实际工作与计划目标一致的各种活动。同步控制所要解决的中心问题是执行计划的实际状况与计划目标之间的偏差。其基本形式是管理者的指导、监督和测量、评价。

（三）反馈控制

反馈控制是指把行动最终结果的考核分析作为纠正未来行为的依据。反馈控制是在计划执行后进行的，其目的不是对既成事实的纠正，而是为即将开始的下一个过程提供控制的依据。

反馈控制所要解决的中心问题是执行计划的最终结果与计划目标之间的偏差。其基本形式是通过对最终结果的分析，吸取经验教训，调整与改进下一阶段的资源配置与过程指导、监督。

三种控制类型的比较如图 8-1 所示。

（1）预先控制，是建立在能测量资源的属性与特征信息的基础上的，其纠正行动的核心是调整与配置即将投入的资源，以求影响未来的行动。

（2）同步控制，其信息来源于执行计划的过程，其纠正的对象也正是这一活动过程。

（3）反馈控制，是建立在表明计划执行最终结果的信息的基础上的，其所要纠正的不是测定出的各种结果，而是执行计划的下一个过程的资源配置与活动过程。

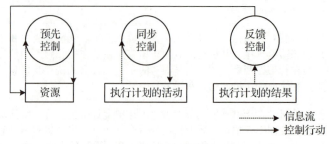

图 8-1　三种控制类型的比较

控 制 论

控制论是研究生命体、机器和组织的内部或彼此之间的控制和通信的科学。"控制"一词来源于希腊语,原意为"掌舵术",包含调节、操纵、管理、指挥、监督等多方面的含义。1948 年,诺伯特·维纳出版了著作《控制论》,标志着控制论的正式诞生。维纳创立控制论时采用 Cybernetics 这个名词,一方面借此纪念英国物理学家詹姆斯·C. 麦克斯韦(James C. Maxwell)1868 年发表的论述反馈机制的论文《论调节器》(On Governors),governor 一词就是从希腊语"掌舵人"讹误而来的;另一方面船舶的操舵机曾是早期的一种通用反馈机构。

在《控制论》中,维纳抓住了一切通信和控制系统都包含有信息传输和信息处理的过程的共同特点;确认了信息和反馈在控制论中的基础性,指出一个通信系统总能根据人们的需要传输各种不同的思想内容的信息,一个自动控制系统必须根据周围环境的变化自行调整自己的运动;指明了控制论研究上的统计属性,指出通信和控制系统接收的信息带有某种随机性质并满足一定统计分布,通信和控制系统本身的结构也必须适应这种统计性质,能对一类统计上预期的输入产生出统计上令人满意的动作。控制论的建立是 20 世纪的伟大科学成就之一,现代社会的许多新概念和新技术都与控制论有着密切关系。控制论的应用范围覆盖了工程、生物、经济、社会、人口等领域,它已成为研究各类系统中共同的控制规律的一门科学。

三、有效控制的特征

控制的目的是保证组织的活动符合计划的要求,以有效地实现预定目标。一般认为,有效的控制具有以下特征。

(一)适时控制

只有对组织活动中产生的偏差及时采取措施加以纠正,才能避免偏差的扩大,或者防止偏差对组织的不利影响扩散。管理者要及时纠正偏差,就必须及时掌握能够反映偏差产生及其严重程度的信息。如果等到偏差已经非常严重,且对组织造成了不可挽回的影响,反映偏差的信息才姗姗来迟,那么即使这种信息是非常系统、绝对客观、完全正确的,也不可能对纠正偏差带来任何指导作用。纠正偏差最理想的方法是在偏差未产生以前,就注意到偏差产生的可能性,从而预先采取必要的防范措施,防止偏差的产生;或者由于某种组织无力抗拒的原因,偏差的产生不可避免,这种认识也可指导组织预先采取措施,遏制或消除偏差产生后可能对组织造成的不利影响。

预测偏差的产生，虽然在实践中有很多困难，但在理论上是可行的，即可以通过建立经营状况的预警系统来实现。管理者可以为需要控制的对象建立一条警戒线，反映经营状况的数据一旦超过这条警戒线，预警系统就会发出警报，提醒管理者采取措施，防止偏差的产生和扩大。

（二）适度控制

适度控制是指控制的范围、程度和频度要恰到好处。

1. 防止控制过多或控制不足

控制常给被控制者带来某种不愉快，但是如果缺乏控制，就可能导致组织活动的混乱。有效的控制应该既能满足对组织活动监督和检查的需要，又能防止与组织成员发生强烈的冲突。这就要求控制要适度，一方面要认识到过多的控制会对组织成员造成伤害，对组织成员行为的过多限制，会扼杀他们的积极性、主动性和创造性，会抑制他们的首创精神，从而影响个人能力的发展和工作热情的提高，最终会影响组织效率。另一方面要认识到过少的控制不能使组织活动有序地进行，也就不能保证各部门活动进度的协调，这会造成资源浪费。过少的控制还可能使组织中的个人无视组织的要求，我行我素，不提供组织所需的贡献，甚至利用在组织中的便利地位谋求个人利益，最终导致组织的涣散和崩溃。

控制的程度和频度适当与否，受到许多因素的影响。判断控制的程度和频度是否适当的标准，通常要随活动性质、管理层次、下属受培训程度等因素而变化。一般来说，对体力劳动、技术熟练程度低的人员的控制程度和频度应大于对脑力劳动、技术熟练程度高的人员的控制程度和频度。对现场作业人员的控制程度和频度应大于对科室人员的控制程度和频度。对受过严格训练、能力较强的管理者或执行者的控制程度和频度应小于对那些缺乏必要训练、经验不足的新上任的管理者或执行者的控制程度和频度。此外，组织环境的变化也会影响成员对控制程度和频度的判断：在市场疲软时期，为了共渡难关，组织成员会同意接受比较严格的行为限制；在经济繁荣时期，组织成员则希望工作中有较大的自由度。

2. 处理好全面控制与重点控制的关系

任何组织都不可能对每一个部门、每一个环节的每一个人在每一个时刻的工作情况进行全面控制。由于存在对控制者的再控制问题，这种全面控制甚至会造成组织中控制人员远远多于现场作业人员的现象。值得庆幸的是，并不是所有成员的每一项工作都具有相同的发生偏差的概率，并不是所有可能发生的偏差都会对组织带来相同程度的影响。企业工资成本超出计划的5%对经营成果的影响要远远高于行政系统的邮资费用超过预算的20%。这表明全面系统的控制不仅代价极高，而且也是不必要的。适度的控制要求企业在建立控制系统时，利用ABC分析法和例外原则等工具，找出影响企业经营成果的关键环节和关键因素，并据此在相关环节上设立预警系统或控制点，进行重点控制。

3. 使花费一定费用的控制得到足够的控制收益

任何控制都会产生一定费用，衡量工作成绩、分析偏差产生的原因及为纠正偏差而采取措施都需要支付一定的费用；同时，任何控制只要纠正了组织活动中存在的偏差，就会带来一定的收益。一项控制只有当它带来的收益超出其所需的成本时，才是值得的。控制费用与收益的比较分析实际上就是从经济角度去分析控制程度和控制范围的问题。

（三）客观控制

控制工作应该切合组织的实际情况，即要求控制标准合理、检测技术和手段符合实际、纠偏措施切实可行，以避免管理者的主观臆断。因此，有效的控制必须是客观的、符合组织实际的。客观的控制源于对组织活动状况及其变化的客观了解和评价。

（1）控制过程中采用的检查、测量的技术和手段必须能正确地反映组织活动在时空上的变化程度与分布状况，准确地判断和评价组织各部门、各环节的工作与计划要求的相符或相背离程度。这种判断和评价还取决于衡量工作成效的标准是否客观和恰当。

（2）组织还必须定期地检查过去规定的标准和计量规范，使之符合现时的要求。没有客观的标准和准确的检测手段，人们对组织实际工作就不易有一个正确的认识，从而难以制定出正确的措施进行客观的控制。

（四）弹性控制

组织经常会遇到各种突发的、无力抗拒的变化，这些变化使组织计划与现实条件严重背离。有效的控制系统应在这样的情况下仍能发挥作用，维持组织的正常运转，也就是说，应该具有灵活性或弹性。弹性控制与控制的标准有关。例如，预算控制通常规定了企业各经营单位的主管人员在既定规模下能够用来购买原材料或生产设备的额度。这个额度如果规定得绝对化，一旦实际产量或销售量与预测数出现差异，预算控制就可能失去意义：经营规模扩大，会使经营单位感到经费不足；销售量低于预测数，则可能使经费富余，甚至造成浪费。有效的预算控制应能反映经营规模的变化，考虑到未来的企业经营水平，从而为经营规模的参数值规定不同的经营额度，使预算在一定范围内是可以变化的。一般来说，弹性控制要求组织制订弹性的计划和弹性的衡量标准。

四、控制与其他管理职能的关系

（一）控制与计划的关系

控制职能是按照计划标准来衡量所取得的成果并纠正所发生的偏差，以确保计划目标的实现。如果说管理的计划工作是谋求一致、完整而又彼此衔接的计划方案，那么管理的控制工作则是使一切管理活动都能按计划进行。

计划和控制是一个问题的两个方面。计划是基础，它是用来评定行动及其效果是否符合需要的标准。计划越明确、全面和完整，控制的效果就越好。控制职能使管理工作成为一个闭路系统，如图 8-2 所示。在多数情况下，控制工作既是一个管理过程的终结，又是一个新的管理过程的开始，它使计划的执行结果与预定的计划目标相符，并为计划提供信息。

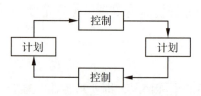

图 8-2　控制与计划的闭路系统

（二）控制与组织的关系

组织职能是通过建立一种组织结构框架，为组织成员提供一种适合默契配合的工作环境。因此，组织职能的发挥不仅为组织计划的贯彻执行提供了合适的组织结构框架，为控制职能的发挥提供了人员配备和组织机构，而且组织结构的确定实际上也就规定了组织中信息联系的渠道，为组织的控制提供了信息系统。如果目标的偏差产生于组织上的问题，则控制的措施就要涉及组织结构的调整、组织中的权责关系和工作关系的重新确定等方面。

（三）控制与领导的关系

领导职能是通过领导者的影响力来引导组织成员为实现组织的目标而做出积极的努力。这意味着领导职能的发挥影响着组织控制系统的建立和控制工作的质量，反过来，控制职能的发挥又有利于改进领导者的领导工作，提高领导者的工作效率。

任务二　控制过程

控制是根据计划的要求，设立衡量绩效的标准，然后把实际工作结果与预定标准相比较，以确定组织活动中出现的偏差及其严重程度；在此基础上，有针对性地采取必要的纠正措施，以确保组织资源的有效利用和组织目标的圆满实现。控制过程包括三个基本环节，即确立标准、衡量成效和纠正偏差，如图 8-3 所示。

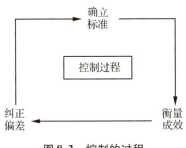

图 8-3 控制的过程

一、确立标准

标准是人们检查和衡量工作及其结果（包括阶段结果与最终结果）的规范。制定标准是进行控制的基础。没有一套完整的标准，衡量成效或纠正偏差就失去了客观依据。

（一）确定控制对象

组织活动的结果是需要控制的重点对象。控制工作的最初始动机就是促进组织有效地取得预期的活动结果。因此，要分析组织需要什么样的结果。这种分析可以从盈利性、市场占有率等多个角度进行。确定了组织活动需要的结果类型后，要对它们进行明确的、尽可能定量的描述，也就是说，要规定需要的结果在正常情况下希望达到的状况和水平。

要保证组织取得预期的结果，就必须在结果最终形成前进行控制，纠正与预期结果要求不相符的活动。因此，要分析影响组织活动结果的各种因素，并把它们列为需要控制的对象。

（二）选择控制重点

组织无力也无必要对所有成员的所有活动进行控制，而应在影响活动结果的众多因素中选择若干关键环节作为重点控制对象。美国通用电气公司在分析影响和反映企业绩效的众多因素的基础上，选出了对企业经营成败起决定作用的八个方面。

1. 获利能力

通过提供某种商品或服务取得一定的利润，是任何企业从事经营活动的直接动因之一，也是衡量企业经营成败的综合标志，通常可用与销售额或资金占用量相比较的利润率来表示。

2. 市场地位

市场地位是指对企业产品在市场上占有份额的要求。这是反映企业相对于其他企业的经营实力和竞争能力的一个重要标志。

3. 生产率

生产率可用来衡量企业各种资源的利用效果，通常用单位资源所能生产或提供的产品数量来表示。

4. 产品领导地位

产品领导地位通常是指产品的技术先进水平和功能完善程度。它表明企业在工程、制造和市场方面领导一个行业的新产品和改良现有产品的能力。

5. 人员发展

企业的长期发展在很大程度上依赖人员素质的提高。要通过人员发展规划的制订和实施，为企业及时供应足够的经过培训的人员，为员工提供成长和发展的机会。

6. 员工态度

员工的工作态度对企业目前和未来的经营成就有着非常重要的影响。测定员工态度的标准涉及多个方面。

7. 公共责任

企业的存续以社会的承认为前提。而要争取社会的承认，企业就必须履行必要的社会责任，包括提供稳定的就业机会、参加公益事业等多个方面。公共责任能否很好地履行关系到企业的社会形象。

8. 短期目标与长期目标的平衡

企业目前的生存和未来的发展相互依存、不可分割。因此，在制订和实施经营计划时，应能统筹短期与长期的关系，检查各时期的经营成果，分析目前的高利润是否会影响未来的收益，以确保目前的利益不是以牺牲未来的利益和经营的稳定性为代价而取得的。

（三）制定控制标准

1. 控制标准的类型

控制标准的类型很多，通常可将控制标准分为定量标准和定性标准两大类。定量标准便于测量和比较，是控制标准的主要表现形式。它可分为实物标准（产品数量、废品数量等）、价值标准（成本、利润、销售收入等）和时间标准（工时定额、工期、交货期等）。定性标准主要与服务质量、组织形象等方面有关，一般难以量化。但在使用时仍需要尽量将定性标准客观化，以便于测量和判断。例如，对于面向顾客的服务质量，可以用有无书面投诉或顾客满意度等标准进行要求和检查。在组织中，通常使用的控制标准有以下几种：

（1）时间标准，是指完成一定的工作所花费的时间限度。

（2）生产率标准，是指在规定时间内完成的工作量。

（3）消耗标准，是指完成一定的工作所需的有关消耗。

（4）质量标准，是指工作应达到的要求，或者产品或服务应达到的品质标准。

（5）行为标准，是指对员工规定的行为准则。

2. 控制标准的基本要求

制定的控制标准必须与组织的理念和目标相一致，对员工的工作行为具有指引和导向作用，并便于对各项工作及其成果进行检查和评价。具体而言，科学的控制标准应该满足以下基本要求：

（1）简明性。对标准的量值、单位和允许的偏差范围要有明确说明，对标准的表述要通俗易懂，便于理解和把握。

（2）适用性。制定的标准要有利于组织目标的实现，要对每一项工作的衡量都明确规定具体的时间幅度和具体的衡量内容与要求，以便准确地反映组织活动的状态。

（3）一致性。制定的标准应尽可能地体现协调一致、公平合理的原则。管理控制工作覆盖组织活动的各个方面，制定出来的各项控制标准应该彼此协调，不可相互冲突。同时，控制标准应在规定范围内保持公平性。

（4）可行性。制定标准时必须考虑到员工的实际情况，即标准不能定得过高，也不能定得过低，要使绝大多数员工经过努力后可以达到。

（5）可操作性。标准要便于对实际的工作绩效进行衡量、比较、考核和评价；要便于对各部门的工作进行衡量，当出现偏差时，能找到相应的责任单位。

（6）相对稳定性。制定的标准既要在一个时期内保持不变，又要具有一定的弹性，能对环境的变化有一定的适应性，特殊情况能够例外处理。

（7）前瞻性。制定的标准既要符合现时的需要，又要与未来的发展相结合。

3. 控制标准的制定方法

控制的对象不同，为它们制定标志正常水平标准的方法也不一样。一般来说，组织可以使用的制定控制标准的方法有以下三种：① 统计计算法，即利用统计方法来确定预期结果；② 经验估计法，即根据经验和判断来估计预期结果；③ 工程方法，即在客观的定量分析基础上建立工程（工作）标准。

二、衡量成效

组织活动中的偏差如能在产生之前被发现，就可指导管理者预先采取必要的措施以求避免。这种理想的控制和纠偏方式虽然有效，但现实可能性不是很高。并非所有的管理者都有卓越的远见，也并非所有的偏差都能在产生之前被预见，事实可能正好相反。在这种限制条件下，最满意的控制方式应是必要的纠偏行动能在偏差产生以后迅速采取。为此，要求管理者及时掌握能够反映偏差是否产生并能判定其严重程度的信息。用预定标准对实际工作成效与进度进行检查、衡量和比较，就是为了提供这类信息。

为了能够及时、正确地提供能够反映偏差的信息，同时又符合控制工作在其他方面的要求，管理者在衡量工作成绩的过程中应注意以下几个问题。

（一）检验标准的客观性和有效性

衡量工作成效以预定的标准为依据，但利用预先制定的标准去检查各部门在各个阶段的工作，这本身也是对标准的客观性和有效性进行检验的过程。检验标准的客观性和有效性，是要分析通过对标准执行情况的测量能否取得满足控制需要的信息。在为控制对象确定标准的时候，人们可能只考虑到一些次要的因素，或者只重视一些表面的因素，因此，利用预定的标准去检查人们的工作，有时并不能达到有效控制的目的。比如，衡量员工出勤率是否达到正常水平，不足以评价员工的工作热情、劳动效率或劳动贡献；分析产品数量是否达到计划目标，不足以判定企业的盈利程度；等等。在衡量过程中对标准本身进行检验，就是要指出能够反映控制对象本质的特征，从而找到最适宜的标准。要评价员工的工作热情，可以考核他们提供有关经营或技术改造合理化建议的次数；要评价员工的劳动效率，可以计量他们提供的产品数量和质量；要分析企业的盈利程度，可以统计和分析企业的利润额及其与资金、成本或销售额的相对百分比；要衡量销售人员的工作绩效，可以检查他们的销售额是否比上年或平均水平高出一定数量。

（二）确定适宜的衡量频度

正如我们在有效控制的特征中分析的，控制过多或控制不足都会影响控制的有效性。这种"过多"或"不足"，不仅体现在控制对象、衡量标准的数目选择上，而且表现在对同一标准的衡量次数或频度上。对影响某种结果的要素或活动过于频繁地衡量，不仅会增加控制的费用，而且可能引起有关人员的不满，从而影响他们的工作态度；检查和衡量的次数过少，则可能使许多重大的偏差不能及时被发现，从而不能及时采取措施。以什么样的频度、在什么时候对某种活动的绩效进行衡量，取决于被控制活动的性质。例如，对产品质量的控制常常需要以小时或日为单位进行；对新产品开发的控制则可能只需以月为单位进行。需要控制的对象可能发生重大变化的时间间隔是确定适宜的衡量频度时所需考虑的主要因素。管理者经常在他们方便的时候，而不是在工作绩效仍"在控制中"（可能因人们采取的措施而改变）时进行衡量。这种现象必须避免，因为它可能导致行动的迟误。

（三）建立信息反馈系统

负有控制责任的管理者只有及时掌握了反映实际工作与预期工作绩效之间偏差的信息，才能迅速采取有效的纠正措施。然而，并不是所有衡量绩效的工作都是由管理者直接进行的，有时需要借助专职的检测人员。因此，应该建立有效的信息反馈网络，使反映实际工作情况的信息适时地传递给适当的管理者，使之能与预定标准进行比较，及时发现问题。这个网络还应能及时将偏差信息传递给与被控制活动有关的部门和个人，以使他们及时知道自己的工作状况、为什么出错了及要怎样做才能更有效地完成工作。建立这样的信息反馈系统，不仅有利于保证预定计划的实施，而且能防止基层员工把衡量和控制视作上级检查工作、进行惩罚的手段，从而避免产生抵触情绪。

三、纠正偏差

利用科学的方法、依据客观的标准对工作绩效进行衡量，可以发现计划执行中出现的偏差。纠正偏差就是在此基础上分析偏差产生的原因，制定并实施必要的纠正措施。这项工作使控制过程得以完整，并将控制与管理的其他职能联结起来：通过纠正偏差，组织计划得以遵循，组织结构和人事安排得到调整。

（一）分析偏差

偏差就是工作的实际绩效与设定的标准值之间的差异，实际绩效高于设定的标准值为正偏差，实际绩效低于设定的标准值为负偏差。并非所有偏差都会影响组织活动的最终结果，有些偏差可能反映计划制订和执行工作中的严重问题，有些偏差则可能是一些偶然的、暂时的、区域性因素引起的，不一定会对组织活动的最终结果产生重要影响。因此，在采取任何纠正措施以前，必须首先对反映偏差的信息进行评估和分析。

（二）确定纠偏措施的实施对象

需要纠正的既可能是组织的实际活动，也可能是组织这些活动的计划或衡量这些活动的标准。大部分员工没有完成劳动定额，可能不是由于全体员工抵制，而是由于定额太高；产品销售量下降，可能不是由于质量劣化或价格不合理，而是由于市场需求饱和或周期性经济萧条；等等。在这些情况下，首先要改变的是衡量工作的标准或指导工作的计划。

预定计划或标准的调整由以下两种原因决定：① 原先的计划或标准制定得不科学，在执行中发现了问题；② 原来正确的计划和标准，由于客观环境发生了预想不到的变化，不再适应新形势的需要。

（三）选择恰当的纠偏措施

针对产生偏差的主要原因，就可制订改进工作或调整计划和标准的纠偏方案。在纠偏措施的选择和实施过程中，需要注意以下几个方面：

（1）使纠偏方案双重优化。纠正偏差，不仅在实施对象上可进行选择，而且对同一对象的纠偏也可采取多种不同的措施。所有这些措施的实施条件与实施效果相比的经济性都要优于不采取任何行动任由偏差发展可能给组织造成的损失，有时最好的方案也许是不采取任何行动，如果行动的成本超过偏差造成的损失。这是纠偏方案选择过程中的第一重优化。第二重优化是在此基础上，通过对各种经济可行方案的比较，找出其中追加投入最少、解决偏差效果最好的方案来组织实施。

（2）充分考虑原先计划实施的影响。对客观环境的认识能力提高，或者因客观环境发生了重要变化而引起了纠偏需要，可能会导致原先计划与决策的局部甚至全局的否定，从而要求组织活动的方向和内容进行重大调整。这种调整有时被称为追踪决策，即当原有决策的实施表明将危及决策目标的实现时，对目标或决策方案所进行的一种根本性修正。

（3）注意消除人们对纠偏措施的疑虑。任何纠偏措施都会在不同程度上引起组织的结构、关系和活动的调整，从而会影响某些组织成员的利益。不同的组织成员会因此

管理能力提升

对纠偏措施持不同态度，特别是纠偏措施属于对原先决策和活动进行重大调整的追踪决策。控制人员要充分考虑到组织成员对纠偏措施的不同态度，注意消除执行者的疑虑，争取更多的人理解、赞同和支持，以避免在纠偏方案的实施过程中可能出现的人为障碍。

小资料

地铁司机是如何精准停车的？

为什么地铁停车时门总能对那么准？到底是电脑操控的还是人工控制的？

地铁上，除了司机外，还有列车自动驾驶系统（Automatic Train Operation, ATO）。装了 ATO 的列车，大多数情况下，不需要司机控制。ATO 的主要功能是实现列车的加减速、精准停车、开启车门和站台门。在列车运行过程中，ATO 会读取列车的行驶速度和实时位置，与列车自动保护系统（Automatic Train Protection, ATP）的安全制动模型相比，ATO 根据列车当前的行驶状况，自动控制列车的刹车和油门。由于 ATO 的控制很精准，列车的速度会接近限制速度，因此地铁的行车效率较高。

地铁的行驶自然也离不开地图导航。地铁上的电子地图和普通导航地图不同，它直接是一条线，线上标注了整个路段的所有信号设备，其中有对位停车的信号设备。地铁里离停车位置数百米的轨道下，埋着对应的线圈。当列车驶过线圈时，设备发出信号触发 ATO 对应的制动程序，ATO 开始分阶段降低列车的速度。当收到最后一个停车信号时，ATO 就会将刹车踩到底，将车准确地停在对应屏蔽门位置，误差不超过 30 厘米。

任务三　构建管理信息系统

随着信息技术的迅速发展和广泛应用，管理控制的内容和手段得到了极大丰富，管理控制效率和效果也得到了极大改善。管理信息系统已成为提高管理控制能力的重要内容和手段。

一、管理信息的概念与分类

（一）管理信息的概念

信息就是能带来新内容、新知识的消息。所谓管理信息，是指反映管理活动特征及其发展变化情况的信息，如管理的知识、管理的规范、管理的状况与效果及有关数据等。

(二) 管理信息的分类

（1）按照信息的来源分类，管理信息可分为组织内部信息与组织外部信息。

（2）按照现行的用途与作用分类，管理信息可分为决策信息、指挥与控制信息、作业信息。这三类信息分别和决策、指挥与控制、作业这三大职能活动相关并为之服务。

（3）按照信息的载体或形态分类，管理信息可分为多种形式的信息，如知识、消息、原理、规范、流动信息、数据、描述与评价、声音信息、书面信息、电子信息，等等。

二、管理信息系统的概念与功能

(一) 管理信息系统的概念

管理信息系统（Management Information System，MIS）是一个由人、计算机等组成的，能进行信息的收集、传递、存储、加工、维护和使用的系统。管理信息系统能实测组织的各种运行情况，利用过去的数据预测未来，从组织全局出发辅助组织进行决策，利用信息控制组织的行为，帮助组织实现其计划目标。

管理信息系统的主要任务是最大限度地利用现代计算机及网络通信技术来加强对组织信息的管理，通过对组织所拥有的人力、物力、财力等资源的调查了解，获取正确的数据，加工处理并编制成各种信息资料及时提供给管理者，以便其做出正确的决策，不断提高组织的管理水平和经济效益。目前，计算机网络已成为组织进行技术改造及提高管理水平的重要手段。

(二) 管理信息系统的功能

管理信息系统有信息采集和输入、信息传输、信息存储、信息加工、信息维护、信息使用等基本功能。

1. 信息采集和输入

要把分布在组织各个部门的信息收集起来，首先遇到的问题是识别信息。确定信息需求，要从调查客观情况出发，根据系统目标来确定信息收集范围。

采集数据的方法主要有以下三种：① 自上而下地广泛收集，如收集各种月报、季报、年报，这种收集有固定的周期；② 有目的地进行专项调查，如进行人口调查，可全面进行，也可随机抽样；③ 采用随机积累法，只要是"新鲜"的事就积累，以备后用。

将收集的数据按系统要求的格式加以整理，录入并存储在一定的介质中，并经过一定的校验后输入系统进行处理。

2. 信息传输

信息传输包括计算机系统内和系统外的传输，其实质是数据通信。信息传输的过程涉及信源、编码、信道、译码、信宿等多个要素。

信源，即信息的来源，可以是人、机器、自然界的物体等。信源发出信息时，一般以某种符号（文字、图像等）或某种信号（语言、电磁波等）表现出来。

编码，即把信息变成信号。所谓码，就是按照一定规则排列起来适合在信道中传输的符号序列。这些符号的编排过程就是编码过程。

信道，即信息传递的通道，是传输信息的媒质，分为明线、电缆、无线、微波、人工传送等。信道的关键问题是信道的容量。

译码，即信号序列通过输出端输出后，需要翻译成文字、图像等，成为接收者需要了解的信息。译码是编码的反变换，其过程与编码过程相反。

信宿，即信息的接收者，可以是人、机器或另一个信息系统。

3. 信息存储

计算机存储器是存放变化快的控制信息和业务信息的主要形式。随着技术的进步，信息存储的成本不断下降，目前用计算机存储器存储信息的成本比较低。计算机存储器按功能分为内存储器和外存储器。内存储器存取速度快，可随机存取存储器中任何地方的数据。外存储器存储量大，但必须由存取外存储器的指令整批存入内存储器后，才能为运算器所使用。

4. 信息加工

信息加工的范围很大，从简单的查询、排序、归并到复杂的模型调试及预测。这种功能的强弱显然是管理信息系统能力的一个重要方面。现代管理信息系统在这方面的能力越来越强，在加工中使用了许多数学及运筹学的工具，涉及许多专门领域的知识，如数学、运筹学、经济学、管理学等。许多大型系统不但有数据库，还有方法库和模型库。技术的发展给数据处理能力的提高提供了广阔的前景，如发展中的"人工智能"科学研究机器正部分代替创造性的脑力劳动，如诊断、决策、写文章等。

5. 信息维护

保持信息处于合用状态叫作信息维护，这是信息管理的重要一环。从狭义上讲，它包括经常更新存储器中的数据，使数据保持合用状态；从广义上讲，它包括信息系统建成后的全部管理工作。信息维护的主要目的是保证信息的准确、及时、安全和保密。

6. 信息使用

从技术上讲，信息的使用主要是高速度、高质量地为使用者提供信息。系统的输出结果应易读易懂、直观醒目，输出格式应尽量符合使用者的习惯。

信息的使用更深一层的意思是实现新信息价值的转化，提高工作效率，利用信息进行管理控制，辅助管理决策。支持管理决策是管理信息系统的重要功能。

三、典型的企业管理信息系统

（一）MRP 系统

物料需求计划（Material Requirement Planning，MRP）是一种物料管理和生产方式，是企业资源计划（Enterprise Resource Planning，ERP）系统的重要组件，它建立在主生产计划（Master Production Schedule，MPS）的基础上，根据产品的物料清单（Bill of Material，BOM）、工艺路线、批量政策、提前期等技术和管理特征，生成原材料、毛坯和外购件的采购作业计划和零部件生产加工、装配的生产作业计划，从而实现有效管理和控制企业物料流动的微观计划。MRP 逻辑流程如图 8-4 所示。

物料管理包括物料的库存管理、物料需求的计划管理、企业各个部门中物料数量的协调和控制、物料的采购和运输管理等。一般情况下，物料管理有两个目的：一是保证整个生产过程连续进行，不出现因为物料供应不足生产中断的现象；二是尽可能减少库存量，不出现因为物料库存数量过多占用过多的流动资金、过多的仓库位置和造成物料浪费等现象。MRP 需要回答五个方面的问题：① 生产什么？生产多少？何时生产？② 要用到什么？要用到多少？何时用到？③ 已经有了什么？有多少？何时使用？④ 还缺少什么？缺少多少？何时需要？⑤ 何时安排？

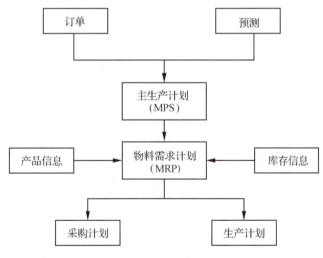

图 8-4　MRP 逻辑流程图

（二）ERP 系统

ERP 建立在信息技术基础上，以先进的、系统化的企业管理理念，将企业各个方面的资源充分调配和平衡，为企业决策层、管理层和操作层提供解决方案，使企业在激烈的市场竞争中赢得竞争。

ERP 的核心管理思想就是实现对整个供应链的有效管理，主要体现在以下三个方面：

（1）体现对整个供应链资源进行管理的思想。在信息经济时代，企业竞争已不是单一企业间的竞争，而是一个企业供应链与另一个企业供应链间的竞争，即企业不但要依靠自己的资源，还必须把经营过程中的有关各方如供应商、制造工厂、分销网络、客户等纳入一个紧密的供应链中，只有这样才能在市场上获得竞争优势。ERP系统适应了这一市场竞争的需要，实现了对整个企业供应链的管理。

（2）体现精益生产、同步工程和敏捷制造的思想。ERP系统支持混合型生产方式的管理，其管理思想表现在两个方面：其一是精益生产的思想，即企业把客户、销售代理商、供应商、协作单位等纳入生产体系，同它们建立起利益共享的合作伙伴关系，进而组成一个企业的供应链；其二是敏捷制造的思想，当市场上出现新的机会，而企业的基本合作伙伴不能满足新产品开发和生产的要求时，企业组织一个由特定的供应商和销售渠道组成的短期或一次性的供应链，形成"虚拟工厂"，把供应商和协作单位看作企业的一个组成部分，运用同步工程组织生产，用最短的时间将新产品打入市场，时刻保持产品的高质量、多样化和灵活性。

（3）体现事先计划与事中控制的思想。ERP系统中的计划体系包括主生产计划、物料需求计划、能力计划、采购计划、销售执行计划、利润计划、财务预算、人力资源计划等，而且这些计划功能与价值控制功能已完全集成到整个供应链系统中。另外，ERP系统通过定义与事务处理相关的会计核算科目与核算方式，在事务处理发生的同时自动生成会计核算分录，保证资金流与物流的同步记录和数据的一致性，从而实现了根据财务资金现状，追溯资金的来龙去脉，并进一步追溯到所发生的相关业务活动，便于进行事中控制和实时做出决策。

ERP是将企业所有资源进行整合集成管理，简单地说是将企业的四大流（物流、人流、资金流、信息流）进行全面一体化管理的管理信息系统。它的功能模块已不同于以往的MRP或MRP Ⅱ的模块，它不仅可用于生产企业的管理，而且许多其他类型的组织如一些非生产、公益性的企事业单位也可导入ERP系统进行资源计划和管理。下面以典型的生产企业为例来介绍ERP的功能模块。

在生产企业中，一般的管理主要包括三个方面的内容：生产管理（计划、制造）、物流管理（分销、采购、库存管理、质量管理）和财务管理（会计核算、财务管理）。这三大系统本身就是集成体，彼此之间有相应的接口，能够很好地整合在一起来对企业进行管理。另外，随着企业对人力资源管理重视的加强，已经有越来越多的ERP厂商将人力资源管理纳入ERP系统中。

（三）SCM系统

供应链管理（Supply Chain Management，SCM），强调把整个物流供应链作为对象来管理，强调把供应商、制造商、分销商、零售商和消费者作为供应链上的节点来实现协调管理，力争实现双赢或多赢。ERP 系统中的供应商管理、采购管理、应付管理等功能模块与物流管理紧密关联。但是，这些管理都是从用户本身利益出发的管理。虽然 ERP 系统包括了供应商管理，但是这种管理的重点主要放在对供应商基本信息的管理和对供应商供应物料的评价方面。这种管理方式几乎没有供应商的主动参与，其盈利形式是典型的单赢形式。SCM 系统则不一样。SCM 系统主要包括采购管理、销售管理和高级计划排程（Advanced Planning and Scheduling，APS），其功能框架如图 8-5 所示。需要注意的是，SCM 系统中的采购管理与 ERP 系统中的采购管理不同，其主要差别表现在以下几个方面：由交易关系转变为合作关系；由避免缺料的采购转变为满足订货的采购；由被动供应转变为主动供应；由制造商管理库存转变为供应商管理库存。SCM 系统追求的是零库存管理。

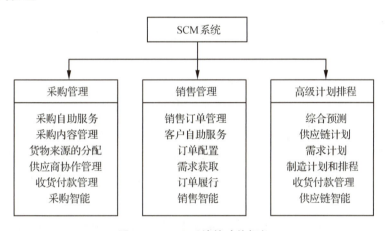

图 8-5 SCM 系统的功能框架

（四）CRM 系统

客户关系管理（Customer Relationship Management，CRM）的核心是客户价值管理，它将客户价值分为既成价值、潜在价值和模型价值，通过一对一营销原则，满足不同价值客户的个性化需求，提高客户忠诚度和保有率，实现客户价值持续贡献，从而全面提升企业盈利能力。

客户是企业的一项重要资产，客户关怀是 CRM 的中心，客户关怀的目的是与所选客户建立长期和有效的业务关系，在与客户的每一个"接触点"上都更加接近客户、了解客户，最大限度地增加利润和利润占有率。当前，作为解决方案的 CRM 系统，集合了当今最新的信息技术，包括互联网和电子商务、多媒体技术、数据仓库和数据挖掘、专家系统和人工智能、呼叫中心等。销售管理、营销管理、客户服务与支持是 CRM 系统的基石，如图 8-6 所示。

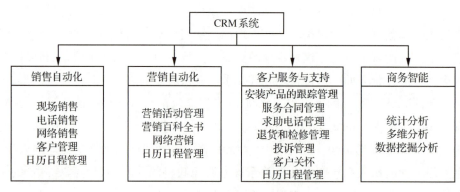

图 8-6　CRM 系统的功能框架

（五）HRM 系统

人力资源管理（Human Resource Management，HRM）是指企业运用系统学理论方法，对企业人力资源管理的方方面面进行分析、规划、实施和调整，以提高企业人力资源管理水平，使人力资源更有效地服务企业目标的实现。

建立 HRM 系统是人力资源部门的责任，而要建立 HRM 系统，就必须先了解企业独特的组织沿革、企业文化、经营目标、组织设计、工作设计、员工组成、员工需求等，因此 HRM 系统不能移植，企业必须以自我需求为基础，根据上述考量因素，量身规划满足自己需要的 HRM 系统。因此，并没有所谓的标准化 HRM 系统。而要规划满足自己需要的 HRM 系统，人力资源主管及主办人员就必须具有足够的设计能力，以便建立 HRM 系统。但是，目前建立 HRM 系统所面临的最大问题，不在于如何建立，而是建立之后，各个子系统之间的衔接未能环环相扣，人力资源管理的整体功能无法发挥。因此，如何整合各个子系统，如任用系统、薪资系统、训练系统、福利系统等，使其成为一个完整的 HRM 系统，是当今企业的重要课题。

机　器　人

机器人（Robot）是一种能够半自主或全自主工作的智能机器。机器人能够通过编程和自动控制来执行诸如作业或移动等任务。与一般的自动化机器所不同的是，机器人具备一些与人或生物相似的智能能力，如感知能力、规划能力、动作能力和协同能力，是一种具有高度灵活性的自动化机器。

随着人们对机器人技术智能化本质认识的加深，机器人技术开始源源不断地向人类活动的各个领域渗透。结合这些领域的应用特点，人们发展了各式各样的具有感知、决策、行动和交互能力的特种机器人和各种智能机器人。目前，虽然还没有一个严格而准确的机器人定义，但是我们希望对机器人的本质做些把握：机器人是自动执行工作的机器装置。它既可以接受人类指挥，又可以运行预先编排的程序，还可以根据以人工智能技术制定的原则纲领行动。它的任务是协助或取代人类的工作。它是高级整合控制论、机械电子、计算机、材料和仿生学的产物，在工业、医学、农业、服务业、建筑业甚至军事等领域中均有重要用途。

苏州轨道交通公车控制实践

苏州市轨道交通集团有限公司运营一分公司（以下简称"运营一分公司"）共计100辆公车在线调配使用，每年累计出车3万余次。公车使用管理台账多，纸质填写易出错，各条线信息不能实时共享，台账收集整理需要花费大量人力、物力……这些问题一直都是运营一分公司公车使用监督中的难点与痛点。

为了助推公车使用管理更加规范、有序，2022年运营一分公司纪检特色项目瞄准数字监督，利用信息化手段，打造各场段公车使用管理"一张网"，实现用车申请、用车登记、车辆维修、加油数据等无纸化的同时，做到用车全程可查、可控，为做精做细公车使用管理的日常监督注入新活力。

一、项目实施

（一）沟通协调，明确需求，确定系统设计方案

项目启动，相关部门统一思想，在充分研讨的基础上，在各方的通力协作下，明确了需求与设计方案，形成了车辆管理系统的立项分析报告、业务调研与需求分析报告，通过数字化解决方案提升车辆管理效能。

（二）搭建系统，雏形初现，实现全流程管理

在系统搭建过程中，将运营一分公司所辖各条线路的100辆生产用车录入系统，形成运营一分公司车辆基本台账；将车辆日检情况、车辆维修情况、车辆加油数据等内容进行模块开发，对用车申请、审批、调度、出车等各环节操作全过程留痕，操作流程清晰，且可通过后台查询，实现线上全流程管理。

（三）功能测试，系统完善，系统上线试运行

在各模块功能测试成功后，对系统进行整体测试，随后上线试运行，在充分论证系统稳定前，实行双线并行，留足时间让各方熟悉并掌握车辆管理系统的操作流程。

二、项目效果

（一）申请审批便捷化

用车申请人可在车辆管理系统内提交用车申请，管理人员可在线上审批，通过车辆管理系统实现公车使用的审批、调度、出车等服务全流程管理，从线下纸质审批管理升级为移动端无纸化管理，使用车审批移动化，提高了公车使用的便捷性。

（二）使用管理规范化

车辆管理系统的开发进一步规范了用车申请、审批、出车等各环节的标准化流程，后台可查询、追溯各条线路的车辆出车记录、车辆日检情况、车辆维修情况、车辆加油数据等内容，简单便捷、资料完整、痕迹清晰，主管部门可随时查看相关数据台账，强化对车辆使用数据的统计分析，对异常数据及时进行梳理和核实，及时更新车辆信息、完善公车使用管理流程，不断提高车辆管理能力。同时，严格规范用车台账登记，确保业务台账信息完整准确，避免出现填写错误等问题，实现车辆管理的规范化、标准化和精细化。

（三）监督检查流程化

以车辆管理系统为依托，通过"清风行动"加强公车使用管理的自查自纠及监督检查工作，实现公车使用管理监督检查工作流程的规范化，针对公车使用管理、油卡管控等重要环节，督促驾驶员、管理人员等严格按照管理办法开展工作，确保台账管理准确、务实。对于发现的问题，及时运用"第一种形态"把日常监督责任做细做实，及时发现、抓早抓小。在车辆管理系统运行后，不定期对公车使用管理进行监督检查。

（资料来源：苏州市轨道交通集团有限公司内部资料）

案例思考题：

结合案例材料，谈谈苏州轨道交通公车控制的改进建议。

项目训练

【训练内容】企业节能控制的改进建议。

【训练目的】通过对企业的实地调研，进一步加深学生对管理控制的理解。

【训练步骤】

1. 学生按5人组成一个小组，以小组为单位，选择一家本地著名生产企业作为调研对象。

2. 事先收集和整理该企业节能控制的相关资料，梳理该企业节能控制中存在的问题。

3. 结合调研资料进行小组讨论，并提出该企业节能控制的改进建议。制作PPT及电子文档，完成实训报告。实训报告格式如下：

_____实训报告		
实训班级：	项目组：	项目组成员：
实训时间：	实训地点：	实训成绩：
实训目的：		
实训步骤：		
实训成果：		
实训感言：		
不足及今后改进：		
项目组长签字：	项目指导教师评定并签字：	

4. 班级小组讨论与交流，教师总结和点评并进行成绩评定。小组提交实训报告。

自 测 题

1. 什么是控制？控制有哪些基本类型？
2. 简述有效控制的特征。
3. 举例概述控制的过程。
4. 什么是管理信息系统？管理信息系统有哪些功能？
5. 简述物料需求计划系统、企业资源计划系统、供应链管理系统、客户关系管理系统、人力资源管理系统的核心内容。

【延伸阅读】

杜栋. 管理控制：基础、理论与应用［M］. 北京：清华大学出版社，2019.

管理能力提升

项目九

项目管理能力

【学习目标与要求】

1. 了解项目和项目管理的概念
2. 理解项目管理的理念与思维方式
3. 掌握典型的项目管理标准与体系
4. 掌握项目管理的基本过程
5. 掌握项目管理五大过程组的主要任务和基本活动

苏州轨道交通动车调试安全管理项目

在苏州轨道交通工程建设末期,参建单位众多,作业面交叉频繁,这对该阶段的安全管理提出了较高要求。

一、动车调试安全管理项目的任务

动车调试安全管理项目在苏州轨道交通工程建设末期,建立一套完善的管理体系,将轨道施工区域、动车调试区域进行封闭管理,做到控制权、调度权、管理权"三权"统一管理。其主要任务如下:

(1) 将封闭范围内的各种施工、调试纳入管理系统,统一调度和指挥,保证轨行区施工作业和动车调试安全、有序开展。

(2) 协调动车调试与轨行区剩余施工的关系,最大限度地利用轨行区空间,确保各项工作顺利、有效开展。

(3) 做好动车调试期间的安全保卫工作,确保轨行区动车调试和轨行区作业人员的安全,以及车辆在段场内、正线、试车线(含临时试车线)存放的安全。

二、项目管理组织架构

电客车动调期轨行区管理组织设三级管理机构:第一级是电客车动调期管理领导小

组，负责领导和协调电客车动调期轨行区的管理工作；第二级是电客车动调期轨行区中心调度办公室，具体负责电客车动调期日常管理；第三级是动车调试管理标段现场巡察组。

苏州轨道交通动车调试安全管理项目实施过程有着较为清晰的前后顺序关系，具体包括：项目准备→封闭线路→限界测试及试验车辆过轨→动车调试试验→管理移交、项目结束。

苏州轨道交通动车调试安全管理项目通过严密的组织管理和协调配合，能在短时间内综合利用线路、车辆和各系统设备完成动车调试试验；通过完善的轨行区视频监控系统、远程广播系统和远程请销点系统，大幅提高了建设收尾期间轨行区施工安全、效率，有效避免了动车调试期间的严重人车冲突事件；对各种限界进行了检查，对各施工单位作业进行了监督。已经成功实施的苏州轨道交通动车调试安全管理项目有苏州轨道交通 3 号线、苏州轨道交通 5 号线和苏州轨道交通 S1 线。这些项目通过动车调试安全服务的过渡管理，均圆满完成了各专业既定的试验任务，与此同时，兼顾了各专业轨行区收尾工作，为轨道交通试运行和试运营奠定了基础。

（资料来源：苏州市轨道交通集团有限公司内部资料）

案例思考：

综合案例材料，谈谈苏州轨道交通动车调试安全管理项目的管理理念及特点。

 **认知项目管理**

 一、项目概述

（一）项目的定义与特征

1. 项目的定义

项目来源于人类有组织的活动的分化。随着人类的发展，有组织的活动逐步分化为两种类型：一类是连续不断、周而复始的活动，人们称之为"日常运营"（operations），如工厂流水线生产产品的活动；另一类是临时性、一次性的活动，人们称之为"项目"（projects），如某产品的研制、某软件系统的开发、一项工程建设任务、一个服务流程优化、一次商业活动等。

国际标准化组织（ISO）对项目的定义：项目是由一系列具有开始和结束日期、相互协调和控制的活动组成的，通过实施活动而满足时间、费用、资源等约束条件和实现项目目标的独特过程。

管理能力提升

国际项目管理协会（IPMA）对项目的定义：项目是受时间和成本约束的、用以实现一系列既定的可交付物（实现项目目标的范围），同时满足质量标准和需求的一次性活动。

美国项目管理协会（PMI）对项目的定义：项目是为创造某种独特产品、服务或成果而进行的临时性工作。

项目的定义通常包含以下三层含义：

（1）项目是一项有待完成的任务，且有特定的环境与要求。这一点明确了项目本身是一个动态过程，而不是指过程终结后所形成的成果。

（2）在一定的组织机构内，利用有限的资源（人力、物力、财力等）在规定的时间内完成任务。任何项目的实施都会受到一定条件的约束，如环境、资源、理念等，这些约束条件成为项目管理者必须努力促其实现的项目管理的具体目标。

（3）任务要满足一定功能、数量、质量、技术指标等要求。项目是否实现，能否交付用户，必须达到事先规定的目标要求。功能的实现、数量的饱满、质量的可靠、技术指标的稳定，是任何可交付项目必须满足的要求，项目合同对于这些均有严格的要求。

总的来说，项目存在于人类社会发展的一切活动之中，不但存在于工程领域，也存在于科学、技术、经济、教育等领域，这也说明了项目是一个大概念，内涵丰富，外延广阔。

2. 项目的特征

项目作为一类特殊的活动，一般会呈现出以下特征：

（1）一次性：项目是一次性的任务，具有确定的起止时间。

（2）目标的明确性：项目最终要实现的目标必须明确、详细，并且是可检查的。

（3）整体性：项目不是一项项孤立的活动，而是一系列活动有机组合而成的一个完整的过程。

（4）多目标性：项目的具体目标由质量、进度、成本等多个维度构成。

（5）不确定性：项目从构思产生到结束常包含若干不确定因素，实现项目目标的途径并不完全清楚。

（6）资源的有限性：项目实施及组织管理需要资源支撑，然而任何一个组织的资源都是有限的。

（7）临时性：项目只在一定时间内存在，但临时并不意味着短暂。

（8）开放性：项目活动是一种系统工程活动，绝大多数项目都是开放系统，项目的实施要跨越若干部门的界限。

3. 项目与日常运营之间的关系

每个组织都要为实现目标而开展工作，组织的工作可分为日常运营和项目两大类。

这两种不同的社会经济活动都受制于有限的资源，需要规划、执行和控制，它们有许多本质的不同，充分认识这些不同，有助于我们更好地理解项目和项目管理。项目与日常运营最主要的区别表现在以下几个方面：

（1）工作性质与内容的不同。一般在日常运营中存在大量常规性、不断重复的工作或活动，而在项目中则存在较多创新性、一次性的工作或活动。因为运营工作通常是不断重复、周而复始的，所以运营中的工作基本上是重复进行的常规作业，但每个项目都是独具特色的，其中许多工作是开创性的。

（2）工作环境与方式的不同。一般日常运营工作的环境是相对封闭和相对确定的，而项目的环境是相对开放和相对不确定的。因为运营工作的很大一部分是在组织内部开展的，所以它的工作环境是相对封闭的，同时运营中涉及的外部环境也是一种相对确定的外部环境。但项目工作基本上是在组织外部环境中开展的，所以它的工作环境是相对开放的，再加上项目工作具有一次性和独特性的特点，这就使得项目的不确定性较高。

（3）组织与管理上的不同。由于日常运营工作是重复性的和相对确定的，所以一般运营工作的组织是相对不变的，运营的组织形式基本上是分部门成体系的。但由于项目是一次性的和相对不确定的，所以一般项目的组织是相对变化的和临时性的，项目的组织形式大多是团队性的。同时，运营工作的组织管理模式以基于部门的职能性和直线指挥管理系统为主，而项目的组织管理模式以基于过程和活动的管理系统为主。

项目与日常运营的比较如表 9-1 所示。

表 9-1　项目与日常运营的比较

比较项目	项目	日常运营
目标	特定的	常规的
组织机构	项目组织	职能部门
负责人	项目经理	部门经理
时间	有起止点的有限时间内	周而复始，相对无限的
持续性	一次性	重复性
管理方法	风险型	确定型
资源需求	不定性	固定性
任务特性	独特性	普遍性
计划性	事先计划性强	计划无终点
组织的持续性	临时性	长期性
考核指标	以目标为导向	效率和有效性

（二）项目的种类

项目的种类很多，分类方法多样。

（1）按项目成果的实体形态分类，项目可分为工程项目和非工程项目。前者包括建筑工程、水利工程、市政工程等，后者包括软件开发、技术改造、文艺演出等。

（2）按项目规模分类，项目可分为大型项目、中型项目和小型项目。

（3）按行业领域分类，项目可分为国防项目、环保项目、农业项目、公路项目等。

（4）按项目所属的主体分类，项目可分为政府项目、企业项目、私人项目等。

（5）按项目复杂程度分类，项目可分为大型集成项目、复杂项目、一般项目等。

（6）按项目生命周期过程分类，项目可分为研究项目、开发项目、工程实施项目、安装调试项目、综合测试项目等。

一般组织发展都会涉及研究与开发（Research and Development，R&D），通常被简称为研发，包括所有科研与技术发展工作，研发活动具有探索性、创造性、不确定性、继承性等特点。研发项目一般分为基础研究项目、产品开发项目和工艺改造项目三类。

（三）项目集、项目组合与项目之间的关系

项目管理过程、工具和技术的运用为组织达到目的与实现目标奠定了坚实的基础。一个项目可以采用三种不同的模式进行管理：作为一个独立项目（不包括在项目集内或项目组合内）、在项目集内和在项目组合内。如果在项目集或项目组合内管理某个项目，则项目经理需要与项目集和项目组合经理互动合作。

（1）项目集。项目集是一组相互关联且被协调管理的项目、子项目集和项目集活动，以便获得分别管理所无法获得的效益。一个项目集包含具有内在联系的若干项目，多个项目之间有两大基本特性：一是项目集内每个项目之间存在着直接或紧密的相互关联，每个单独的项目都不能离开项目集而独立存在；二是项目集内不同项目之间有一定的相似性，后续开展的项目可以根据前面项目的经验进行改进和提高。

（2）项目组合。项目组合是为实现战略目标而组合在一起管理的项目、项目集、子项目组合和运营工作的集合。它可以分为组织内部的项目组合和虚拟组织的项目组合两类，前者是一个组织在一定时期内各种项目、项目集和子项目组合的集合，后者是多个组织在一定时期内各种项目、项目集和子项目组合的集合。但是，这些项目组合都是为实现组织战略和愿景服务的，所以它们有时也被称为战略项目组合。组织可动态地选择项目组合的组件，有效地、最优地分配组织资源，以达到组织效益最大化，提高组织核心竞争能力。项目组合具有战略性、动态性的特点，强调组织的整合性。

项目、项目集、项目组合的比较如表9-2所示。

表9-2 项目、项目集、项目组合的比较

比较项目	项目	项目集	项目组合
定义	项目是为创造独特的产品、服务或成果而进行的临时性工作	项目集是一组相互关联且被协调管理的项目、子项目集和项目集活动，以便获得分别管理所无法获得的效益	项目组合是为实现战略目标而组合在一起管理的项目、项目集、子项目组合和运营工作的集合

续表

比较项目	项目	项目集	项目组合
范围	项目具有明确的目标。项目的范围在整个项目生命周期是渐进明细的	项目集的范围包括项目集组件的范围。项目集通过确保各项目集组件的输出和成果协调互补,为组织带来效益	项目组合的范围随着组织战略目标的变化而变化
变更	项目经理对变更和实施过程做出预期,实现对变更的管理和控制	项目集的管理方法是,随着项目集各组件成果和/或输出的交付,在必要时接受和适应变更,优化效益实现	项目组合经理持续监督更广泛的内外部环境的变更
规划	在整个项目生命周期,项目经理渐进明细高层级信息,将其转化为详细的计划	项目集的管理利用高层级计划,跟踪项目集组件的依赖关系和进展。项目集计划也用于在组件层级指导规划	项目组合经理建立并维护与总体项目组合有关的必要过程和沟通
管理	项目经理为实现项目目标而管理项目团队	项目集由项目经理管理,其通过协调项目集组件的活动,确保项目集效益按预期实现	项目组合经理可管理或协调项目组合管理人员或对总体项目组合负有报告职责的项目集和项目人员
监督	项目经理监控项目开展中生产产品、提供服务或成果的工作	项目集经理监督项目集组件的进展,确保整体目标、进度计划、预算和项目集效益的实现	项目组合经理监督战略变更及总体资源分配、绩效成果和项目组合风险
成功	通过产品和项目的质量、时间表、预算的依从性及客户满意度水平进行衡量	通过项目集向组织交付预期效益的能力及项目集交付所述效益的效率和效果进行衡量	通过项目组合的总体投资效果和实现的效益进行衡量

项目集、项目组合与项目之间的关系如图9-1所示。

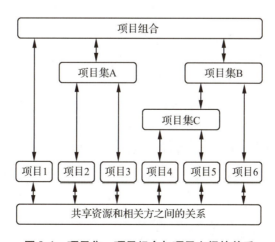

图9-1 项目集、项目组合与项目之间的关系

管理能力提升

二、项目管理概述

（一）项目管理的定义

项目管理是一种管理活动、一种组织方式、一套管理方法。项目管理是组织有效提高效率并更好地创造价值的一套方法论，现已发展成为一门管理学科。

国际标准化组织对项目管理的定义：项目管理是将方法、工具、技术和能力应用于项目，项目管理包括对项目生命期的各个阶段的整合。

国际项目管理协会对项目管理的定义：项目管理就是以项目为对象的系统管理方法，通过一个临时性的、专门的柔性组织，对项目进行高效率的计划、组织、领导和控制，以实现项目全过程的动态管理和项目目标的综合协调与优化。

美国项目管理协会对项目管理的定义：项目管理就是将知识、技能、工具与技术应用于项目活动，以满足项目的需求。

（二）项目管理中的目的与目标

在项目管理领域，目的和目标是两个关键概念，它们在项目实施过程中起着至关重要的作用。尽管在很多情况下它们被当作同义词，但实际上它们之间存在着一定的区别。目的通常是指一个项目的总体意图或方向，它反映了项目的核心价值和意义。目的一般是抽象的、长期的，并为项目的各个阶段提供指导。而目标则是具体的、可衡量的成果，它是达到项目目的的手段。目标既可以是短期的（如每周完成的任务），也可以是长期的（如项目结束时取得的具体成果）。

目的是项目的核心驱动力，它决定了项目的价值和意义。目标则是达到目的的具体手段，它可以帮助项目团队关注重要任务，确保资源得到有效利用。目的具有长期性，它为项目的整个生命周期提供指导。目标一般是短期的，需要根据项目的进展情况进行调整和优化。目的强调项目的整体性和战略性，它关注项目对组织和社会的影响。目标则更侧重于具体的任务和成果，关注项目的实际执行情况。

了解目的和目标的区别对于项目管理至关重要。正确地设定和管理目标可以帮助项目团队明确任务、提高效率、确保资源的有效利用，从而实现项目的成功。同时，明确项目的目的有助于团队成员更好地理解项目的价值和意义，激发他们的积极性和创造力。

总之，在项目管理中，目的和目标是相辅相成的两个概念。正确地设定和管理目标有助于达到项目的目的，而明确项目的目的则为项目的实施提供了指导和动力。

（三）项目管理的思维方式

项目管理作为一门独立的学科，有自己的理论体系，同时它又是综合性的，涉及许多学科的相关知识，因此项目管理具有高度的系统性和综合性。项目管理是解决项目中的工程问题与社会关系的系统方法和思路，除了掌握和应用通用的项目管理基本理论和方法，如系统分析方法、计划方法、控制方法、组织和信息处理方法等外，更重要的是要培养严谨、系统的思维方式。

项目管理思维是现代管理中必不可少的一种思维方式，旨在提高项目管理的效率和质量。对于项目管理者来说，要灵活运用以下几种思维方式，保证项目的顺利进行和成功交付。

（1）系统思维。系统思维是指从整体角度来看待问题，了解事物之间的联系，找到解决问题的最佳方案。在项目管理中，系统思维可以帮助项目管理者把握项目全局，理解各个环节之间的关系，从而更好地实现项目目标。

（2）风险思维。风险思维是指对潜在风险的认识和管理。在项目管理中，风险思维可以帮助项目管理者发现和识别风险，并采取相应的措施进行应对，以减少或避免潜在风险对项目造成影响。

（3）创新思维。创新思维是指发现和提出新的思路与方法，以推动项目进展。在项目管理中，创新思维可以帮助项目管理者更好地解决项目中的难题，优化项目流程，提高项目效率和质量。

（4）团队思维。团队思维是指强调团队合作和协同，以实现共同目标。在项目管理中，团队思维可以帮助项目管理者有效整合资源，协调各团队成员的工作，提高团队的协同效率和项目的执行力。

（四）项目管理的基本流程

项目管理因项目不同和行业差异，乃至因组织的管理文化不同，会表现出不同的管理形式。同时，管理不是空对空的，一定有特定的管理对象，所以项目管理者必须熟悉相应项目的业务过程。下面以工程项目管理为例，从业务过程角度看，其基本流程如图 9-2 所示。

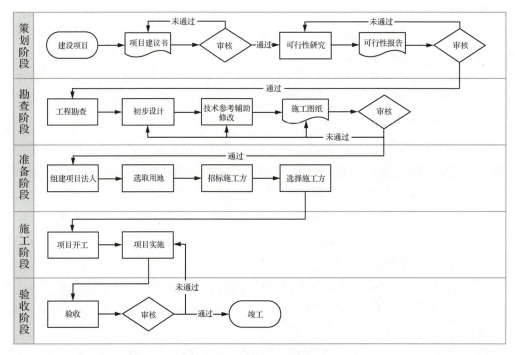

图 9-2　工程项目管理的基本流程

(五) 项目管理的方法

项目管理主要运用系统工程的思想和方法，美国系统工程专家阿瑟·D. 霍尔（Arthur D. Hall）于 1969 年提出了一种系统工程方法论，将系统工程整个活动过程分为前后紧密衔接的七个阶段和七个步骤，同时还考虑了为完成这些阶段和步骤所需要的各种专业知识与技能。这样就形成了由时间维、逻辑维和知识维组成的三维空间结构，即霍尔三维结构模型，如图 9-3 所示。

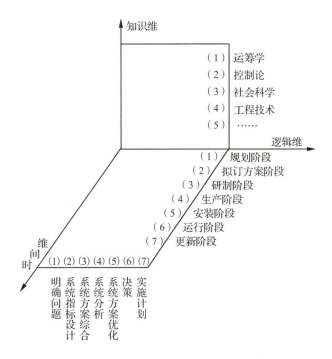

图 9-3　霍尔三维结构模型

[资料来源：陶俐言. 项目管理：方法、流程与工具［M］. 西安：西安电子科技大学出版社，2020：12. 有改动]

1. 时间维

时间维表示系统工程活动从开始到结束按时间顺序排列的全过程，分为以下七个阶段：

（1）规划阶段。调研、设计工作程序，明确系统目标，制订规划与战略，提出系统设想和初步方案。

（2）拟订方案阶段。提出具体的系统计划方案，并从中选择一个最优方案。

（3）研制阶段。以计划为指南，研制系统的实施方案，并制订具体的实施计划。

（4）生产阶段。生产系统的构件及整个系统，并提出系统的安装计划。

（5）安装阶段。将系统安装完毕，并提出系统的运行计划。

（6）运行阶段。对系统进行安装和调试，使系统按预定目标运行。

（7）更新阶段。完成对系统的评价，提出系统的改进或更新意见，为系统进入下一个研制周期准备条件。

2. 逻辑维

逻辑维是指时间维的每一个阶段内所要进行的工作内容和所应遵循的思维程序，包括以下七个步骤：

（1）明确问题。通过系统调查，尽量全面地收集有关资料和数据，明确系统要解决的主要问题是什么。

（2）系统指标设计。设计具体的评价系统功能的指标，以利于衡量可供选择的系统方案。

（3）系统方案综合。按照问题的性质和总的功能要求，形成一组可供选择的系统方案，各系统方案中要明确系统的结构和相应参数。

（4）系统分析。分析各待选系统的性能、特点、能实现预定任务的程度及在评价目标体系上的优劣次序。

（5）系统方案优化。在一定的约束条件下，从各可供选择的系统方案中选出最优方案。

（6）决策。在分析、评价和优化的基础上，做出决策并选定行动方案。

（7）实施计划。根据最后选定的行动方案，将系统付诸实施。

3. 知识维

知识维是指完成上述各阶段、各步骤的工作所需要的各种专业知识和技术素养。系统工程是一门综合性的交叉学科，在上述各阶段中，开展任何一步工作都会涉及多种专业知识和技能，如运筹学、控制论、社会科学、工程技术等。

三、现代项目管理的发展

现代项目管理的发展趋势如下：

一是从应对变化到拥抱变化。芬兰项目管理协会前主席马迪·阿文哈尤（Matti Ahvenharju）提出了"机会管理"的概念，帮助项目管理者在变化中识别机会，并进行机会管理。

二是从敏捷工具到敏捷思维。国际项目管理协会前主席赖因哈德·瓦格纳（Reinhard Wagner）强调，敏捷是一种持续的趋势。然而，未来关注焦点应该从敏捷方法和工具向敏捷领导力、敏捷思维和敏捷文化转变。

三是从强调管理到重视领导。山东大学项目管理研究所所长丁荣贵曾说："管理靠权力，领导靠影响力，我们管理部下，领导追随者。"美国项目管理专家格蕾丝·M.霍珀（Grace M. Hopper）指出："我们管理事情，领导人，但我们往往太过于'管理'，忘了要去'领导'。"阿文哈尤强调，在颠覆性时代，提升领导力是重中之重。

四是从关注工具到强化以人为本。阿文哈尤坚信，不管采用什么工具，项目终究要靠人来完成。瓦格纳也强调，人乃项目管理之本，项目中的人越来越重要，他们的动机、能力和信心将是项目成功的驱动力。流程、工具、方法等都只是用来帮助人完成项目的，因此人是项目管理的核心。

五是从追求结果满意到关注创造价值。在易变、不确定、复杂及模糊的时代，能否创造商业价值将成为确定项目成败的重要标准之一。面对极速变化的技术和市场，项目作为组织主动求变的唯一手段的地位日显重要，因此评价项目成功就必须更加关注项目为组织实现期望的变革的程度，以及这种变革所产生的商业价值。

六是从倡导绿色到追求可持续发展。2019年第31届国际项目管理协会全球大会的主题是"将可持续性融入项目管理中"，会议主题是行业的风向标，可持续项目管理的重要性不言而喻。国际项目管理协会美国分会主席、全球绿色项目管理组织的创始人乔尔·卡尔博尼（Joel Carboni）强调，绿色项目管理是时代的呼唤，项目管理从业者不仅要关注项目的投入、产出、流程，更要关注项目对社会、环境、宏观和微观经济的影响，要把可持续性融入项目全生命期。

小资料

城市轨道交通PPP项目运营模式

PPP（Public-Private Partnership）项目，又称PPP模式，即政府和社会资本合作，是公共基础设施中的一种项目运作模式。综合分析国内城市轨道交通PPP项目特点，根据运营核心业务和经营性风险的承担主体不同，城市轨道交通PPP项目运营模式可分为自主运营、委托运营和资产托管三种。

自主运营模式是指项目的全部或核心业务由项目公司自主运营，又可分为完全自主和基本自主两种模式。我国政府投资建设的绝大部分城市轨道交通项目都采用这种运营模式。

委托运营模式是指项目公司将全部业务委托给第三方运营管理，也称全委托运营模式。

资产托管模式是指项目公司与受托方（运营单位）签订资产托管协议，将项目营运资产委托给受托方经营，受托方在协议约定的框架内独立经营，负责项目的运营管理及维护维修等工作。

资料来源：王鹏耀，马勇，雒文鹏. 城市轨道交通PPP项目运营模式选择研究［J］. 中国工程咨询，2022（8）：102-106. 有改动

任务二 项目管理体系

一、项目管理体系的概念与内容

管理体系是指建立方针和目标并实现这些目标的体系。一个组织的管理系统可包括

若干不同的管理体系,如质量管理体系、财务管理体系、环境管理体系等。将两种或两种以上的管理体系经过有机结合,而使用共有要素的管理体系称为综合管理体系。

项目管理体系是用来帮助组织顺利完成项目的一套科学、系统的方法和策略。一套真正好的并且适合组织的项目管理体系,不仅能使组织对项目进行有效管理,大大提高项目完成的效率,更能为组织积累丰富的项目管理经验,这些经验将成为组织发展的一笔宝贵财富。

项目管理体系是一套适合组织需要的项目管理模式及其文件版本,即以体系文件为载体,归纳、提炼组织在项目管理方面的价值观、组织形式、项目管理原则及项目关键业务流程、工作程序、作业指导书,并附有可使其落地的项目管理实践的各类操作模板,最终形成一个完备的规范系统。

二、典型的项目管理标准与体系

(一)国际项目管理标准与体系

2012年,国际标准化组织(ISO)发布ISO 21500标准,这是ISO针对单项目管理发布的首个国际标准。该标准由技术委员会ISO/PC236负责编写、制定,包括引论与范围说明、术语和定义、项目管理概念、项目管理过程等几个部分的内容。

国际项目管理协会(IPMA)开发了大量的产品和服务,包括研究与发展、教育与培训、标准化与认证、卓越项目管理模型、组织级项目管理能力模型等。在IPMA Delta认证评估中,有三种标准比较有代表性:一是国际项目管理专业资质认证能力基准(IPMA ICB),用来评估选定的个人;二是国际项目管理卓越基准(IPMA PEB),用来评估选定的项目或项目集群;三是组织项目管理能力基准(IPMA OCB),从整体上对组织级项目管理能力进行评估。

(二)代表性国家的项目管理标准与体系

1. 美国的项目管理

美国项目管理协会(PMI)主持开发的《项目管理知识体系指南》(以下简称《PMBOK指南》),现已发布第七版。第七版《PMBOK指南》确定并描述了构成整体系统的八个项目绩效域,以指导使用者获得预期成果和成功交付项目。这八个项目绩效域分别是干系人、团队、开发方法和生命周期、规划、项目工作、交付、测量及不确定性,这些绩效域对于有效交付项目成果至关重要。PMI还陆续推出了项目集管理、项目组合管理等相关指南和组织项目管理成熟度模型。

2. 英国的项目管理

英国的项目管理标准主要以英国商务部(OGC)等政府职能部门联合推出的PRINCE2为总体框架,强调受控环境中的项目管理。该框架采用一套基于过程的方法进行项目管理,将多阶段的项目管理过程作为核心,并以过程为主线界定管理活动。

PRINCE2 过程模型由八个各有特色的管理过程组成，包括项目准备、项目指导、项目启动、计划、阶段边界管理、阶段控制、产品交付管理、项目收尾。英国项目管理体系侧重强调四点，即建团队、定目标、编计划、制方案，同时非常重视健康、安全、环境问题。

3. 中国的项目管理

中国项目管理知识体系（C-PMBOK）的研究工作开始于 1993 年，是由中国优选法统筹法与经济数学研究会项目管理研究委员会（PMRC）发起并组织实施的。PMRC 于 2001 年正式推出《中国项目管理知识体系》，并在 2006 年推出第二版，以及在 2008 年推出第二版修订版。C-PMBOK 的突出特点是以项目生命周期为主线，以模块化的形式来描述项目管理所涉及的主要工作及其知识领域；采用模块化结构，定义了 115 个知识模块，其中基础模块 95 个、概述模块 20 个，意味着既要强调知识模块的相对独立性，又要体现知识模块之间的相互关系，以保证其系统性。其特色主要表现在：采用了"模块化的组合结构"，便于知识的按需组合；以项目生命周期为主线，进行项目管理知识体系知识模块的划分与组织；体现中国项目管理特色，扩充了项目管理知识体系的内容。

（三）领域级的项目管理标准与体系

领域级项目管理，如国外有美国国防部、欧洲航天局的项目管理体系，国内有中国国防项目管理知识体系、IT 信息化项目管理知识体系、建设工程项目管理体系等。

目前，业界比较认可的项目管理体系涵盖十大职能领域，即项目的范围管理、进度管理、成本管理、质量管理、资源管理、沟通管理、采购管理、风险管理、整合管理和相关方管理。《中国国防项目管理知识体系》从行业特点与管理特殊要求出发，具体阐述了国际项目的 12 个管理要素：国防项目范围管理、国防项目技术与工艺管理、国防项目质量与可靠性管理、国防项目资源管理、国防项目进度管理、国防项目费用管理、国防项目采购与合同管理、国防项目沟通管理、国防项目风险管理、国防项目保障管理、国防项目集成管理和国防项目利益相关方管理。

三、项目管理体系建设

项目管理体系建设就是在组织内建立一套项目管理的标准和方法，并与组织的业务流程集成在一起，形成以项目管理为核心的运营管理体系。项目管理体系是组织有组织地放弃、有组织地持续改进、有计划地挖掘成功经验和系统化管理创新的重要手段。项目管理体系用系统化的思维方式，综合组织项目管理中涉及的多项目管理、项目集群管理和单个项目管理的问题，融入组织项目管理策略和方法，规范项目的工作流程、操作规则及操作方法，为项目考核评价奠定基础。

项目管理体系建设，首先应当遵循一些基本原则：① 以国际项目管理知识体系为主要依托；② 以行业项目生命周期为建设基础；③ 以解决组织实际问题为指导思想；④ 以可操作性为建设基本思路。

项目管理体系是一个综合系统，其建设过程一般分为访谈调研阶段、体系编制阶段、体系发布与试运行阶段、体系正式运行和持续改善阶段。

项目管理体系建设的具体思路是考虑观念转变，认识所要解决的问题，从顶层进行系统性整体构建，考虑组织变更与调整，以明晰项目管理的权、责、利，进而优化项目业务流程，制定项目分类方式与优先级，确定项目管理原则，将人员培养和知识管理融入系统。

通俗地讲，项目管理体系建设要以国际项目管理知识为基础，从现代项目管理理念入手，首先从思想上让组织及其员工认识到项目管理的重要性、项目管理能够帮助他们解决什么问题，然后再将项目管理理念和通用的现代项目管理知识、方法和工具融入组织项目实践中，结合组织项目类型和业务流程，编制组织项目管理手册，形成组织项目管理体系。

项目管理体系建设包括两个层次的内容，即组织层次的项目管理制度体系建设和项目层次的项目操作流程体系建设。

（1）组织层次的项目管理制度体系建设。它是项目管理执行指南，注重组织管理、项目管理模式和制度建设，是组织项目管理的纲领性文件。

（2）项目层次的项目操作流程体系建设。它是项目管理操作手册，是项目经理和项目管理人员实施项目的业务操作指南，包括项目执行过程的方方面面，通过各种流程与表格予以体现。

项目管理专业人士资格认证

PMP（Project Management Professional）是项目管理专业人士资格认证。它是由美国项目管理协会在全球200多个国家和地区发起的严格评估项目管理人员（针对项目经理人）的知识和技能是否具有高品质的资格认证考试，1999年获得ISO 9001国际质量管理体系认证，从而成为全球项目管理领域最权威的认证考试之一。目前，PMP是国际上项目管理领域含金量最高、认可度最广的认证。

除了PMP外，美国项目管理协会建立的认证考试还有PgMP（项目集管理专业人士）、PfMP（项目组合管理专业人士）、CAPM（助理项目管理专业人员）、PMI-ACP（PMI敏捷管理专业人士）、PMI-PBA（PMI商业分析专业人士）、PMI-RMP（PMI风险管理专业人士）、PMI-SP（PMI进度管理专业人士）等。中国自1999年开始推行PMP认证，由国际监考机构普尔文（Prometric）组织考试及进行监考。

任务三　项目管理过程

任何一个项目都可以分解为一系列子项目、任务和活动过程，对这些过程进行相应的管理称为项目管理过程。项目管理过程可归为以下五大项目管理过程组：

（1）启动过程组：定义一个新项目或现有项目的一个新阶段，授权开始该项目或阶段的过程。

（2）规划过程组：明确项目范围，优化目标，为实现目标制订行动方案的过程。

（3）执行过程组：完成项目管理计划中确定的工作，以满足项目要求的过程。

（4）监控过程组：跟踪、审查和调整项目进展与绩效，识别必要的计划变更并启动相应变更的过程。

（5）收尾过程组：正式完成或结束项目、阶段或合同所执行的过程。

表9-3详细介绍了五大项目管理过程组及其对应的项目管理知识领域，并确认了五大项目管理过程组中项目团队的主要活动。

表 9-3　项目管理过程组与知识领域

知识领域	项目管理过程组				
	启动过程组	规划过程组	执行过程组	监控过程组	收尾过程组
1.项目整合管理	1.1 制定项目章程	1.2 制订项目管理计划	1.3 指导与管理项目工作 1.4 管理项目知识	1.5 监控项目工作 1.6 实施整体变更控制	1.7 结束项目或阶段
2.项目范围管理		2.1 规划范围管理 2.2 收集需求 2.3 定义范围 2.4 创建WBS		2.5 确认范围 2.6 控制范围	
3.项目进度管理		3.1 规划进度管理 3.2 定义活动 3.3 排列活动顺序 3.4 估算活动持续时间 3.5 制订进度计划		3.6 控制进度	
4.项目成本管理		4.1 规划成本管理 4.2 估算成本 4.3 制定预算		4.4 控制成本	
5.项目质量管理		5.1 规划质量管理	5.2 管理质量	5.3 控制质量	

续表

知识领域	项目管理过程组				
	启动过程组	规划过程组	执行过程组	监控过程组	收尾过程组
6.项目资源管理		6.1 规划资源管理 6.2 估算活动资源	6.3 获取资源 6.4 建设团队 6.5 管理团队	6.6 控制资源	
7.项目沟通管理		7.1 规划沟通管理	7.2 管理沟通	7.3 监督沟通	
8.项目风险管理		8.1 规划风险管理 8.2 识别风险 8.3 实施定性风险分析 8.4 实施定量风险分析 8.5 规划风险应对	8.6 实施风险应对	8.7 监督风险	
9.项目采购管理		9.1 规划采购管理	9.2 实施采购	9.3 控制采购	
10.项目相关方管理	10.1 识别相关方	10.2 规划相关方参与	10.3 管理相关方参与	10.4 监督相关方参与	

一、项目启动过程的描述与说明

（一）启动过程任务描述

启动过程组是给项目一个合法的地位，宣布项目正式启动。项目管理中要特别重视项目的启动，这涉及选择一位项目经理、识别项目相关方及其需求、确定项目大目标、编制项目章程等工作。其主要任务是确定并核准项目或项目阶段；主要成果是形成一个项目章程和选择一位项目经理、组建项目管理团队。

（二）启动过程的基本活动

1. 制定项目章程

（1）任命项目经理。

项目经理对发起人负责，从项目开始到结束都要管理日常的项目实施工作。项目经理的具体职责包括：① 与发起人一起挑选项目团队核心成员；② 确认并管理项目相关方；③ 界定项目、计划项目并确保得到项目相关方的认可；④ 识别并处理风险；⑤ 有效整合资源并合理分配资源；⑥ 有效跟踪并监控项目，解决阻碍进展的问题；⑦ 控制成本；⑧ 管理信息，及时向项目相关方通报进展状况；⑨ 有效发布可交付的成果与收益；⑩ 领导项目团队。

(2) 启动仪式。

启动仪式是指组织层面的一个启动会，会上向项目相关方介绍项目背景、目的与目标要求；解释项目战略环境并说明其重要性；以合适的形式对项目做出相应的承诺；宣读任命书。

(3) 发布项目章程。

项目章程是证明项目存在的正式书面文件，由组织的高级管理层签署。项目章程中规定项目范围，如质量、进度、成本和可交付成果的约束条件，授权项目经理并分配组织资源用于项目工作。项目章程通常是项目开始后第一份正式文件，它的主要内容可以概括为两个方面：一是项目满足的商业需求；二是产品描述。

发布项目章程就意味着正式宣布项目的存在，对项目的开始实施赋予合法地位。这份文件粗略地规定了项目的范围，这也是项目范围管理后续工作的重要依据。

2. 识别项目相关方

(1) 确认项目相关方。

所谓项目相关方，特指与项目有一定关系的个人、团体或组织，他们受项目的影响或影响项目，其意见一定要作为项目决策与管理时考虑的因素。只要对项目产生影响，无论是正面还是负面的人、团体或组织，都可以是项目的相关方。

(2) 项目相关方分类登记。

根据不同的标准，可将项目相关方分成多种类别。

根据相关方与项目的关系不同，可将项目相关方分为以下两类：① 主要相关方，如业主方、承包方、设计方、供货方等；② 次要相关方，如政府、公众、环保部门等。

由于不同相关方拥有的信息、谈判地位不同，其在控制权、掌控权的拥有上存在不平衡，因此可将项目相关方分为以下两类：① 强相关方，即对项目的控制权、掌控权较强的相关方；② 弱相关方，即对项目的控制权、掌控权较弱的相关方。

根据相关方对项目的影响不同，可将项目相关方分为以下三类：① 积极型相关方。这类相关方主要包括发起人、供应商、承包商、金融机构、主题专家、顾问等。② 消极型相关方。这类相关方主要包括竞争对手、周边群体、公共部门等。③ 混合型相关方。这类相关方主要包括客户和用户、项目团队成员。

(3) 规划项目相关方管理。

项目相关方管理过程主要为识别项目相关方、管理项目相关方期望和争取项目相关方支持。其中，识别项目相关方就是系统地定义和分析相关方，并制定相关方登记册；管理项目相关方期望就是与相关方进行沟通和协作，以满足其需求与期望及解决其问题；争取项目相关方支持就是项目管理团队确保相关方参与到项目中。

由于项目的特殊性，与相关方的沟通形式也是多样的，管理上可按权力、影响力和利益的关系构建模型（图9-4），进而实施不同的管理策略。

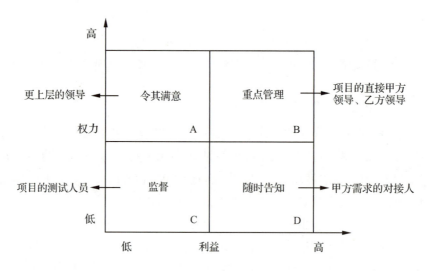

图 9-4 权力-利益矩阵模型

二、项目规划过程的描述与说明

（一）规划过程任务描述

规划过程组是根据项目章程中的项目大目标，编制项目计划，以便细化目标，并确定实现目标的路线图。其主要任务是依据项目目标要求，规划为实现项目范围的行动方针和路线，确保实现项目目标；主要成果是完成任务的工作分解结构（Work Breakdown Structure，WBS）、项目进度计划和项目预算，并制订相关的系列管理计划。

（二）规划过程的基本活动

1. 项目范围管理计划

（1）定义范围。

按照现代项目管理理论，项目范围管理是为了确保项目能够成功而开展的对项目交付物的范围和项目工作范围的管理活动。所以，确定项目的范围就要考虑以下两个方面：一是对项目交付物范围的管理；二是对项目工作范围的管理。

（2）创建 WBS。

项目正式立项后，项目经理的首要管理动作应该是带领项目的管理团队编制 WBS，这也是后续一切计划的基础。将一个项目分解成易于管理的几个部分，确保找出完成项目工作范围所需的所有工作要素，它是一种在项目全范围内分解和定义各层次工作包的方法。WBS 按照项目发展的规律，依据一定的原则和规定，进行系统化的、相互关联和协调的层次分解，结构层次越往下，项目组成部分的定义就越详细。WBS 最后为项目所要交付的内容提供了层次清晰的架构，它可以具体作为组织项目实施的工作依据。

WBS 的主要分解方式有：①按项目产品维度的 WBS 分解，如图 9-5 所示；②按项目过程维度的 WBS 分解，如图 9-6 所示；③ 按项目需求维度的 WBS 分解；④ 按项目组织维度的 WBS 分解。

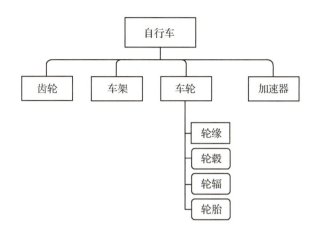

图 9-5　按项目产品维度的 WBS 分解

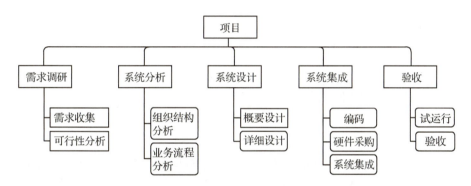

图 9-6　按项目过程维度的 WBS 分解

2. 项目进度管理计划

（1）排列活动顺序。

排列活动顺序是基于 WBS 的工作包进行工作关系描述。工作关系分为逻辑关系和组织关系，在编制进度计划时应首先满足逻辑关系要求。

（2）估算活动持续时间。具体的工作时间估算需要依据 WBS 分解的工作包，分项估计最基本的活动持续时间，主要依赖的数据基础包括：① 工作详细列表；② 项目约束和限制条件；③ 资源需求；④ 资源能力；⑤ 历史信息。

3. 项目资源管理计划

在项目中，资源管理是指对人、财、物、时间、信息、组织文化等进行有效的计划、组织、协调和控制，并且在这个过程中，管理人员要主动形成自己的观点，通过技术手段使资源得到最有效的开发和利用。

4. 项目成本管理计划

项目成本管理主要是在批准的预算条件下确保项目保质按期完成，包括基于资源计划的成本估算、预算制定、成本控制等内容。成本管理涉及成本基准、成本管理计划和成本控制。

5. 项目采购管理计划

项目采购是指从项目外部获取货物和服务的过程。在采购中，买卖双方各有目的，并在既定的市场中相互作用。卖方又称承包商、承约商或供应商。卖方一般都把自己所承担的提供货物或服务的工作当成一个项目来管理。

6. 项目风险管理计划

项目都是有风险的，因为在项目实施过程中存在着很多不确定性。项目风险是指由于项目所处环境和条件的不确定性和不稳定性，以及项目团队不能准确预见或控制风险等因素的影响，项目的最终实施结果与相关方的期望发生偏离，并可能造成损失。风险管理的理想目标是规避所有的系统风险，消除所有的非系统风险。

7. 项目沟通管理计划

项目沟通管理包括沟通管理、信息管理和冲突管理三个部分。沟通是为最优化使用资源、更顺利实现项目目标而采取的一种管理行为。信息是沟通的基础，而冲突是项目的一个基本属性，所以要通过适时的信息管理和良好的沟通来有效化解冲突、解决问题。

三、项目执行过程的描述与说明

（一）执行过程任务描述

执行过程组是根据项目计划开展项目活动，完成所要求的项目可交付成果，实现项目目标。其主要任务是通过采取必要的行动，协调人力资源和其他资源，整体地、有效地实施项目计划；主要成果是交付实际的项目工作。

（二）执行过程的基本活动

1. 执行计划

规划过程中所制订的各类计划，都是用来执行的，包括项目范围管理计划、项目进度管理计划、项目质量管理计划、项目资源管理计划、项目成本管理计划、项目采购管理计划、项目风险管理计划、项目沟通管理计划等。各类计划是安排项目工作的依据，项目管理人员要善于运用计划指导与管理项目工作。

2. 管理项目知识

管理不仅需要理论方法指导，更需要相应的系统知识。在项目执行过程中，项目管理人员要善于运用项目管理知识体系所提供的系统知识，包括项目范围管理、项目进度管理、项目成本管理、项目质量管理、项目资源管理、项目采购管理、项目风险管理、项目沟通管理、项目整合管理、项目相关方管理等知识。

对于组织而言，项目成功或承担项目的价值，除了获得规定的成果、实现预定的目标外，一定还包含通过项目的实施来培养人才、提升能力，最主要的就是能够沉淀一些特有的知识，而生成知识一定是在执行一系列活动的过程中完成的。

3. 获取和利用资源

采购是选择和获取资源的行为，项目采购就是从项目外部获取资源的一个过程。采购活动的输入是项目所需资源及其相关约束，采购活动的输出是在合适的时间为项目获取合适的资源，采购管理与资源管理密切相关。

项目实施过程中所涉及的资源多种多样，只有对众多资源进行合理、有效的配置，项目才能顺利进行，在项目开始前应当进行项目资源优化与平衡管理计划的编制。项目资源优化与平衡管理计划在项目整体资源配置过程中起着指导性的作用，因此应当结合项目具体工程量、进度计划、资源定额等相关资料，对资源的种类、使用量、供应计划、保管计划等进行合理、详细的安排。

4. 提升执行力

项目管理的执行力可以从两个方面进行解释：一是项目团队内部的执行力，主要靠激励的方式获得；二是项目相关方的合作执行力，主要通过良好的沟通去争取。

（1）激励团队，提高绩效。

项目管理时刻需要坚定而有力的执行，这需要打造一个优秀的项目团队。关注项目团队建设，在项目执行过程中，积极开展团队活动，打造良好的团队文化，并运用相关的激励理论，如马斯洛需求层次理论、双因素理论、公平理论等，做好团队激励工作，激发各级各类人员的积极性，提高执行效率，最终获得项目的整体收益。

（2）争取项目相关方支持。

项目内部的沟通渠道有正式与非正式之分，每个项目内部都会明文规定信息传递的渠道，这样的沟通渠道是正式的。除了正式沟通渠道外，项目内部的信息还会通过非正式沟通渠道进行传递和交流。非正式沟通渠道可以有效弥补正式沟通渠道的不足，因此项目管理人员需要注意发挥非正式沟通渠道的积极作用。

5. 安全管理

安全管理是通过管理手段和过程，达到安全的最终目的。安全管理是管理学的一个重要分支，它是为实现安全目标而进行的有关决策、计划、组织、控制等方面的活动。安全管理是企业管理的一个重要组成部分。

安全管理包括对人的安全管理和对物的安全管理两个主要方面，主要运用现代安全管理原理、方法和手段，分析和研究各种不安全因素，从技术上、组织上和管理上采取有力的措施，消除各种不安全因素，防止事故的发生。

四、项目监控过程的描述与说明

（一）监控过程任务描述

监控过程组是把实际执行情况与计划要求做比较，发现并分析偏差，及时纠正不可接受的过大偏差。其主要任务是定期测量和实时监控项目进展情况，发现偏离项目管理计划的地方，及时采取纠正措施和变更控制，确保项目目标的实现；主要成果是在要求的进度、成本和质量限制范围内获得满意的结果。

（二）监控过程的基本活动

1. 控制范围

在项目实施过程中，一份重要的文件是项目合同，项目合同规定了项目的目标和范围，提醒项目经理要不断对照项目进展中完成的工作与前面所确认的WBS是否存在偏差；要不断确认范围及范围分解所确定的工作，在确认范围的过程中还应与里程碑计划和详细的进度计划对照检查。

项目应避免做多、做少、做错，即不要做WBS之外的工作，也不要遗漏WBS中规定的工作，要有效控制范围偏差的产生。当范围需要修正时，应严格按照变更流程做变更控制。范围变更控制的依据包括以下几种：① 项目文件方面的依据（WBS、范围说明书等）；② 项目信息方面的依据（外部环境变更、项目绩效报告等）；③ 项目相关方的请求依据（发起人、业主、用户等）。

2. 控制进度

项目进度计划编制完成后，需要审核、分析，以区分主次。依据项目实施过程中所受到的最重要的约束情况，在资源与进度保证方面做出调整，这需要通过监控进展状态并协同总体计划工期要求进行分析，从而做出权衡。

如果某种刚性约束不能被满足，就必须对项目状态采取必要的纠偏措施。结合进度计划中所确定的关键路径，采用向非关键路径要资源的方式，保证关键路径的执行时间，同时还应适当借助强制压缩工期、调整工作关系等措施进行工期优化。

3. 控制成本

在项目实施过程中，通过项目成本管理，尽量使项目实际发生的成本控制在预算范围内。项目成本控制的工作主要包括：① 对各种能够引起项目成本变动的因素进行控制，又叫事前控制；② 对项目实施过程中的成本进行控制，又叫事中控制；③ 对项目实际成本变动进行控制，又叫事后控制。

4. 控制质量

项目质量包括交付的产品质量和实现项目目标的工作质量。控制质量首先应全面落实质量管理体系，保证认真执行质量管理计划。

5. 控制资源

在项目的整个实施过程中，要加强项目资源优化与平衡管理的实施和考核。这首先需要监控资源的状态，一方面要查验资源的能力水平是否可以满足项目要求；另一方面要检查资源的利用状态，避免闲置和浪费。

6. 控制风险

风险控制是一套监控项目风险的制度性框架，也是一套安全保障体系，一般由信跟踪与分析系统、临界预警指标、危机应急预案、责任制度、时间安排和操作规程六个要素组成。

风险应对机制在风险降临时才发挥作用，但是项目经理需要提前将它准备好。根据风险损失期望值，确定哪些事情需要何种应对策略并制定具体的应对措施。风险的应对策略主要有：① 降低风险；② 预防风险；③ 转移风险；④ 回避风险；⑤ 自担风险；⑥ 后备措施。

7. 控制变更

项目经理在项目监控过程中，发现和分析实际工作与项目目标和计划之间的偏差后，为了确保项目目标的实现，调整项目工作安排或对项目计划进行相应的部分修改或全部修改，并按照批准后的变更方案组织项目实施。

项目的定制化决定了项目工作是一种探索性和创造性的复杂劳动，由于客观情况的变化，项目变更通常在所难免，而变更对于项目的影响很可能是牵一发而动全身的，因此必须慎重且严格管理项目的变更。变更的影响程度与项目时间的关系如图 9-7 所示。

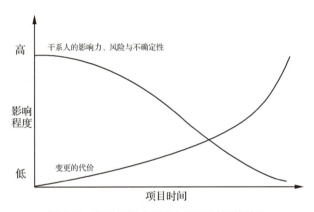

图 9-7　变更的影响程度与项目时间的关系

五、项目收尾过程的描述与说明

（一）收尾过程任务描述

收尾过程组是开展收尾工作，进行项目完工后的评价，总结经验教训，更新组织过程资产，并正式关闭项目。项目收尾必须做到不留后遗症，主要工作包括通过正式的方式对项目成果、项目产品、项目阶段进行验收，确保项目或项目阶段有条不紊地结束。其主要成果包括项目正式验收、项目审计报告、项目总结报告编制和项目成果移交，以及项目成员解散和妥善安置。

（二）收尾过程的基本活动

1. 验收成果

项目验收是在项目团队与客户或项目发起人之间进行的正式活动，项目验收标准应尽量在项目启动过程中确定。

项目验收的主要内容有以下几个方面：① 项目范围验收，以项目合同或任务书为依据，按照 WBS 逐项检查并验收；② 项目质量验收，依据质量计划中的范围划分、指标要求及采购合同中的质量条款，遵循相关的质量检验评定标准；③ 项目文件验收，是项目竣工验收和质量保障的重要依据，项目资料是项目交接、维护和后续评价的重要原始凭证，因此项目资料验收是项目竣工验收的前提条件。

2. 经验教训登记册

全面总结项目经验教训，回顾项目规划的合理性、过程的有效性和结果的正确性。每个项目的完成必须给组织带来三方面的成果：提升形象、增加收益、形成知识。

经验教训登记册不是在收尾过程中才完成的，而是在项目整个过程中不断累积的产物。项目成果不只是交给客户或发起人的成果，项目承接方在项目实施过程中一定形成了自己的各项资料，这是项目的重要收益之一。项目结束后，项目承接方要对相关的资料及时归档，并总结形成管理经验。

3. 释放资源

在项目实施过程中，组织为项目团队提供了很多资源，既包括设备仪器、工具、原材料等实物资源，也包括管理流程、管理文化、知识产权、人力等无形资源。原材料等在形成项目成果过程中被消耗，但是设备仪器等还需要做出合理的清理和处置。项目结束后，项目团队应该在完成项目收尾工作的过程中，及时开展现场清理，并对需要的资源做出恰当的处置。

案例分析

苏州轨道交通开发并成功应用 BIM 设计协同管理平台

为了深入贯彻落实习近平新时代中国特色社会主义思想和党的十九大交通强国建设决策部署，担负着"交通强国，城轨担当"的历史使命，遵循"推进城轨信息化，发展智能系统，建设智慧城轨"的建设主线，坚持科技创新的理念，持续推进管理质量提升，提高企业竞争力，苏州市轨道交通集团有限公司全面开展了 BIM（Building Information Model，建筑信息模型）平台与应用体系建设工作。经过在苏州轨道交通 6、7、8、S1 号线的使用，苏州轨道交通 BIM 设计协同管理平台总体运行平稳，主要功能已基本满足设计及管理需求。该平台的上线标志着苏州轨道交通全方位进入互联网三维数字化协同设计阶段，迈出 BIM 本土化、精细化管理的重要一步。

自 2020 年开始，苏州市轨道交通集团有限公司全面推动 BIM 技术体系化发展，深入推进 BIM 应用平台及管理体系化发展，立足轨道交通项目全生命期的设计、建设、运维需求，重视数据的统一综合管理，形成企业级一体化数据标准、管理制度及技术平台，为智慧地铁、智慧城市的建设创造基础条件。

苏州轨道交通 BIM 设计协同管理平台在苏州市轨道交通集团有限公司的指导下，由上海市隧道工程轨道交通设计研究院参与开发，在国内首次实现广域网环境下跨阶段、跨单位、跨专业的设计协同一体化；打通了设计全过程管理，实现了 BIM 协同设计与工程项目管理一体化；完成了"设计—施工—运营"全过程数据协同传递，实现了全生命期 BIM 数据一体化。

通过建立集中统一的模型数据管理中心，进行三维设计的全过程数字化协同管理。同时，平台还在轨道交通行业首次实现各专业模型自动轻量化集成，可用电脑、手机或 PAD 在线查看三维轻量化模型，并可在线对三维模型进行局部放大、测量、漫游、剖切、批注等操作，极大提高了模型的在线审核效率、分发效率和共享效率。

苏州轨道交通 BIM 设计协同管理平台的主要功能为三维协同设计和设计流程管理，功能亮点有以下几个。

亮点1：打通从工可到竣工交付的全过程设计管理

打通了从工可到竣工交付的全过程设计环节，实现了 BIM 协同设计与工程项目管理的一体化，覆盖了从各设计阶段到施工阶段的图纸和模型管理，实现了设计内容的管理、查阅、发布和审核。同时，支持设计互提资、设计校审、版本控制、消息推送等功能，实现了全专业协同设计。

亮点2：实现互联网环境下跨阶段、跨单位、跨专业的设计协同

在确保信息安全的前提下，在国内首次实现跨阶段、跨单位、跨专业 BIM 设计协同、数据集成、数据标准化管理等应用操作，使得设计总体和各设计工点院通过互联网即可完成协同建模和模型提资、会签、送审等，流程透明、高效。

亮点3：实现网页端、移动端轻量化模型浏览、审查、批注

苏州市轨道交通集团有限公司各相关部门人员及设计院用户，可从网页端、移动端查看轻量化模型及批注，有效降低了 BIM 对专业软件和专业设备的依赖。同时，减少了设计沟通过程中对时间和空间的依赖，促进了各方间交流的及时性、准确性和便捷性。

亮点4：重视信息安全，实现模型权限细分管理

首次实现了对轨交模型及模型内构件的用户权限进行有效控制，在保证协同设计效率的同时，提高了模型文件的信息安全性，加强了各相关方知识产权保护。

（资料来源：苏州市轨道交通集团有限公司内部资料）

案例思考题：

结合案例材料，谈谈苏州轨道交通 BIM 设计协同管理平台的优化建议。

项目训练

【训练内容】企业项目管理存在的问题及其改进建议。

【训练目的】通过对企业的实地调研,进一步加深学生对项目管理的理解。

【训练步骤】

1. 学生按4—6人组成一个小组,以小组为单位,选择一家本地著名企业的项目管理作为调研对象。

2. 事先收集和整理该企业项目管理信息、新闻报道等相关资料,梳理该企业项目管理中存在的问题。

3. 结合调研资料进行小组讨论,并提出该企业项目管理的改进建议。制作PPT及电子文档,完成实训报告。实训报告格式如下:

_____实训报告		
实训班级:	项目组:	项目组成员:
实训时间:	实训地点:	实训成绩:
实训目的:		
实训步骤:		
实训成果:		
实训感言:		
不足及今后改进:		
项目组长签字:	项目指导教师评定并签字:	

4. 班级小组讨论与交流,教师总结和点评并进行成绩评定。小组提交实训报告。

自测题

1. 试分析项目与日常运营的共同点和不同点。
2. 请简要描述现代项目管理方向的演变。
3. 简述项目管理相关标准指南。
4. 项目管理五大过程组的任务分别是什么?
5. 项目管理计划有哪些核心内容?

【延伸阅读】

美国项目管理协会. 项目管理知识体系指南（PMBOK®指南）：第 6 版 [M]. 北京：电子工业出版社，2018.

项目十　危机管理能力

【学习目标与要求】

1. 了解危机的含义、特征及类型
2. 理解危机生命周期
3. 理解危机管理的内涵及其阶段模型
4. 掌握危机管理的基本程序

西安地铁事件与网络舆情危机治理

一、西安地铁事件经过

2021年8月30日，西安地铁三号线一女乘客与他人发生争执，被地铁保安员拖拽下车，导致衣衫不整。现场视频被发布到网络上，带来的冲击迅速触发网民愤怒情绪，促使舆情迅速生成并发酵，成为热门事件。

网传视频显示，一名身穿黑色连衣裙的女子与一名男子发生口角，该女子声称"加我微信，快点快点加我微信"。随后，该女子被身穿保安服的地铁工作人员强行拖拽出车厢，致使身体大面积暴露，个人物品散落一地。女子被拖拽出车厢时称："我的市民卡和身份证都在里面。"

2021年8月31日中午，西安市轨道交通集团有限公司运营分公司发布一则《情况说明》。其中称，8月30日17时38分左右，这名女乘客在三号线列车上与其他乘客发生口角。列车到达大雁塔站后，保安员与其他热心乘客一起将该女乘客带离车厢。

二、公安通报

2021年9月2日，西安市公安局通报：2021年8月30日16时55分，郭某（女）乘地铁三号线行至青龙寺站时，因其接打电话声音较大，对面乘客陈某提醒其注意言行，随即两人发生口角，并引发轻微肢体冲突。其间，地铁公司保安员陈某某到场制止双方冲突，并要求两人下车进行处理，郭某拒绝下车。因郭某持续大声吵闹，影响了地铁公共秩序，在车辆到达大雁塔站后，保安员陈某某强行拉拽郭某下车，造成郭某部分身体暴露。随后，郭某再次返回车厢，自行整理好衣服，未再与他人发生争执，于18时05分从丈八北路站自行离开。

经查，郭某在地铁车厢内大声吵闹，并与乘客陈某有轻微肢体冲突，扰乱地铁公共秩序；保安员陈某某在处置突发事件过程中不冷静，方法简单粗暴，存在拖拽行为，造成恶劣影响。根据目前调查掌握证据，乘客郭某、陈某扰乱地铁公共秩序的行为，情节轻微，依据《中华人民共和国治安管理处罚法》第十九条第（一）项之规定，对郭某、陈某不予治安处罚，由公安机关给予批评教育；保安员陈某某工作方法简单粗暴，但尚不构成违法犯罪，责令其所属保安公司对其予以停职并依规调查处理；根据《保安服务管理条例》等有关规定，公安机关对保安公司岗位责任制度、保安员管理制度落实不到位等问题责令限期整改，市地铁运营分公司依据合同约定做进一步处理。

三、处理结果

2021年9月2日，西安市纪委监委通报：经西安市纪委监委调查，西安市轨道交通集团及其运营分公司在工作中服务群众意识不强；对相关人员教育培训不经常，日常监管存在漏洞，保安人员履行职责不文明不规范；事件发生后调查核实情况不深入不全面，工作作风不严不实，反思反省不深刻。给予西安市轨道交通集团及其运营分公司3名相关负责人党内警告处分，1名相关负责人调离工作岗位，2名相关负责人诫勉谈话，1名相关负责人谈话提醒。

四、官媒评论，舆情回落

西安地铁女乘客被拖离车厢事件舆情爆发带来巨大舆论压力，倒逼相关部门立即展开调查。2021年9月2日13时许，央视新闻客户端发布《西安通报"地铁保安拖拽女乘客"处理结果：保安员停职 轨交集团7人被处理》一文，再次出现舆情噪点，认为警方对保安员处置过轻，甚至由个案上升到对整个西安的不满，如出现"西安，还有人敢去旅游吗"等言论。官方通报结果公布后，不少媒体、专家、意见领袖对此事件进行理性分析，比如《人民日报》认为："这是一记警钟！不文明需文明来纠，不守法要依法来治，处事需要遵照程序、带着文明、兼顾温度。"这些言论带动网络舆论从愤怒的主观批判转为理性的客观分析，促使激烈的舆论声音逐渐平息。

[资料来源：匡蓉. 网络舆情危机演变与治理：从西安地铁事件看网络舆情频发共性[J]. 全媒体探索, 2022 (5)：77-78. 有改动]

案例思考：

结合案例材料，谈谈企业如何应对危机事件？

管理能力提升

任务一　认知危机

一、危机的含义与特征

"危机"一词来源于希腊语，用来表示一些至关重要的、需要立即做出决断的状况。《现代汉语词典》（第7版）对危机的界定为：潜伏的危险；严重困难的关头。在组织运营过程中，内部的管理不力或外部环境的突然变化，都可能使组织陷入困境，导致危机的发生，直接威胁组织的生存与发展。因此，强化危机意识，进行有效的危机管理，对于组织的可持续发展至关重要。

危机是指一种严重影响组织生存与发展的突发状态。危机与风险并不相同：第一，风险是损失的不确定性，损失概率有高有低，损失程度有大有小；危机是可能带来严重破坏后果的突发事件。第二，风险是危机的诱因，危机是风险积聚后的显性表现；风险积聚到一定程度而爆发后，其呈现的形态才是危机。第三，并非所有风险都会引致危机，只有风险释放的危害积累到一定规模，带来的破坏后果较为严重时，才出现危机。

一般而言，危机具有以下特征：

第一，突发性。危机的发生通常比较突然、出乎人们的意料，使组织原有的运行状态突然被打破，管理者往往来不及做出反应或准备不足，进而陷入混乱之中，甚至束手无策。

第二，危害性。危机的发生通常比较突然，容易给管理者带来惊恐和混乱，导致决策失误等问题。因此，危机会给组织的正常运行带来破坏，导致直接或间接、有形或无形的损失，如机器设备、厂房设施等损坏，组织形象受损，等等。

第三，紧迫性。危机不仅发生比较突然，而且发展非常迅速，可能在短时间内带来巨大的损失，或者产生一系列连锁反应。另外，现代先进的通信技术和快速的信息传播，可能使组织形象迅速受到破坏，并引发公众的担忧和恐慌。因此，处理危机的时间非常紧迫，管理者必须迅速控制事态发展，及时做出决策并采取恰当的应对措施，以防事态升级或损失扩大。

第四，信息不充分性。危机的发生通常比较突然，管理者对危机情境缺乏认识，也没有足够的时间收集信息。同时，混乱和惊恐的心理会造成信息的失真，使得管理者获取的信息较为复杂，这无疑给管理者快速做出决策增加了难度。

第五，双重性。"危机"一词是"危"与"机"的组合，是危险与机会的对立统一。"祸兮福之所倚，福兮祸之所伏"辩证地阐释了危机的双重性内涵。虽然危机会给组织带来人员或财产的损失，但是危机中也孕育着机遇和转机。如果管理者能及时有效地应对危机，不仅能使组织化险为夷脱离困境，发现在日常管理中未引起足够重视的漏洞，而且还可从危机事件中吸取经验教训，作为组织发展的新诱因，使组织获得新的发展机遇。

二、危机生命周期

危机从生成到消亡要经过一个生命周期，一般经历四个发展阶段，即潜伏期、爆发期、持续期和恢复期。

（一）潜伏期

危机大多有一个从量变到质变的过程。潜伏期是导致危机发生的各种诱因逐渐积累的过程。这时，危机并没有真正发生，但表现出一些征兆，预示着危机即将来临。有些危机的征兆较为明显，有些危机的征兆则不十分明显，让人难以甄别和判断。在危机爆发之前，如果能及时发现危机的各种征兆，并提前采取措施将危机遏制在萌芽状态，则可以收到事半功倍的效果，避免可能造成的危害。然而，在组织运转顺利的情况下，尤其是在组织迅速扩展的时候，组织管理层很容易忽视已经出现的各种危机征兆。

（二）爆发期

各种诱因积累到一定程度，就会导致危机的爆发。此时，组织正常的运转秩序受到破坏，组织形象受损，组织的根本利益受到威胁。在危机的爆发期，组织的生存与发展经历着严峻的考验，组织管理层将经受来自各利益相关者的巨大压力。危机爆发后，如果不立即处理，危机有可能进一步升级，影响范围和影响强度有可能进一步扩大。

（三）持续期

在这一时期，组织着手对危机进行处理，包括开展危机调查、进行危机决策、控制危机危害范围与程度、实施危机沟通、开展各种恢复性工作等。持续期是组织强烈震荡的时期，涉及资源调配、人员调整、机构改组等。在这一时期，组织危机处理的决策水平和决策速度至关重要。

（四）恢复期

由于危机爆发后管理者已经采取应对措施，危机事态已经得到控制，危机所引发的各种显性问题基本得到解决，危机风暴已经过去，组织管理层所承受的压力减小，组织进入恢复期。此时，组织要谨防就事论事，要善于通过危机的现象来寻找危机发生的本质原因，并提出针对性的改进措施，防止危机引起各种后遗症和危机卷土重来。

上述危机的四个发展阶段是危机生命周期的一般状态，但并不是所有危机的必经阶段。有些危机的爆发没有任何征兆，或者危机征兆的持续时间极短，跳过了潜伏期；有些危机在潜伏期就被组织觉察，而且组织迅速采取了应对措施，危机被遏制在萌芽状态，不再进入爆发期；有些危机没能得到妥善处理，导致组织破产、倒闭，因此没有恢复期。认知危机生命周期有助于在危机管理时对危机发展变化的规律有基本的了解与把握，而且危机管理方式也是根据危机所处阶段的不同特点而进行调整的。

三、企业危机的类型

企业危机是指在企业经营的过程中，因宏观环境的突然变化（国家标准的变化、行业问题的暴露等），以及企业各项职能管理中的问题，而引发的一系列危害企业的行为。企业危机主要有战略危机、组织危机、职能危机、文化危机、品牌危机等。

（一）战略危机

战略危机是指由于企业外部环境或内部条件的改变，企业的战略没有对此做出应变或应变不当，使得企业无法实现既定目标的状态。因此，战略危机是企业战略管理失误或战略管理过程的波动所产生的危机。战略危机并非一朝一夕造成的，而是逐步累积的产物。对于战略危机的预防和控制，一般越早越容易，损失越小，对企业的影响也越小。因此，企业要做到防微杜渐，超前决策，争取主动，尽可能将战略危机消除在萌芽状态。

（二）组织危机

组织危机是指企业的组织结构不适应外部环境的变化或企业战略，导致企业运行效率低、顾客投诉率高、企业效益明显下滑而引发的危机。组织危机的表现主要有机构臃肿；人员冗余；管理层次过多；决策迟缓；部门主义盛行；管理职责不明而经常推诿扯皮；组织结构严重不适应当前市场的发展，导致利润明显下滑甚至出现亏损。

（三）职能危机

职能危机是指企业某项或某些职能因为内部管理不善，对企业的正常经营与运作产生严重影响而引发的危机。职能危机包括财务危机、人力资源危机、生产及产品危机、营销危机、供应链危机等。

1. 财务危机

财务危机主要是企业投资决策失误、证券市场波动或利率调整、银行贷款被拒或收回、应收账款成为坏账等原因，导致企业收益减少或资金难以为继，甚至资金链断裂，从而使企业财务陷入困境的危机。

2. 人力资源危机

人才是企业发展的根本动力，人力资源危机的表现主要有两种：① 短时间内人员大量流失。掌握核心技术或核心信息的高层管理者流失会给企业造成重大损失，有时甚至会引发危机。若出现高层集体离职，则会直接影响企业的正常运作。② 人员严重过剩。企业在并购、重组、战略调整之后会产生大量冗员，需要裁撤分支机构并用妥当的方式处理人员辞退问题，以规避劳动纠纷风险及社会舆论对企业缺乏人性化裁员的强烈谴责，不然企业很可能会受到连累，外部人才望而止步，内部员工的工作积极性与忠诚度下降。

3. 生产及产品危机

在企业生产过程中，生产或制造部门由于安全意识薄弱或安全管理执行不到位，一方面可能造成较多的产品质量缺陷，另一方面可能形成一系列安全生产的隐患。一旦产品质量给消费者造成重大损失，如消费者死亡或伤残，或者某种安全隐患导致一场生产事故，引起社会广泛关注，甚至被国家有关部门勒令停业整顿，都会导致危机的产生。

4. 营销危机

因为营销观念、策略难以适应企业战略或外部环境的变化而引发的危机，属于营销危机。营销危机主要有以下几种情况：① 定位错误，无法满足细分市场顾客的需求，导致产品积压；② 定价策略失误，价格难以适应市场需求的变化或竞争的需要，消费者难以接受，造成产品滞销；③ 广告设计及策划与当地价值观或文化冲突。

5. 供应链危机

供应链上企业之间的合作，会因为信息不对称、信息扭曲、市场不确定性，以及其他自然、政治、经济、法律等因素的变化，而存在各种危机。在供应链陷入危机时，为了摆脱危机，维持供应链正常运行，供应链上的企业必须采取一系列应对危机的行动。

（四）文化危机

文化危机是指企业经营哲学、价值观念、员工的行为习惯等不能适应企业发展的客观需要而引发的危机。外部环境发生巨大变化，企业高层仍固守曾经成功的经验、理念或思维模式，拒绝做出有效调整，或者在企业战略规划和发展方向都已经做出重大调整的情况下或在企业并购之后，企业依然保持原有的企业文化模式来运作，这些都会成为企业进一步发展的障碍，并可能引发危机。

（五）品牌危机

品牌危机是指在企业发展过程中，因企业管理者的失职、失误，或者内部管理工作中出现缺漏等而引发的突发性品牌被市场吞噬、毁掉直至销声匿迹，公众对该品牌的不信任感增加，销售量急剧下降，品牌美誉度遭受严重打击等现象。

危机预控

危机预控是指根据监测、预警情况，对可能发生的危机事件进行预先的控制和防范，以防止危机的发生或减轻危机发生后的危害后果，也就是对危机监测过程中发现的信息进行有效处理，并做出较为科学的危机评价，然后根据具体情况实施相应的预控措施。

任务二　危机管理的内涵与模型

 一、危机管理的内涵

危机管理（Crisis Management）是企业、政府部门或其他组织为应对各种危机情境而进行规划决策、动态调整、化解处理、员工培训等活动的过程，其目的在于消除或降低危机所带来的威胁和损失。根据危机的发展过程，通常可将危机管理分为两大部分：危机爆发前的预计、预防管理和危机爆发后的应急善后管理。对于一个企业而言，可称之为企业危机的事项是指与社会大众或顾客有密切关系且后果严重的重大事故；而为了应对危机的出现，在企业内预先建立防范和处理这些重大事故的体制与措施，则称为企业的危机管理。

在西方，通常把危机管理称为危机沟通管理（Crisis Communication Management），原因在于，加强信息的披露及与公众的沟通，争取公众的谅解与支持，是危机管理的基本对策。在某种意义上，任何防止危机发生的措施、任何消除危机产生的风险的努力，都是危机管理。危机管理就是要在偶然性中发现必然性，在危机中发现有利因素，把握危机发生的规律性，掌握处理危机的方法与艺术，尽力避免危机所造成的危害和损失，并且能够化解或缓和矛盾，变害为利，推动组织的健康发展。概括而言，危机管理是指一个组织通过危机监测与预警、危机决策、危机处理及危机善后，达到避免、减少危机产生的危害的一系列管理活动的总称。

 二、危机管理的模型

代表性的危机管理模型有以下几种。

（一）芬克的 F 模型

史蒂文·芬克（Steven Fink）在 1986 年提出了危机管理四阶段模型，也称为"F 模型"，揭示了企业危机的生命周期，即征兆期（Prodromal）、发作期（Breakout）、延续期（Chronic）和痊愈期（Resolution）。

1. 第一阶段：征兆期

征兆期是危机处理最容易的阶段，但也是最不为人所知的阶段。

2. 第二阶段：发作期

发作期是四个阶段中时间最短但又是感觉最长的阶段，它对人们心理造成的冲击也是最严重的。

3. 第三阶段：延续期

延续期是四个阶段中时间较长的一个阶段，如果危机管理运作恰当，将会极大地缩短这一阶段的时间。

4. 第四阶段：痊愈期

痊愈期是从危机的影响中完全解脱出来，但是仍须保持警惕，因为危机可能会去而复返，这提示了危机管理循环往复的过程性。

（二）希斯的4R模型

罗伯特·希斯（Robert Heath）将危机管理过程概括为缩减（Reduction）、预备（Readiness）、反应（Response）和恢复（Recovery）四个阶段，简称"4R模型"。希斯认为一个组织的生存能力从根本上依赖该组织的管理者和其他成员应对危机的能力。有效的危机管理就是积极计划和充分准备，即要按照4R模型开展危机管理工作。

1. 第一阶段：缩减

企业在缩减阶段的主要任务是预防危机的发生和降低危机发生后的冲击程度。对于任何有效的危机管理而言，缩减才是核心。因为在缩减阶段，处理危机花费最小，而且危机也最容易控制。在这个阶段，加强对风险的管控、组织内外的沟通等都可以不知不觉地降低危机事件发生的可能性。

2. 第二阶段：预备

预备体现了预警和监视系统在危机管理中是一个整体。它们监视一个特定的环境，从而对每个细节的不良变化都会有所反应，并发出信号给其他系统或负责人。在危机发生之前，企业就必须做好应对计划，根据计划让所有成员进行模拟演练，明确危机到来时每个人的职责，将计划真正落实到组织中的每个人。预备的目的是当危机发生时，保证企业不是手忙脚乱，而是有条不紊地进行处理，缩短危机的破坏时间，让组织尽快恢复常态。

3. 第三阶段：反应

危机爆发之后，要求企业管理者在非常短的时间内做出决策，分析危机事态，果断采取措施遏制危机蔓延，动用各种资源，包括组织外的资源，尽快解决危机，防止损失进一步扩大。在危机的反应阶段，能充分运用各种资源的管理者，才是出色的危机管理者，才能更有效地应对危机。反应强调的是在危机已经来临的时候，企业应该做出什么样的反应，以策略性地解决危机。危机反应管理所涵盖的范围极为广泛，如危机的沟通、媒体的管理、决策的制定、与利益相关者的沟通等，都属于危机反应管理的范畴。

4. 第四阶段：恢复

危机一旦爆发，必然会给企业造成损失且在短时间内难以消除，因而企业想要恢复到危机之前的状态，还必须经过一段时间，企业管理者仍然需要采取后续措施，致力恢复工作。恢复具体体现在两个方面：一是在危机发生并得到控制后，着手后续形象恢复和提升；二是在危机管理结束后的总结阶段，为今后的危机管理提供经验和支持，总结经验教训，补充或改进原有的危机管理计划，提升未来危机管理的水平。

希斯的 4R 模型如图 10-1 所示。

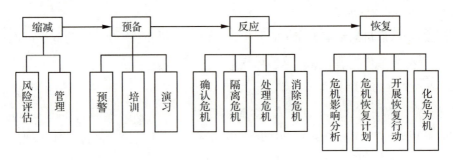

图 10-1　希斯的 4R 模型

（三）米特罗夫的五阶段模型

伊恩·I. 米特罗夫（Ian I. Mitroff）在 1994 年提出了五阶段危机管理模型，即信号侦测、准备与预防、损失控制、恢复和学习五个阶段。

1. 第一阶段：信号侦测

识别危机发生的警示信号，发现征兆，确认企业中可能引发危机的因素，并采取预防措施。

2. 第二阶段：准备与预防

组织企业成员搜寻已知的危机风险因素，并尽力减少潜在损害。

3. 第三阶段：损失控制

危机爆发之后，尽快控制危机事态，使危机不影响企业运作的其他部分或外部环境。

4. 第四阶段：恢复

通过危机恢复管理，企业从危机的影响中恢复过来，尽快进入正常的生产经营活动。

5. 第五阶段：学习

从本次危机事件发生的源头及危机处理的全过程中吸取经验教训，尽可能避免危机再次发生，或者在类似的危机事件中提高危机管理能力。

米特罗夫的五阶段模型如图 10-2 所示。

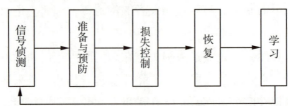

图 10-2　米特罗夫的五阶段模型

(四) 奥古斯丁的六阶段模型

诺曼·R. 奥古斯丁（Norman R. Augustine）将危机管理过程划分为以下六个不同的阶段。

1. 第一阶段：危机的防避

这一阶段事实上就是预防危机，企业管理者要注意加强与员工的信息沟通，通过共同努力把企业风险降到最低。当企业不得不冒险时，企业一定要遵循风险与收益对称的原则。对于无法避免的风险，企业必须有恰当的风险保障机制。

2. 第二阶段：危机管理的准备

企业管理者由于承受过多的工作压力，往往容易忽略为将来可能爆发的危机做些准备工作。然而，企业管理者必须为危机做好准备，如制订行动计划、制订通信计划、进行实战演习、建立关系等，以防范危机的突然袭击。危机管理的准备工作特别强调注意细节，只有这样才能做到有备无患。

3. 第三阶段：危机的确认

这是非常具有挑战性的工作。因为这时企业必须根据已有的一些信号来判断和论证危机是否已经发生。企业要收集各种信息并集中考虑各方面的意见，必要时还要请外部专家帮助诊断。如果确认危机已经发生，企业应尽快找出危机的源头，为解决危机提供思路。

4. 第四阶段：危机的控制

当危机发生时，企业必须迅速做出反应，尽可能地将危机的扩散及其所带来的损失控制在最小的范围内。在这个阶段，企业需要根据不同的情况，确定自己工作的优先次序，当然首先要控制危机给企业造成的损失。

5. 第五阶段：危机的解决

在处理危机的阶段，迅速反应、积极采取措施是关键。危机不等人，企业应掌握主动权，调动一切力量，尽快控制危机的发展，否则就有可能加大危机的危害程度，使危机蔓延到更大的范围，造成更大的损失。

6. 第六阶段：从危机中获利

危机管理的最后一个阶段是反思、总结经验教训。危机的发生是对企业的一次严峻考验，在危机处理的过程中，企业会对危机有新的认识并从中得到重要的启示。经验是非常宝贵的资源，有助于企业发现过往未曾注意到的问题，采取措施解决已有的问题，不断提高防范危机和处理危机的能力。

奥古斯丁的六阶段模型如图 10-3 所示。

管理能力提升

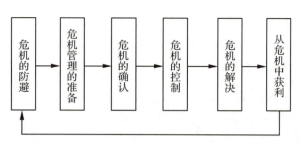

图10-3 奥古斯丁的六阶段模型

郑州地铁5号线"7·20事件"

2021年7月20日,郑州持续遭遇极端特大暴雨,导致地铁5号线五龙口停车场及其周边区域出现严重积水现象。当日下午6时许,积水冲垮出入场线挡水墙进入正线区间,导致地铁5号线一列列车被洪水围困。经全力施救,有12名乘客不幸遇难。河南省委省政府、郑州市委市政府立即成立工作专班,全力组织开展搜救排查、抢险排水,分别于2021年7月24日下午2时、25日上午6时30分左右,各发现1名遇难者。据郑州市防汛抗旱指挥部消息,在郑州地铁5号线"7·20事件"中,有14人不幸遇难。2022年1月21日,郑州地铁5号线"7·20事件"被认定为责任事件。

任务三 危机管理的基本程序

随着企业管理环境与市场经营的不确定性加剧,企业在生产经营中面临着越来越多的威胁和机会,危机管理可能会由例外管理变成常态管理。从危机管理的全过程来看,危机管理包括危机前的预防、危机中的控制及处理和危机后的恢复三个部分。

一、危机前的预防

危机管理的重点就在于预防危机。正所谓"冰冻三尺,非一日之寒",几乎每次危机的发生都有预兆性。如果企业管理者有敏锐的洞察力,能根据日常收集到的各方面信息,对可能发生的危机进行预测,及时做好预警工作,并采取有效的防范措施,就完全可以避免危机的发生或把危机造成的损害和影响减少。出色的危机预防管理不仅能够预测可能发生的危机情境,积极采取预控措施,而且能够为可能发生的危机做好准备,拟好计划,从而从容地应对危机。

危机的发生虽然比较突然和出人意料，但并不是毫无征兆，大多数危机都有一个从量变到质变的累积过程。如果能够及时识别出危机形成的因素条件、危机可能的发生概率和损害程度、危机的影响范围等，企业管理者就可以采取预控措施，以降低危机发生的概率，或者将危机发生后的危害降低到最小。

（一）树立正确的危机意识

"生于忧患，死于安乐；居安思危，未雨绸缪"是危机管理理念之所在。预防危机要伴随着企业经营和发展长期坚持不懈，把危机管理当作一种临时性措施和权宜之计的做法是不可取的。企业在生产经营中，要重视与公众沟通，与社会各界保持良好的关系；同时，要保证内部沟通顺畅，消除危机隐患。企业的全体员工，从高层管理者到普通员工，都应居安思危，将危机预防作为日常工作的组成部分。全员树立正确的危机意识能提高企业抵御危机的能力，有效地防止危机产生。

（二）建立危机预警系统

现代企业是与外界环境有密切联系的开放系统，而不是孤立的封闭体系。预防危机必须建立高度灵敏、准确的危机预警系统，随时收集产品的反馈信息。一旦出现问题，要立即跟踪调查，加以解决；要及时掌握政策信息，研究和调整企业的发展战略与经营方针；要准确了解企业产品和服务在用户心目中的形象，分析并掌握公众对本企业的组织机构、管理水平、人员素质和服务的评价，从而发现公众对企业的态度及其变化趋势；要认真研究竞争对手的实力、潜力、策略和发展趋势，经常进行优劣对比，做到知己知彼；要重视收集和分析企业内部的信息，进行自我诊断和评价，建立预警指标体系（表 10-1）。

表 10-1　危机预警指标体系

外部宏观环境	经济发展水平 政治的稳定性 文化的兼容性 政策法规的连续性	技术水平的变革 自然环境的变迁 信息系统的便利 人口受教育程度
行业发展情况	行业发展的阶段性 行业 GDP 占比	行业竞争水平 替代行业的发展水平
市场表现	市场占有率 与竞争对手的差异性 顾客好评度	新产品推出速度 品牌知名度 产品盈利空间
财务状况	资产负债率 流动比率/速动比率 资产周转率	利润率 股东收益率 成长性
组织结构	组织层级数 目标统一度 成员人际关系	组织完善程度 资源匹配度 团队合作水平

续表

人力资源管理	员工离职率 员工满意度 员工职业发展	关键人才流失率 人才储备 员工培训
运营管理	劳动生产率 质量水平 售后服务	资产设备水平 业务流畅程度 快速反应能力
利益相关者	政府关系 股东控制 媒体评价	企业社会责任 关联企业 竞争关系

{资料来源：吴琳. 企业危机管理：转危为机的艺术［M］. 北京：经济管理出版社，2018：62.}

危机预警系统一般由四个子系统构成，即信息收集子系统、信息加工子系统、信息决策子系统和警报子系统。其中，信息收集子系统的任务是对危机诱因、危机征兆等信息进行识别、观察和跟踪，及时收集相关信息，并确保所收集信息的全面性、准确性和及时性。信息加工子系统具体完成所收集信息的整理、识别、分类、转化等工作，评估可能发生的危机的类型及其危害程度。信息决策子系统则根据信息加工子系统的结果，决定是否发出危机警报及确定危机警报的级别，并向警报子系统下达命令。这就需要建立危机警报及其各个级别的临界点，即何种危机信息、达到何种水平才可以发出危机警报，发出何种级别的危机警报。而警报子系统的功能就是向危机管理领导小组成员和危机潜在的受害者发出明确无误的警报，提请关注，使他们能够及时、准确地采取恰当的应对措施。

（三）成立危机管理小组，制订危机处理计划

成立危机管理小组是顺利处理危机、协调各方面关系的组织保障。危机管理小组的成员应尽可能选择熟知企业和本行业内外部环境，有较高职位的公关、生产、人事、销售等部门的管理人员和专业人士。他们应具有富于创新精神、善于沟通、严谨细致、处乱不惊、具有亲和力等素质，以便于总览全局，迅速做出决策。危机管理小组的领导人不一定非公司总裁担任不可，但必须在公司内部有影响力，能够有效控制和推动小组工作。危机管理小组要根据危机发生的可能性，制订出防范和处理危机的计划，包括主导计划和不同管理层次的部门行动计划两部分内容。危机处理计划可以使企业各级管理人员做到心中有数，一旦发生危机，便可根据计划从容决策和行动，掌握主动权，对危机迅速做出反应。

（四）进行危机管理的模拟训练和塑造危机文化

企业应根据危机应变计划进行定期的模拟训练。模拟训练应包括心理训练、危机处理知识培训、危机处理基本功演练等内容。定期进行模拟训练不仅可以提高危机管理小组的快速反应能力，强化危机管理意识，而且还可以检测拟订的危机应变计划是否切实

可行。

在日常管理中，企业要对员工进行危机文化培训，强化员工的危机意识。这是因为部分危机的爆发与企业自身经营管理行为不当有关，如管理决策失误、产品质量存在缺陷等。每个企业都应该提升内部管理水平、降低人为失误的概率，增强企业自身安全。每个危机爆发之前都会有不同程度的征兆，必须让员工掌握相关危机知识，学会发现危机信号，对可能诱发危机的风险因素保持高度敏感，最终形成良好的企业危机文化。

小故事

任正非的"备胎论"

2004年10月，深圳市海思半导体有限公司成立，其前身为创建于1991年的华为集成电路设计中心。任正非对当时的华为工程师何庭波说："我每年给你四亿美金的研发费用，给你2万人。一定要站立起来，适当减少对美国的依赖。"近年来，海思的"四大芯片天王"："麒麟（手机处理器）""巴龙（基带芯片）""昇腾（云端芯片）""鲲鹏（服务器芯片）"，早已在安防、人工智能等多个领域稳稳占据市场。2019年5月，禁令之后，何庭波致信员工：多年备胎一夜转"正"，今后要科技自立。华为的"备胎"计划十五年如一日，培育人才，创新技术，才得以在危机爆发时力挽狂澜，助华为在被封杀中立于不败之地。

[资料来源：习风. 华为兵法［M］. 深圳：海天出版社，2022：227-228. 有改动]

二、危机中的控制及处理

危机的控制主要是控制危机影响的扩散及危机造成的损失，而危机的处理则主要是找到危机的根源，从根本上消除危机。在现实的危机管理工作中，控制过程就是处理的过程，而处理的过程也是控制的过程，控制与处理彼此交叉渗透。尽管在危机发生之前，企业就已经开展了危机预控工作，制订了危机应变计划，但是如果计划不当或危机情境的发展与原来预测的不同，就会造成危机应变计划局部或整体不符合现实危机的状况，从而使得企业难以实现危机应变计划要求的目标，这时就需要企业在危机控制与处理中对计划做出调整并提出有建设性的方案，以尽可能地将危机造成的损失降到最低，同时在处理危机的过程中积极创造新的机会。

危机一旦发生，往往需要在短时间内尽快处理完毕，而且危机的影响面广，处理难度大。因此，在危机处理过程中，要注意以下事项。

（一）沉着镇静

危机发生后，当事人要保持镇静，采取有效的措施隔离危机，不让危机继续蔓延，并迅速找出危机发生的原因。

(二) 策略得当

企业应选择适当的危机处理策略。危机处理策略主要包括以下几种。

1. 危机中止策略

企业要根据危机发展的趋势，审时度势，主动中止承担某种危机损失。例如，关闭或裁撤亏损工厂、部门，停止生产滞销产品。

2. 危机隔离策略

由于危机的发生往往具有关联效应，一种危机处理不当，就会引发另一种危机。因此，在某一危机产生之后，企业应迅速采取措施，切断危机同企业其他经营领域的联系，及时将爆发的危机予以隔离，以防扩散。

3. 危机利用策略

企业应在综合考虑危机的危害程度之后，形成有利于企业某方面利益的结果。例如，在市场疲软的情况下，有些企业不是忙着推销、降价，而是眼睛向内看，利用危机造成的危机感，发动职工提合理建议，搞技术革新，降低生产成本，开发新产品。

4. 危机消除策略

企业应采取措施，消除危机。消除危机的措施按其性质可分为工程物理法和员工行为法。工程物理法以物质措施排除危机，如通过投资建新工厂、购置新设备来改变生产经营方向，提高生产效益。员工行为法是通过企业文化、行为规范来提高员工士气，激发员工创造性。

5. 危机分担策略

企业应将危机承受由企业单一承受变为由多个主体共同承受。例如，采用合资经营、合作经营、发行股票等办法，由合作者和股东来分担企业的危机。

6. 避强就弱策略

由于危机的损害程度强弱有别，在危机一时不能根除的情况下，企业要选择危机损害小的策略。

(三) 应变迅速

企业应以最快的速度启动危机应变计划；应刻不容缓，果断行动，力求在危机的损害扩大之前控制住危机。如果初期反应滞后，就会造成危机蔓延和扩大。

(四) 着眼长远

在处理危机时，企业应更多地关注公众和消费者的利益，更多地关注企业的长远利益，而不仅仅着眼于短期利益；应设身处地、尽可能地为受到危机影响的公众减少或弥补损失，维护企业良好的形象。

(五) 信息通畅

建立有效的信息传播系统，做好危机发生后的传播沟通工作，争取新闻界的理解与合作。这也是妥善处理危机的关键环节,主要应做好以下工作:一是掌握宣传报道的主动权,通过召开新闻发布会及使用互联网、电话传真等多种媒介,向公众和其他利益相关者及时、具体、准确地告知危机发生的时间、地点、原因、现状及企业的应对措施等相关的和可公开的信息,以避免小道消息满天飞和谣言四起而引起误导和恐慌。二是统一信息传播的口径,对于技术性、专业性较强的问题,在传播中尽量使用清晰和不产生歧义的语言,以避免出现猜忌和流言。三是设立 24 小时开通的危机处理信息中心,随时接受媒体和公众访问。四是慎重选择新闻发言人。正式发言人一般安排主要负责人担任,因为他们能够准确回答有关企业危机各方面情况的问题。如果危机涉及技术问题,就应当由分管技术的负责人担任发言人。如果涉及法律,那么企业法律顾问可能就是最好的发言人。新闻发言人应遵循公开、坦诚、负责的原则,以低姿态、富有同情心和亲和力的态度来表达歉意,表明立场,说明企业的应对措施。对于不清楚的问题,应主动表示会尽早提供答案。对于无法提供的信息,应礼貌地表示无法告知并说明原因。

(六)要善于利用权威机构在公众心目中的良好形象

为了增强公众对企业的信任,企业可以邀请权威机构(政府主管部门、质检部门、公关公司等)和新闻媒体参与调查和处理危机。

三、危机后的恢复

当危机事件得到有效控制或平息后,企业需要迅速挽回危机所造成的损失,通过一系列措施来完善企业管理,尽快恢复到正常的工作状态与工作秩序。同时,企业还要总结经验教训,学会抓住危机带来的机遇,以使企业获得更好的发展。

(一)建立危机恢复小组

危机过后,企业需要将工作重点立即转到危机恢复上,以修复在物质生产、组织形象、员工心理等方面所受到的损害,这就需要成立危机恢复小组来负责相应的领导指挥工作。危机恢复小组与危机处理小组不同,危机恢复小组的目的是使企业尽快从危机的影响中恢复过来,而危机处理小组的主要任务是控制和平息危机,减少危机带来的危害和损失。通常,危机恢复小组需要尽快系统而准确地收集、掌握危机损害情况的详细信息,结合企业内外部环境,制订出详细的危机恢复计划,并领导开展危机恢复工作。

(二)获取危机处理信息

危机恢复小组要尽量收集、获取危机的详尽资料,并对企业的受损情况开展客观、公正的评价,如设备设施受损情况、人员受伤情况、组织形象受损情况、市场份额损失情况、利益相关者受影响情况等,从而为危机恢复决策提供科学的依据。

(三)制订并实施危机恢复计划

危机恢复小组负责制订危机恢复计划,并负责指导和监控恢复工作的开展。危机恢复计划要详尽说明计划的依据、计划目标、计划执行部门及其负责人、计划预算、计划实施时间要求等内容，并明确恢复的重点和先后次序。恢复计划制订并发布后，企业各部门要严格按照计划要求开展恢复工作，保证落实到位。在此过程中，恢复计划难免与企业原有的计划和管理产生冲突，危机恢复小组需要在各部门间进行积极协调，化解这些矛盾和冲突。当然，危机恢复小组也要根据企业恢复情况，随时对计划进行调整、完善。

（四）危机评估与企业发展

在危机恢复工作的最后阶段，企业应对危机及其管理工作进行评估，总结经验教训，并努力抓住危机中出现的机会，使企业获得新的发展。危机评估要对危机的成因、危害、预防与预警情况、处理措施与执行情况、危机后的反馈与重建工作等方面展开调查与分析，并做出客观、正确的评价和总结，为今后的危机管理提供经验。在危机评估的基础上，企业也要尽可能地发掘危机中的机会，化危为机，提升自身的发展水平和发展能力。

成都地铁突发事件危机管理

地铁作为人们出行的基本交通工具，具有运载量大、速度快、低碳环保等优点，大大缓解了城市拥堵状况。由于地铁的封闭性、人员密集性，一旦发生突发事件，难以开展应急救援和疏散，将给人们的生命和财产造成较大的危害。因此，研究地铁突发事件危机管理具有十分重要的意义。

一、地铁突发事件的定义与分类

地铁突发事件是指在地铁运营中，外界环境、设备故障、公共卫生、社会安全等多种因素造成的线路运行中断、人员伤害、人员被困、秩序混乱等影响地铁系统正常运作的事件。地铁突发事件分为以下四类：

一是生产运营类。地铁的主要设备如车辆、供电、排水、信息、信号传输、监控、火灾报警等设备引发的突发事件。

二是公共安全类。公共安全类事件主要是人为事件和非人为事件。在地铁运营服务中，影响最大的人群就是乘客，其不合理行为可能导致运营事故，如携带危险品或与其他乘客发生纠纷等都可能导致地铁突发事件的发生。同时，乘客对安全知识和自救技能的掌握与否也会影响地铁突发事件的发生概率。

三是自然灾害类。城市地铁交通的运行线路主要有三种形式，分别为高架桥线路、地下线路和地上线路，除了不容易受到气候条件等因素影响的地下线路外，地上线路和高架桥线路都容易受到外部环境条件改变的影响。其中，最可能导致地铁突发事件的环境因素主要有霜冻、降雪、台风、沙尘暴、洪水、泥石流等。

四是公共卫生类。公共卫生类事件是指由外部环境变化或疾病传播造成的一系列突发事件，包括有毒有害气体泄漏、突发疫情等。

二、成都地铁的运营发展简况

成都位于四川龙泉山脉和龙脊山脉之间，东部是成都平原的腹地，主要由平原和丘陵组成。成都自古就有"蜀道难"的特点，成都地铁建设面临着诸多挑战，承担着双城经济圈建设，天府新区、东部新区、大港区空间格局优化与功能调整等责任。成都地铁根据自己的城市特点，并借鉴上海地铁1、2号线，以及世博会筹办期间所建设的4号环线构成的一个左右出头的"申"字，在2017年12月完成了相关线路的建设，形成了一个"米"字和一个环的组合结构。1、4、7号线可以说是从左到右的"申"字，而2、3、7号线则是城市轨道交通线网以十字架和环线为基础，构建主干线的规划思路。2020年12月18日，成都地铁6、8、9、17、18号线五线齐发，成都地铁总里程突破500千米，达到518.5千米。2020年，成都地铁平均准点率为99.94%，乘客的满意度为91.6%，完成客运量12亿人次，进站量超7.35亿人次，运营车站数316个。

三、成都地铁突发事件

从2010年到2021年，成都地铁公开的突发事件主要分为三类：一是消防类突发事件；二是防汛类突发事件；三是设备故障类突发事件。其中，设备故障类突发事件10起，冒烟突发事件8起，着火突发事件3起，生产安全类突发事件4起，水淹突发事件2起，涌水突发事件6起，积水突发事件3起，爆管突发事件2起，进水突发事件2起，漏水突发事件3起，社会安全类突发事件1起，乘客受伤类突发事件1起。

四、成都地铁"一案三制"现状

（一）建立了地铁突发事件应急预案

目前，成都地铁依据《中华人民共和国突发事件应对法》《中华人民共和国安全生产法》《国家城市轨道交通运营突发事件应急预案》《生产安全事故应急预案管理办法》《突发事件应急预案管理办法》等，编制了《成都地铁突发事件总体应急预案》。该应急预案作为成都地铁应对各类突发事件的指导书，主要明确了应急体系建设及日常管理工作要求，详细阐述了应急预案体系建设、应急点建设、应急物资配置、应急演练、应急预案培训等内容。

成都地铁突发事件总体应急预案中分为三级，即综合应急预案、专项应急预案和现场处置方案。综合应急预案包含13个专项应急预案：行车、设备故障、反恐、汛灾、火灾、自然灾害、票务、客运、特种设备、公共卫生、网络与信息安全等。专项应急预案下涉及调度、站务、机电、车辆、自动化、乘务、土建结构、供电、通信、信号、接触网、轨道等12个专业的现场处置方案。

(二) 成都地铁突发事件应急管理体制建设逐步完善

根据《成都地铁突发事件总体应急预案》的要求，地铁突发事件的应急管理应遵循"以人为本、先通后复"原则，全力抢险，将影响、损失降至最低，形成以政府为主导的地铁突发事件应急管理体系。

成都地铁在突发事件应急管理工作中，组建了接触网、车辆、工务3支运营公司级专业应急抢险队伍。每支专业应急抢险队伍各细化为6支小队，分别驻守在元华车场、洪柳车辆段、北郊车辆段、文家车辆段、板桥车辆段、合江车辆段。由各归口单位负责各小队人员选拔、组建及日常管理。

(三) 成都地铁突发事件应急机制逐步完善

在成都市人民政府应急管理体系中，应急处置流程基本上遵照《中华人民共和国突发事件应对法》的规定，成都地铁现有的突发事件应急处置流程，不重视预测预警这一环节。而预警监控确是最为重要的一环。

在应急响应阶段，根据不同事件的危害程度对地铁突发事件进行分级。成都地铁相关应急部门应立即对突发事件特点和可能造成的危害做出响应，启动相关的应急响应措施，组织救援力量进行响应。

成都地铁有关部门判定突发事件的级别由高到低分为Ⅰ级、Ⅱ级、Ⅲ级、Ⅳ级四个级别。突发事件信息发布、变更及结束工作由线网指挥中心负责。各级人员在接报突发事件信息后，必须严格按照要求响应，无条件服从应急指挥机构安排，以"以人为本"为原则。相关属地单位须根据各应急基地实际情况编制一场（段）一预案，详细收集应急基地周边医院、消防队、疏散场所、公交线路，以及所属街道办、派出所等应急信息，组织与周边应急处置相关单位建立应急联动及协作机制，细化应急值班与响应要求。原则上应满足"救援人员30分钟响应到位"要求。在确保安全的情况下，应急抢险人员须利用各类交通工具快速赶赴现场，积极、主动、科学地开展现场处置。

(四) 成都地铁突发事件应急管理法制初步健全

2015年，国务院在修订《国家处置城市地铁事故灾难应急预案》的基础上，发布并实施了《国家城市轨道交通运营突发事件应急预案》，从法律上保证了地铁突发事件的应急处置。2017年，根据《国家突发公共事件总体应急预案》《四川省突发事件应对办法》《成都市突发公共事件总体应急预案》，按照成都市应急管理条例的规定，对突发事件的应急处置进行分层分级响应。2019年，成都地铁发布了《成都轨道交通运营综合应急预案》。

成都地铁已经开通运营10余年，突发事件危机管理仍存在诸多问题，主要有以下几个方面：气象监控预警不足、安检不到位；应急预案不完善、应急演练参与度低、应急培训不到位；应急处置能力不足、应急协同联动不到位、应急沟通信息"孤岛"、应急指挥混乱；应急恢复总结反省不到位、缺乏心理疏导、缺乏法制监督；等等。针对这些问题，成都地铁突发事件危机管理需要新的思路，完善危机管理的对策，更好地提升成都地铁突发事件应急管理能力。

[资料来源：赵一雄. 成都地铁突发事件应急管理研究［D］. 成都：四川师范大学，2021.]

案例思考题：

1. 结合案例材料，分析成都地铁突发事件发生的原因。
2. 结合案例材料，谈谈危机管理对于地铁运营的重要意义。

项目训练

【训练内容】模拟企业危机发布会，并进行案例分析。

【训练目的】加深学生对企业危机管理的理解，提高学生的危机管理能力。

【训练安排】

1. 学生按4—6人组成一个小组，以小组为单位，选择一个企业危机事件，针对所选案例详细收集背景资料，并展开小组内部讨论。在讨论的基础上，形成本小组的危机管理方案（各小组选题请勿雷同）。

2. 各小组根据所选案例，在课堂上进行陈述。陈述内容分为以下三个部分：

（1）案例介绍。介绍所选案例的背景情况，建议按时间先后顺序叙述案例发生的全过程。此部分要求陈述者能客观、全面地陈述所选案例的情况，不得做选择性介绍、不得故意隐瞒某些可能不利于企业的事实。

（2）模拟危机发布会。任选一个时点，模拟在此时点，企业召开危机事件的新闻发布会。要求各小组自拟一份危机事件下《致消费者的一封信》，现场宣读并分发给媒体。各角色应先后就此危机进行符合身份的发言（发言席上应事先准备好姓名牌，或在PPT中注明哪名学生扮演何种角色），如工程师主要从技术层面谈及事故原因等。此后，由班级其余学生扮演记者进行相关提问。小组成员应事先拟好发言稿及常见问题集。

（3）案例分析。小组准备发言PPT，每组至少4人上台汇报本小组案例分析报告，主要包括危机事件处理的难点所在、企业处理方法的点评、小组在讨论所选案例时的心得、延伸思考等。

3. 各小组应在汇报的前一周将预先写好的文字稿提交任课教师预审，并根据教师的建议进行相应修改。各小组提前三天在班级群内进行危机事件简介及预热。

4. 模拟危机发布会后，各角色应进行一次复盘，包括以下内容：

（1）整场发布会的情况与预想的情况在哪些方面存在差异？

（2）关键性信息是否有效传达？

（3）哪些问题被反复提及？

（4）主持人及各发言人的表现如何？（如表达是否清晰、情绪控制、音调、肢体语

言等）

(5) 有哪些工作值得改进？

5. 各小组提交文字报告一份，内容包括但不限于以下部分：① 封面页；② 目录页；③ 正文部分；④ 各角色发言稿；⑤ 常见问题集（5 个问题以上）；⑥ 现场照片；⑦ 发布会后评估；⑧ 分析总结。

自测题

1. 什么是危机？它的特征是什么？危机与风险有何区别？
2. 危机生命周期一般经历哪几个阶段？
3. 什么是危机管理？它有哪些阶段模型？
4. 危机管理的基本程序是什么？

【延伸阅读】

哈特莉. 危机公关［M］. 纪春艳，张丽，译. 北京：中华工商联合出版社，2022.

参 考 文 献

著作类

[1] 尤克尔. 组织领导学：第 7 版 [M]. 丰俊功，译. 北京：中国人民大学出版社，2015.

[2] 贝尔宾. 管理团队：成败启示录 [M]. 袁征，李和庆，蔺红云，译. 北京：机械工业出版社，2017.

[3] 费瑟斯通豪. 远见 [M]. 苏健，译. 北京：北京联合出版公司，2018.

[4] 哈特莉. 危机公关 [M]. 纪春艳，张丽，译. 北京：中华工商联合出版社，2022.

[5] 霍夫曼，卡斯诺查，叶. 联盟：互联网时代的人才变革 [M]. 路蒙佳，译. 北京：中信出版社，2015.

[6] 霍华德，格莱希，塞特. 管理控制 [M]. 王煦逸，译. 上海：上海财经大学出版社，2018.

[7] 卡岑巴赫，史密斯. 高效能团队：打造卓越组织的方法与智慧 [M]. 胡晓姣，吴纯洁，胡亚琳，译. 北京：中信出版社，2022.

[8] 卡普兰，沃伦. 创业学：第 2 版 [M]. 冯建民，译. 北京：中国人民大学出版社，2009.

[9] 罗宾斯，德森佐，库尔特. 管理的常识 [M]. 赵晶媛，译. 成都：四川人民出版社，2020.

[10]《管理学》编写组. 管理学 [M]. 北京：高等教育出版社，2019.

[11] 陈传明，龙静.《管理学》学习指南与练习 [M]. 北京：高等教育出版社，2019.

[12] 朴栋. 管理控制：基础、理论与应用 [M]. 北京：清华大学出版社，2019.

[13] 耿幸福，徐新玉. 城市轨道交通运营管理 [M]. 北京：人民交通出版社，2017.

[14] 何筠，陈洪玮. 人力资源管理理论、方法与案例分析 [M]. 北京：科学出

版社，2014.

［15］李贺，褚凌云. 现代企业管理：应用·技能·案例·实训［M］. 3 版. 上海：上海财经大学出版社，2022.

［16］刘红霞. 企业内部控制与风险管理［M］. 北京：清华大学出版社，2022.

［17］刘宇霞，康丽琴，苏红梅. 危机管理理论与案例精选精析［M］. 北京：清华大学出版社，2016.

［18］宋建波. 内部控制与风险管理［M］. 3 版. 北京：中国人民大学出版社，2021.

［19］陶金. 团队建设与管理［M］. 2 版. 广州：暨南大学出版社，2022.

［20］陶俐言. 项目管理：方法、流程与工具［M］. 西安：西安电子科技大学出版社，2020.

［21］王涛，顾新. 创新与创业管理［M］. 北京：清华大学出版社，2017.

［22］吴琳. 企业危机管理：转危为机的艺术［M］. 北京：经济管理出版社，2018.

［23］杨建峰. 铁路运输企业管理［M］. 北京：北京交通大学出版社，2019.

［24］姚凯. 职业责任与领导力［M］. 上海：复旦大学出版社，2020.

［25］英国 DK 出版社. 自我管理之书［M］. 魏思遥，译. 北京：电子工业出版社，2019.

［26］章文燕，崔兴伟，章林京. 管理沟通：有效沟通与时间管理［M］. 上海：上海交通大学出版社，2017.

［27］周静，王一帆. 领导力与管理沟通［M］. 成都：西南交通大学出版社，2021.

［28］周三多，陈传明，刘子馨，等. 管理学：原理与方法［M］. 7 版. 上海：复旦大学出版社，2018.

论文类

［1］付保明，梁君，张宁. 苏州轨道交通集团智能客服系统设计与实现［J］. 城市轨道交通，2022（5）：53－56.

［2］呼雨欣. 南京地铁综合管理一体化信息平台的设计与实现［J］. 电子世界，2021（4）：192－193.

［3］顾鑫. 上海城市轨道交通新线信号系统项目管理研究与应用［J］. 城市轨道交通研究，2021，24（11）：93－96.

［4］贾文超，李新求. 广州地铁运营监测项目管理的优化研究［J］. 四川建材，2021，47（11）：93－94.

[5] 匡蓉. 网络舆情危机演变与治理：从西安地铁事件看网络舆情频发共性［J］. 全媒体探索，2022（5）：77-78.

[6] 李晶，荀径，尹晓宏，等. 北京市轨道交通列车运行节能控制方案研究与应用［J］. 铁道运输与经济，2022，44（6）：136-141.

[7] 李棠迪. 轨道车站人性化服务设施优化研究［J］. 重庆交通大学学报（社会科学版），2021，21（4）：53-57.

[8] 李艺，施澄，邹智军. 城市轨道交通乘客换乘决策因素分析［J］. 城市交通，2021，19（2）：121-127.

[9] 刘德武，施永华，熊清晨. 基于轨道交通检修班组精细化管理的研究与探索［J］. 隧道与轨道交通，2019（S2）：214-217.

[10] 刘小菲. 苏州轨道交通NCC应急指挥中心的运作模式优化［J］. 城市轨道交通研究，2022，25（5）：27-31.

[11] 卢弋，陈霖，冯伟. 基于案例推理的城市轨道交通应急预警决策［J］. 交通工程，2021，21（1）：74-79，85.

[12] 孟繁玲. 商业计划书里必备的"2H6W"［J］. 成才与就业，2020（10）：36-37.

[13] 曲博. 基于自控型的城市轨道交通班组建设管理模型［J］. 中外企业家，2020（14）：234-235.

[14] 张英楠. 苏州市轨道交通运营能耗分析及节能措施管控［J］. 现代城市轨道交通，2022（S1）：148-153.